KB202531

- 읽는 설교 -

하나님이
일하시는 방법

김주한 목사 사도행전 강해

서문

사도행전은 아시는 것처럼 복음전도자들이 가는 곳마다 교회가 세워지고 성령의 놀라운 기사와 표적이 나타나는 전도폭발과 부흥의 역사가 기록됩니다. 목사님들이 사도행전을 강해할 때도 주로 교회건축 전후 부흥에 코드를 맞추어 성도들로 분발케 하고 도전을 주는 설교를 취합니다.

어찌 보면 사실 저 같은 개척교회 목사에게는 매치가 안 되고 어울리지 않아서 망설였는데 지금까지 일 년 가까이 사도행전을 하면서 느끼는 소회가 있습니다. 그것은 사도행전이 권세 있는 강자의 기록이 아니라 아무 힘 없는 약자의 기록이라는 것입니다.

하나님이 일하시는 방법은 사람의 방법과는 많이 다릅니다. 하나님은 힘과 지혜와 능력과 권세가 한이 없으신 분이십니다. 한마디로 전지전능하신 분이십니다. 그런데 이상한 것은 힘이 없는 것으로 일하십니다. 힘이 있으면 그 힘을 행사하면 되는데 힘이 있으면서도 그 힘을 행사하지 않는 것으로 일하십니다. 그런데도 그 일의 실패가 아니라 완전한 완성을 보십니다. 이것을 사람들은 이해하기 어렵습니다.

천군천사를 거느리고 오셔서 악한 세력을 멸하시고 당신의 백성들을 구원하시면 되는데 그렇게 안하시고 세상에 오셔서 악한 세력들에게 잡혀서 힘없이 죽는 것으로 당신의 백성을 구원하십니다. 이것이 십자가입니다. 이렇게 나타나셨으니 당연히 아무도 그를 알아볼 수 없습니다.

이것은 십자가 복음이 전해지는 현장에서도 마찬가집니다. 복음전도자들은 갑인 세상권력 앞에서 항상 을에 위치합니다. 때로 기사와 표적을 통해 하나님의 능력을 보여주시기도 하지만 대부분의 시간은 쫓기고, 한숨 쉬고, 갇히고, 매 맞는 시간입니다. 복음 전파는 분명히 하나님의 일하심인데 막히고 답답하고 낙심하고 절망하는 시간을 겪게 하십니다.

성령은 효율을 택하지 않고 구차한 절차와 갈등의 시간 그리고 고생스러움과 시달림 속에서 일하시더라입니다. 분명한 것은 우리가 만일 하나님이라면 일을 이렇게 하지 않습니다. 어떤 분이 "내가 하나님이라면 일을 이렇게 비효율적으로 하지 않는다!"고 했는데 다소 불경하게 들리지만 이해를 돕는 말임에는 틀림없습니다.

베드로는 천사를 통해서 그리고 사도바울은 지진이 나게 해서 감옥을 나오게 하시는데 신비하게도 처음부터 사도들을 잡혀가지 않게 하는 일에는 기적이 동원되지 않습니다.

하나님은 우리를 구원하시는 일을 어떻게 하셨냐하면 마른 땅에서 나온 줄기 같고 고운 모양도 없이 사람들 앞에 흠모할만한 것이 없이 오셔서 사람들로부터 철저히 버림받는 것으로 이루셨습니다. 세상을 구원하러 왔는데 거꾸로 세상이 그를 삼킨 겁니다. 한 알의 씨앗이 땅에 묻힌 것과 같습니다. 씨 입장에서는 땅속에 들어가서 철저히 없어지고, 감춰지고, 사라졌습니다. 씨가 땅에 먹혔습니다. 그런데 놀라운 반전이 일어납니다.

생명이 땅을 뚫고 올라옵니다. 이것이 부활이고 영생입니다. 신비한 하나님의 하시는 일입니다. 씨는 너무도 약하게 땅에 먹혔음에도 불구하고 마지막엔 씨의 승리입니다.

기독교의 복음전파는 힘의 행사가 아닙니다. 여기 갈까? 저기 갈까? 잡히면 갇히고, 때리면 맞고, 헐벗으면 헐벗고, 주리면 주리고, 추우면 떠는 여정이 바울의 선교여행입니다. 교회역사를 보아도 기독교는 힘을 가지고 행사하면서 타락했습니다. 중세교회가 그렇고 19세기 서구 열강이 식민지 쟁탈전 할 때도 식민지 사람들을 힘으로 총으로 권세로 억지 예수를 주었기에 그곳이 기독교 국가가 되었을지언정 명목상의 교인이지 참 교인이 아니더라는 것입니다.

참된 교회는 기독교가 공인되기 전 초대교입니다. 교회가 아무 힘이 없습니다. 로마시내 불 질렀다고 누명을 쓰면 그냥 쓰고, 예수 믿으려면 카타콤 지하동굴을 파고 들어가야 하며, 어쩌다 잡히면 콜로세움에서 사자밥으로 던져졌던 때입니다.

우리가 왜 지지고 볶고 갈등하고 삽니까! 힘이 없어서 그런 겁니다. 내가 어느 조직이나 공동체에서 절대적 일방적 권력을 가지고 있으면 지지고 볶을 일이 없습니다. 내가 집에 들어갔는데 아내와 자녀들이 출입문에 도열해 있는 집엔 이런 거 없습니다. 회사와 교회도 마찬가집니다. 이것은 사람의 다스림이고 일하는 모습니다. 힘의 행사입니다. 그런데 하나님은 위에서도 언급했지만 힘이 없는 것으로 일하십니다. 분명히 계시는데 안 계시는 척을 합니다. 지극히 높으신 분이 가장 초라한 행색을 하십니다.

하나님은 당신이 가지신 절대권력으로 우리로 하여금 입도 뻥긋하지 못하게 하시는 것이 아니라 하나님이 하시는 일을 우리가 보고서 그것을 따라하길 원하십니다. 힘과 권세와 돈이 있다고 그것으로 너를 증명하고 드러내며 자랑하지 말고 도리어 네 앞에 있는 사람들에게 먹힌 자처럼 살라 하십니다. 씨가 땅에 먹힌 것처럼, 콜로세움에서 사자에게 먹힌 것처럼 묻힘과 무시와 조롱 없신여김까지도... 놀라운 것은 하나님은 바로 그곳에서 부활생명이 올라오게 하십니다. 하나님의 일하심입니다.

힘을 행사안하기 때문에 지지고 볶는 게 있습니다. 하나님이 힘을 행사하시면 모든 것이 조용합니다. 말 잘 듣는 자들은 들이시고 말 안 듣는 자는 쳐서 멸하면 모든 건 조용합니다. 성경을 보면 하나님과 하나님 백성도 지지고 볶고 있습니다. 이스라엘백성은 하나님께 말도 안 되는 떼를 쓰고 하나님은 그걸 다독였다가도 참고 그리고 또 징계하셨다가 또 기다리시고 이게 다 지지고 볶는 겁니다.

"이는 내 생각이 너희 생각과 다르며 내 길은 너희 길과 다름이라 하늘이 땅에서 높음같이 내 생각은 너희 생각보다 높으며 내 길은 너희 길 보다 높음니라!" (사55:9)

앞으로는 책 출판이 요원할 것 같아 여기저기 모은 설교들을 같이 실었습니다. 보다 폭 넓게 하나님을 만나고 영적인 안목과 식견이 높아지며 말씀이 심령과 삶에 뿌리는 내리는 일에 조금이라도 일조했으면 하는 마음입니다.

복된 2024년을 시작하며...

차 례

설교

1. { 어찌하여 하늘을 쳐다보느냐... }

(사도행전 1:1~11)

아시는 것처럼 사도행전의 저자는 누가복음의 저자이기도 한 의사 누가입니다. 데오빌로라고 하는 로마의 고위관료에게 복음을 전하기 위해 누가복음과 사도행전을 기록합니다. 신비롭게도 하나님은 한 사람을 전도하기 위해 쓴 글을 오고 오는 모든 사람에게 들려주는 성경이 되게 하셨습니다. 데오빌로가 보통명사가 되면 하나님을 사랑하는 사람이라는 뜻입니다. 고로 하나님을 사랑하는 사람은 누구든 이 글의 수신인이 될 것입니다.

1절에 "내가 먼저 쓴 글에는..." 으로 시작합니다. 누가복음서입니다. 예수님이 제자들을 택하시고 가르치시고 승천하시기전까지의 기록입니다. 승천하시기 전에 40일간이나 보이셨으며 사도들에게 "내게 들은바 하나님이 약속하신 것을 기다리라!" 하셨습니다. 성자하나님이신 예수님과 성령하나님이신 성령님과의 바톤터치 임무교대시간입니다. 우리의 구원을 십자가에서 성취하신 예수님은 우리의 구원적용을 위해 성령을 보내십니다.

예수님이 말씀하셨고 하나님이 약속하신 것입니다. 이 이상 확실한 건 없습니다. 요한복음 14장 16절 이하를 보면 "그가 또 다른 보혜사를 너희에게 주사 영원토록 너희와 함께 있게 하리니 ... 그는 너희와 함께 하심이요 또 너희 속에 계시겠음이라. 내가 너희를 고아와 같이 버려두지 않을거다!" 16장 7절로가면 "내가 떠나가는 것이 너희에게 유익이라 내가 떠나가지 않으면 보혜사가 오지 않는다!" 하셨습니다.

"성령이 오시는 것이 너희에게 더 유익하다!" 말씀하심은 이런 의미입니다. 예수님을 뵐 려면 어쨌든 2000년 전 팔레스틴 땅 갈릴리라는 한정된 시공 속으로 가야 하지만 성령님은 "너희 속에 계시겠음이라!" 하신 것으로 예수 믿고 따른 모든 사람들의 심령과 삶속에 같이 거하십니다. 14장 26절에는 "그가 모든 것을 가르치고 생각나게 할거다!" 하셨습니다. 성경저자로 하여금 영감하여 하나님 말씀을 기록케 하신 성령님은 또한 성경을 읽는 자들에게 조명을 비춰서서 깨닫게 하십니다.

성령님은 우리로 하여금 말씀을 깨닫고 예수 믿게 하시는 것만 아니라 그보다 더 나아가서 예수 믿는 우리를 주장하십니다. 우리의 생각과 의지와 결단위에 함께하십니다. 성령의 온전한 주장하심이 곧 성령충만입니다. 성령충만을 말할 때 그것이 신비체험과 동반될 수 있지만 신비체험이 곧 성령충만은 아닙니다. 중요한 것은 얼마나 내가 성령의 인도하심에 나를 복종시키느냐의 문제입니다. 육체의 소욕과 성령의 소욕은 우리 안에서 언제나 끊임없이 충돌합니다.

육체의 소욕 아래 성령의 소욕을 두게 되면 예수 믿는다 하면서도 모든 게 자기 맘대로입니다. 내가복음을 못 벗어납니다. 내가 믿었고, 내가 헌신했으며, 내가 결단한 겁니다. 베드로가 그랬습니다. 큰 소리 치다가 결국 예수 부인하고 낙향해서 고기 잡고 있을 때 예수님이 오셔서 요한복음 21장 18절에서 말씀하십니다. "네가 젊어서는 스스로 띠 띠고 원하는 곳으로 다녔지만 늙어서는 남이 네 팔을 벌리리니 남이 네게 띠 띠우고 원치 않는 곳으로 데려갈거다!" 여기서 '남'은 곧 '성령'입니다.

사도행전의 또 다른 이름이 있습니다. 성령행전입니다. 성령님이 하나님의 사람들을 사로잡아 열방의 복음전도자들로 세우십니다. 항상 잊지 말아야 할 것은 이미 성령이 오셨고 우리 안에 함께 계신다는 사실입니다. 우리가 우리 편에서 "어찌 우리만 남기시고 그냥 가시겠습니까! 성령을 보내주십시오!" 하고 요구한 것이 아닙니다. 예수 믿는 우리에게 이미 지금 여기와 있는 구원이듯이 이미 오신 성령입니다.

예수님은 지금 승천하시면서 성령을 보내주실 것을 말씀하시는데 정작 사람들은 성령에는 관심이 없고 다른데 관심이 있습니다. 6절을 보면 "이스라엘을 회복시키심이 지금입니까!" 사람들은 성령의 오심을 민족적이고 정치적인 해방과 연결시킵니다. 즉 당시에 모든 사람들의 간절한 기대와 바램입니다. 우리가 일제치하에 있었던 것을 생각하면 됩니다.

예수님이 저렇게 승천하시는데 뭔가 굉장한 변화가 일어나고 이전과는 다른 새로운 세상이 열릴 것으로 기대했습니다. 새로운 세상이라 함은 내 기대와 소원이 이루어지는 때입니다. 6절의 "회복하심이 이 때입니까?"를 조금 다른 말로 바꾸면 "드디어 내 소원이 이루어지고 내 기도가 응답되는 겁니까?"입니다.

그러나 7절에서 예수님은 "때와 시기에 관해서는 아버지께서 자기 권한에 두셨으니 너희가 알바가 아니라!"고 답하십니다. 여기서 알바가 아니라는 말씀에 사람들은 답답합니다. 그래서 우리는 성령의 오심을 이해할 때에 간절한 기도의 응답과 보상으로만 받아서는 안 됩니다.

마치 "선악과 먹지 말라! 먹는 날에는 죽는다!"만 있고 왜 죽는지는 없는 것처럼 "몰라도 된다!"만 있고 "왜 알면 안 되는지?"는 없습니다. 우리는 성경을 읽을 때 우리의 기대와 소원을 중심으로 성경을 보면 안 되고 주님이 무슨 말씀을 주고자 하시는지에 주된 관점을 두고 읽어야 합니다. 예수님은 "너희가 알바 아니라!"는 말씀에 이어서 우리가 다 암송하는 8절의 말씀을 주십니다. "오직 성령이 임하시면 너희가 권능을 받아 예루살렘과 온 유대와 사마리아와 땅 끝까지 이르러 내 증인이 되리라!"

"이렇게 친히 성령이 오시는데 너희가 증인이 되어야하지 않겠니?"의 설득이나 강요나 결단의 촉구가 아닙니다. 마치 물이 위에서 아래로 흐르듯이 자연스레 이렇게 된다는 것입니다. 성령이 우리 안에 오셔서 권능으로 예수의 증인되는 삶을 살게 하시는 것입니다. 주의해야 하는 것은 성령의 오심을 어떤 신비적 은사체험이나 간절한 기도의 응답과 보상내지는 결의에 찬 헌신과 충성으로만 이해하려는 것입니다.

　흥미로운 구절이 9절 이하에 이어집니다. 9절에 예수님이 하늘로 승천하시고 구름에 가리워지자 10절에서 사람들이 하늘을 뚫어져라 바라봅니다. 그러자 10절에 곁에 섰던 천사 둘이서 뭐라 하냐면 "갈릴리 사람들아 어찌하여 서서 하늘을 쳐다보느냐!", "왜 넋 놓고 얼빠진 모습으로 있는 거냐!"입니다. "너희 가운데 올리우신 예수는 그대로 다시 오시리라!"에 귀한 메시지가 담깁니다.

　예수가 올리우신 것을 보았습니다. "그 예수가 다시 오시리라!"를 보기까지 즉 초월과 초월 그 사이에 현실을 살아야 합니다. 초월을 경험한 사람들에게 일침을 놓는 천사들의 말이 "왜 넋 놓고 하늘 쳐다보고 있냐!"입니다. "너희들도 저렇게 바로 하늘로 올리우는 초월로 들어가는 게 아니라 밥해먹고, 부딪히고, 갈등하고, 시달리는 현실로 가라!" 입니다.

　그 세월이 2000년입니다. 그 세월 가운데 순교를 부르는 시대가 있었습니다. 그러나 모든 시대가 순교의 시대는 아닙니다. 전장에서 장렬히 전사하는 군인만이 참 군인이 아닙니다. 전장의 그 모든 참혹함을 몸으로 받아내는 것도 참 군인이 해야 할 일입니다. 살아내는 부분입니다. 참고 또 참고 기다리며 또 기다리는 것입니다. 성령은 순교의 시대도 주장하시지만 살아내고, 극복하고, 이겨내는 시대도 주장하십니다.

　순교는 장열하고 확실하지만 너무 단순합니다. 그러나 살아내는 것은 그보다 더 치열하며 깊고 오묘하며 부요합니다. 예수님은 어느날 하늘에서 내려와 내가 메시아다 하지 않으셨습니다. "나사렛에서 무슨 선한 것이 나겠냐!", "갈릴리에서 무슨 선지자가!", "십자가에서 내려와라!"를 살아내셨습니다.

2. { 전열정비... }

(사도행전 1:12~26)

예수님이 승천하셨습니다. 예수님의 마지막 말씀은 "성령을 기다려라 성령이 임하시면 너희가 권능을 받아 복음전도자들이 될 것이다!"였습니다. 사람들이 넋 놓고 하늘을 쳐다보고 있는데 천사들이 "어찌하여 하늘을 쳐다보고 있느냐 예수는 하늘로 가심을 본 그대로 오시리라!" 하셨습니다. 천사들의 말은 일종의 각성입니다. 사람들은 초월을 경험하면 초월 속에 있고 싶지 현실로 가려하지 않습니다.

마치 마태복음 17장에서 예수님의 얼굴이 해처럼 변하고 옷이 빛과 같이 희어지며 모세와 엘리야를 만나는 모습을 보고서는 베드로가 초막 셋을 짓겠다고 한 것과 같습니다. 내려가고 싶지 않은 겁니다. 그러나 주님은 우리에게 현실로 가라고 하십니다. 거기서 부딪치고 거기서 이겨내며 거기서 극복하라고 하십니다.

현실로 가면 우리 앞에 제일 먼저 기다리고 있는 것은 각각의 맡은 자리입니다. 아버지, 어머니, 아들, 딸, 사위, 며느리, 올케, 시누이... 직장으로 가면 사원에서 임원 그리고 사장님 교회에서는 목사님, 장로님, 권사님, 집사님...

오늘 제자들이 현실로 돌아와서 제일 먼저 한 일은 물론 14절 말씀처럼 오로지 기도에 힘쓴 일입니다. 믿는 자에게 기도는 호흡과도 같은 것이라 한다면 그 다음에 15절 이하를 보면 제자들이 무엇을 하고 있습니다.

베드로가 일어나서 언급하기 어려울 수 있고, 불쾌할 수 있고, 거부감이 있지만 그래도 덮어두고는 갈수 없는 이야길 꺼냅니다. 배신자 가룟유다 이야깁니다. 15절 이하입니다. "유다의 배신은 다윗을 통해 이미 예언된 일이었다!", "우리 가운데 한 직무를 맡았던 자였다!", "그는 비참하게 자살했고 시편의 예언대로 그의 직분을 타인이 취했다!"

그리고 21절 이하에서 제비를 뽑아서 예수님이 친히 세우신 12사도의 공석을 메우는 일을 합니다. 요셉과 맛디아를 두고 제비를 뽑아 맛디아가 12사도의 반열에 오르게 됩니다. 맛디아가 뽑혀서 무슨 일을 했다는 성경기록은 전혀 없습니다.

제자들이 현실로 돌아와서 제일 먼저 한 일은 전열정비입니다. 예수님이 안 계시지만 예수님이 계실 때와 같은 모습으로 대열을 이루고 정비했습니다. 오와 열을 흩으러 트리지 않고 자리를 보완하고 티오를 메운 일입니다.

25절 말씀처럼 '봉사'와 '사도'의 직분입니다. 봉사는 섬기는 일입니다. 교회에서 집사 권사 장로 왜 선출합니까? 교회 기관들을 섬기고 헌신하기 위함입니다. 사도의 직무는 하나님의 말씀을 진리위에 바로 세우고 가르치는 일입니다. 엄밀한 의미로 따지면 말씀을 맡은 사도의 직무도 봉사의 한 부분입니다. 각기 받은 은사를 따라 직분을 맡고 그 포지션에서 맡은 소임을 성실히 수행할 때 교회 공동체가 세워집니다. 이 모든 직분들이 유기적으로 연결되어 머리되신 그리스도를 섬길 때 교회는 비로소 하나의 생명 공동체가 되는 것입니다.

그런데 가룟유다는 자기 직무를 버리고 자기 길로 갔습니다. 바라기는 직무를 버리는 일이 없기를 축복합니다. 17절에서 그는 "직무의 한 부분을 맡았던 자" 였지만 20절처럼 "직분을 타인이 취하게" 되었습니다. 내 직무를 타인이 취하는 일이 없기를 바랍니다.

성경에서 내 것을 타인이 취한다는 것은 일종의 저주입니다. 축복은 우리가 수고한 일의 결과를 우리가 얻는 것입니다. 내가 공들이고 고생하고 노력한 포도원의 소산물을 나와 내 가족과 자녀들에게 돌아가는 은혜가 있길 다시 한 번 축복합니다. 고생은 내가 했는데 그 열매를 어찌 타인이 취하겠습니까!

　제자들이 흩어지지 않고 전열을 정비했다는 것은 다른 말로 자리를 지키고 있었다는 뜻입니다. 직무는 곧 자리(포지션)입니다. 자리 지키는 은혜가 있길 축복합니다. 어떤 조직이든 공동체든 가정도, 회사도, 교회도 어려움과 위기 속에서 구성원들이 최우선으로 해야 할 일은 흔들리지 말고 어제 하던 일 오늘 더 열심히 하는 것입니다.
　가정은 아빠의 자리 엄마의 자리 자녀의 자리를 지킵니다. 교회에서 목회자는 말씀준비의 자리, 성도는 예배의 자리를 견고히 지킵니다.

　마치 나무들이 뿌리를 잘 내려서 바람 불고 태풍불어도 자릴 잘 지키고 있어 가을이면 결실을 얻는 것처럼 성도들에게 주어지는 결실의 복 또한 자리를 잘 지키고 있었기 때문에 얻어지는 복인 것을 믿습니다. 가룟유다는 자리를 지키지 않고 자리를 박차고 나갔습니다. 힘들다고, 기분 나쁘다고, 성질난다고, 자리를 박차고 나가는 일이 없기를 바랍니다. 자리가 있어서 내가 있고, 자리가 있어서 내가 사는 것이고, 자리가 있어서 내가 나 됩니다. "유다가 그 조각을 받고 나가니 밤이더라!"(요13:30)
　자리라 하면 사람들은 "그 자리가 사회적으로 얼마나 비중 있는 자리냐!"를 묻습니다. 제가 지금 말씀드리는 자리는 세상에서 말하는 지위로서의 자리가 아닙니다. 주님을 우리가 마지막 날 뵈었을 때 주님께 들어야 할 말씀이 있습니다. "착하고 충성된 종아 네가 작은 일에 충성했으니 많은 것으로 네게 맡기리니 네 주인의 즐거움에 참여할지어다!"입니다. 여기서 '작은 일'이 곧 '작은 자리'입니다.

　한 해가 저물고 있는데 한 해 동안 고생하고 수고한 것이 무엇입니까 자리를 잘 지킨 것입니다. 사람들이 알아주지 않는 보잘 것 없는 하찮은 자리라고 해도 그 자리를 귀히 여기며 지키고 있었는지 돌아보기 원합니다. 벽돌 한 장이 모여 큰 건물이 되고 물 한 방울이 모여 바다가 되기까지 비록 나 하나는 작지만 모든 것을 협력하여 선을 이루시는 하나님의 역사를 바라보며 그냥 거기 있는 겁니다.

 오늘 제자들이 예수님 부재 시에 한 일은 친히 세우신 '직무'과 '직분'으로의 자리를 보완하고 견고히 한 일입니다. 특별히 성도들이 성도의 자리를 지킬 때 그것은 곧 예배의 자리이기도 합니다. 성도들이 하나님을 만나는 자리가 복이 있을 때 나머지 자리도 그 복이 흘러들게 됨을 믿습니다.

 주님께 나올 때 치워야할 것이 너무 많고 이것저것 발에 걸린다면 곤란합니다. 이제 곧 성령이 오십니다. 물론 예수 믿는 자는 이미 성령이 오셨습니다. 그러나 주의 몸 된 교회를 세우고 존귀하고 거룩하고 복된 사역을 감당케 하시기 위해 더욱 강력한 주장하심으로 오십니다. 자리를 지키고 있던 자들에게 성령이 오십니다.

3. { 성령의 오심 }
(사도행전 2:1~6)

　예수님의 승천 후에 제자들은 주님이 친히 세우신 12사도의 자리를 보강했습니다. 공석이 된 가룟유다의 자리를 대신해서 맛디아를 제비 뽑습니다. 대열을 흐트리지 않고 약속하신 성령을 기다립니다. 오신다는 것만 알지 언제 어떠한 모습으로 오신다는 것은 모릅니다.

　승천하신 후 한 열흘이 지났고 제자들과 약 120명의 성도들이 마가의 다락방에 모여 있었습니다. 예루살렘 거리에는 오순절을 맞아 흩어진 유대인들이 명절을 쇠기 위해 북적이고 있습니다. 갑자기 모여 있던 있던 곳에 급하고 강한 바람소리가 들리고 각 사람들의 머리 위해 불의 혀가 꽂히며 다른 나라 말을 하게 되는 것입니다.

　먼저 성령의 오심을 이해할 때 꼭 오늘 본문의 모습으로만 받게 되면 곤란합니다. 어떤 기도원은 성령을 받으려면 먼저 바람소리를 듣고 다음으로 불의 혀를 봐야한다는 웃지 못할 … 신비적 체험을 동반한 성령의 오심만 있는 것이 아니라 "바람이 임의로 불매 어디서 와서 어디로 가는지 모른다 성령으로 난 자들은 다 이와 같다!" 하신 것처럼 나도 모르게 오시는 성령이 계십니다.

　지금 예수 믿고 있는 사도들과 120명의 성도들도 "성령으로 하지 않으면 누구도 그리스도를 주라 할 수 없다!" 했기에 이미 성령이 찾아 오신 분들입니다. 그렇다면 오늘 오시는 성령은 무슨 의미의 성령이냐를 주목합니다.

　구약에 오시리라 예언되고 약속된 성령이고 예수님이 하나님께 받아서 보내시겠다 하신 성령입니다. 특별히 요엘서 2장입니다. "내가 말세에 내 영을 모든 사람에게 부어 주리니 네 자녀가 예언하고 젊은 이가 환상보고 늙은이가 꿈을 꿀 것이며… 네 남종과 여종에게도 그리할것이다!" 구약시대에는 한정된 사람들에게만 하나님의 신 즉 성령이 오셨습니다. 왕이나 선지나 제사장 같은 특수 직무에 있는 사람들에게만 오셨는데 이제는 예수 믿는 모든 이들에게 오십니다. 그래서 예수 믿는 사람들은 다 왕 같은 제사장이 됩니다.

구약과 신약을 구분하는 분기점이기도 하며 교회가 처음으로 세워지는 타이밍이기도 합니다. 지금 오시는 성령은 바람이 어디서 와서 어디로 가는 것을 모르는 것처럼 아무도 모르게 오시면 안 되고 모두가 경험할 수 있고 부인할 수 없는 강력한 기사와 이적들이 동반되어 나타나야만 합니다. 예수 믿는 사람들에게 성령이 찾아오심으로 신약시대가 열리고 이른바 교회시대가 시작됩니다. 성경이 성령의 오심을 부어주심으로 표현한 것은 강력한 성령의 임재를 모두가 경험하고 알 수 있게 하심입니다.

성령이 어떻게 오셨는지 좀 더 자세히 보겠습니다. 제자들이 모여 있었습니다. 위에서 언급한 것처럼 갑자기 급하고 강한 바람소리가 들렸고 이어서 불의 혀가 각 사람의 머리위에 떨어졌습니다. '바람'은 성경에서 항상 성령의 임재를 상징합니다. 다음으로 '불의 혀'입니다. '혀'는 곧 '말'입니다. 성령은 말씀으로 임하시는 것이고 말씀은 항상 성령과 함께입니다. 4절에서 "성령이 말하게 하심을 따라 다른 언어로 말했다!" 가 바로 성령이 말씀으로 임하신 증거입니다.

여기서 "다른 언어로 말하기 시작했다!"가 신비한 구절입니다. 간단히 말씀드리면 사도들의 혀가 갑자기 꼬여서 영어를 하고 스페인어를 하고 일본어를 했다도 될 수 있지만 상대적으로 11절에 "우리의 각 언어로 하나님의 큰 일을 듣는다!"와 같이 듣는 이들의 귀가 신비하게 트여서 각기 자기나라 말로 알아들은 것이기도 합니다. 그러니까 오신 성령이 말하는 사도들의 혀와 듣는 디아스포라 유대인들의 귀 사이에서 희한한 역사를 일으킨 것입니다.

조롱하는 사람들이 일어나서 저들이 새 술에 취했다고 하자 사도베드로가 이번에도 일어납니다. "지금이 아침 아홉신데 무슨 술타령이냐 지금 이런 일이 일어난 것은 하나님이 선지자 요엘을 통해 주신 말씀이 이루어진 현장이다!" 라고 강변합니다.

여기서 우리는 성령을 부어주실 때 사람들의 혀가 트이고 귀가 열리면서 각기 자기나라 말로 알아들었다는 것을 조금 더 깊이 봅니다. 일종의 '소통'이고 '커뮤니케이션'입니다. 성령이 부어지면서 소통의 단절에서 소통의 트임이 왔습니다. 말이 다르다는 것은 곧 소통의 부재와 단절입니다.

민족과 나라가 있다는 것은 곧 말이 통하는 사람끼리 라는 것입니다. 그래서 단일민족은 단일언어를 갖습니다. 민족과 나라가 왜 전쟁합니까! 말이 안 통하는 것이 시작입니다.

작게는 교회와 가정이 왜 분쟁합니까! 소통이 안돼서 그렇습니다. 같은 말을 사용함이 소통의 기본이지만 그렇다고 같은 말을 쓴다고 해서 반드시 소통도 아닙니다. 마음과 마음이 감정과 감정이 삶에서 삶으로 이신전심 되는 것이 진정한 소통입니다. 엄마와 딸이 아빠와 아들이 사장님과 사원이 목회자와 성도가 서로 상대의 마음과 사정을 알고 그 자리를 같이 하는 것입니다. 오늘 성령이 임한 이 사람들 2장 36절에 "날마다 마음을 같이 했다!"하며 4장 32절에 "믿는 무리가 한마음과 한뜻이 되어 모든 물건을 서로 통용했다!" 합니다.

그렇다고 소통 그자체가 '지고선'은 아닙니다. 깡패집단의 소통은 소통될수록 악입니다. 악한 자들이 악한 일을 도모하기위해 서로 죽이 잘 맞고 긴밀히 소통하는 것은 이건 아닙니다. 잠언 21장의 말씀처럼 "악인의 도모는 속임이라!"입니다.

아이러니한 것은 성경을 보면 본래 사람들은 소통하려했는데 하나님이 사람들의 소통을 끊어 놓으셨을 때가 등장합니다. 창세기 11장에 가면 하나님이 사람들의 언어를 혼잡하게 하는 것으로 그들의 소통을 단절시키십니다. 당시 사람들이 한 민족에 한 언어만 쓰니까 모여서 흩어짐을 면하자 하면서 단결해서 바벨탑을 쌓았습니다. 바벨탑을 하늘꼭대기까지 올려서 하나님과 한 번 대결해보자 했습니다. 악한 일을 도모하는 죄악된 사람들의 소통을 끊으셨습니다.

창세기 11장 7절을 보면 "우리가 내려가서 그들의 언어를 혼잡케 하고 그들로 서로 알아듣지 못하게 하자!" 이때부터 같은 언어를 쓰는 사람끼리 모여 민족이 생깁니다. 성령이 바벨탑 때는 악한 일을 도모하는 사람들의 소통을 끊기 위해 내려오셨는데 오늘 사도행전에서는 끊어진 소통을 연결하기 위해 오십니다.

선한 일과 하나님의 의를 이루고 죄인들의 구원을 위해 그리고 하나님 나라와 교회를 세우기 위해 내려오십니다. 이번에는 언어를 흩으시는 것이 아니라 다시 언어를 하나 되게 하십니다.

성령의 부어주심과 성령의 충만을 이해할 때 '바람소리', '불의 혀' 이런 현상만 중요하게 여기면 곤란합니다. 성령이 사람들 속에 역사하심으로 사람들 간의 소통의 장벽과 단절을 허물고 하나 되게 하심에 집중합니다. 특별히 성령 안에서의 하나됨입니다. 성령이 하나 되게 하심으로 우리가정과 교회와 나라가 서로 간에 말이 통하는 것 뿐 아니라 더 나아가서 서로의 눈빛만으로도 온전한 소통이 이루어지길 축복합니다.

소통을 조금 다른 말로 하면 교감이고 공유입니다. 내 생각과 내 가치와 내 것을 강요하지 않고 상대의 자리로 가는 겁니다. 그래서 상대의 것을 내 것으로 삼습니다. 자리를 같이하고 그의 감정과 정서와 신앙을 같이 합니다.

"우리가 다 우리의 각 언어로 하나님의 큰 일 말함을 듣는도다!" (사도행전2:11)

4. { 우리가 어찌 할꼬 }

(사도행전 2:36~47)

성령이 오시자 다른 나라 사람들이 말하는 것이 자기 나라 말로 들리는 신기한 일이 일어났습니다. 교회를 세우고 하나님의 선한 사역을 위해 성령께서 순간적이나마 소통을 주셨습니다. 악한 일을 도모하는 자들의 소통은 끊으시지만 선한 일을 구하는 자들에게는 소통을 주십니다. 다만 같은 말을 쓴다고 해서 소통이 아니라 상대에게 가서 상대의 것을 나의 것 삼는 것이 진정한 소통입니다.

상대의 기쁨을 내 기쁨으로, 상대의 아픔을 내 아픔으로, 상대의 관심을 내 관심으로, 상대의 가치를 내 가치로 삼습니다. 성숙한 사람일수록 이게 되는데 미숙한 사람일수록 이게 안 됩니다.

예수님이 이걸 하셨습니다. 우리가 예수님께 가기 전에 먼저 우리에게 오셨다는 게 굉장히 중요합니다. 오셔서 우리의 육신을 자기 육신 삼으시고 오셔서 우리와 같이 밥 해먹고, 시달리고, 고민하고, 갈등하고, 부딪치는 33년의 인생을 자기 걸로 삼으십니다. "나사렛에서 무슨 선한 것이!", "갈릴리에서 무슨 선지자가!", "십자가에서 내려와 보라!"는 조롱마저 자기 것으로 삼으십니다.

"너희들이 나를 잘 못 봤다! 나는 아니다!" 라고 거부 체념 반항하지 않으십니다. 죄인들을 구원하시고자, 죄인들의 땅에 오셔서, 죄인들에 미움을 받아, 그들의 손에 잡혀 죽는 것으로 이루신 죄인들과의 소통이며 구원입니다. 죄인들이 자신들의 죗값으로 져야하는 십자가를 대신 지는 것으로 하나님과 사람사이에 막힌 담을 허시고 하나 되게 하셨습니다. 하늘에서 이룬 구원이 아니라 땅에서 이룬 구원입니다. 다른 모든 종교는 두리뭉실 구름 속 관념인데 오직 기독교는 치열한 현실 속에서 이루신 구원입니다.

십자가는 극악무도한 죄인이 받아야할 형벌이면서 동시에 죄인의 구원을 성취하고 완성하는 자리였습니다. 여기에 하나님의 능력과 지혜가 있습니다. 그래서 십자가의 도가 멸망받을 자들에게는 미련한 것이지만 구원 얻을 우리에게는 하나님의 능력이라 한 것입니다.

그냥 전능자가 말씀 한 마디로 끝내면 될 일을 왜 굳이 저런 식으로 구원을 이루는지 답답하고 미련하게 보입니다. 그러나 하나님의 일하는 방식입니다. 오늘 베드로는 오순절 성령의 임재를 경험한 사람들 앞에 이것을 설교하는 것입니다.

"다윗은 선지자였다! 다윗이 항상 내 곁에 계신 주님을 내가 뵈었다 했다! 그분은 사망에 매어있을 수 없었다! 다윗은 죽어 장사되었지만 하나님이 내 주께 말씀하시길 네 원수로 내 발등상 되기까지 너는 내 우편에 앉았으라! 하신 것이다. 법 없는 자들의 손을 빌어 너희가 죽인 예수를 하나님이 살리셨다! 그리고 그가 약속하신대로 성령을 하나님께 받아서 이렇게 부어주시는 현장이다!" 여기서 네 원수는 세상 임금인 사망입니다. 세상권세 잡은 사탄마귀입니다. 예수님의 십자가와 부활은 구약에 예언되었던 일이다! 예수님은 아무 힘 없는자 처럼 죽지만 하나님이 그를 살리시고 높이셨다!

베드로는 결론적으로 이렇게 외칩니다. 36절입니다. "그런즉 이스라엘 온 집은 알지니 너희가 십자가에 못 박은 예수를 하나님이 주와 그리스도가 되게 하셨느니라!" 37절입니다. "이 말을 듣고 마음에 찔려… 형제들아 우리가 어찌할꼬 하거늘" 하면서 약 삼천 명이 그 자리에서 회개합니다.

여기가 희한한 부분입니다. "너희가 죽인 예수를 하나님이 살리셨다!"는 말 앞에 "무슨 말이냐! 덮어씌우지 마라! 생사람 잡지마라!", "예수는 대제사장이 죽였고, 빌라도가 죽였고, 로마 병정이 죽였지 우리가 언제 예수를 못 박았냐!" 하지 않았다는 것입니다.

베드로가 하나님의 말씀인 구약을 풀어서 설명하니까 사람들의 마음이 뜨거워지면서 회개한 것입니다. 마치 엠마오로 가는 두 제자가 예수님이 말씀을 풀어주실 때 예수를 알아보게 된 것처럼 되었습니다. 원죄도 마찬가집니다. 죄는 아담이 지었는데 그 죄가 내게로 왔다는 것을 받기 어렵습니다. 그러나 성경은 "아담 아래 모든 사람이 죄인인 것처럼 예수 안에 모든 사람이 의인 되었다!"고 합니다. 또 다른 표현으로 "죄가 아담 안에서 왕노릇 하듯이 은혜는 예수 안에서 왕노릇한다!" 입니다.

이 모든 것이 성경과 부합해서 받을 수 있는 것이지 이것이 논리적으로 이성적으로 받을 수 없습니다. 성경은 다짜고짜 "네가 죄인이라!" 하고 "네가 예수를 죽였다!" 하는데 이것을 어찌 받을 수 있겠습니까!

우리는 지금 하나님이 어떻게 일하는지를 보고 있습니다. 성경에 미리 예언된 일을 사람들로 깨닫게 하시면서 예수가 십자가에 죽으신 것은 남의 일이 아니라 내가 직접 관여된 나의 일로 알게 하십니다. 베드로가 "이스라엘의 온 집은 알라!" 했을 때 여기서 이스라엘은 신구약의 하나님백성을 총칭합니다.

예수님이 십자가를 지실 때 제자들은 다 도망가고 사람들은 조롱하며 대부분의 사람들은 아무 관심도 없었습니다. 여기서 이사야 53장이 풀립니다. "그는 멸시를 받아 버림바 되었으며 간고를 겪고 질고를 아는 자라 사람들이 그에게서 얼굴을 가리움 같이 우리도 그를 귀히 여기지 않았도다. 그는 실로 우리의 질고를 지고 우리의 슬픔을 담당하셨거늘 하나님께 벌을 받아 고난당한다 하였도다. 그가 찔림은 우리의 허물을 인함이요. 그가 상함을 우리의 죄악을 인함이라. 그가 징계를 받음으로 우리가 평화를 누리고 그가 채찍에 맞음으로 우리가 나음을 입었도다. 우리는 다 양 같아서 각기 제 갈 길로 갔거늘 하나님은 우리무리의 죄악을 그에게 담당시키셨도다!"

"아! 그렇구나!", "하나님이 내게 이렇게 오셨구나!", "하나님이 날 이렇게 구원하셨구나!", "하나님이 날 이렇게 사랑하셨구나!"를 깨닫는 것입니다. 사망과 저주와 심판과 지옥이 내 정체고 존재며 운명이었는데 하나님은 부활과 영생과 축복과 천국으로 내 운명을 바꿔 놓으셨구나! 하면서 하나님을 향해 활짝 마음을 여는 것입니다. 이 마음이 바로 37절에 "형제들아 우리가 어찌할꼬..."입니다.

다시 정리합니다. 하나님이 우리에게 오셨습니다. 오셔서 우리의 약함을 당신의 것으로 삼으셨습니다. 우리는 다 고정관념을 갖고 하나님이라면 결코 우리 같은 모습일 리가 없다하며 그를 거부합니다. 근데 그 분이 하나님 맞으셨습니다. 우리는 일제히 감동하고 "어찌 하나님이 사람이 되셨나! 어찌 무한자가 유한자가 되셨는가! 초월자며 전능자이신 분이 어찌 스스로를 시간과 공간 안에 가두셨는가!"를 깊이 생각하게 하십니다. 그리고 우리에게 말씀하십니다. 너희도 동일하게 내가 한 것처럼 너희가 먼저 가서 너의 능력, 뜻, 생각을 주장하지 말고 상대의 것을 너의 것 삼으라 하십니다.

소통은 내가 그에게 가서 그의 것으로 갈아입는 것입니다. 그러면 상대는 어찌 아쉬울 거 없는 사람이 저렇게 자기를 드러내지 않고 나의 약함과 함께 할 수 있는가 하면서 그를 향하여 역시 마음을 엽니다. 나병환자 선교를 위해 나병환자가 된 모로카이섬 다미안 신부를 생각하면 됩니다.

오늘 43~47절을 보면 초대교회 성령이 임한 성도들의 모습에 이와 같은 삶이 보입니다. 물건을 통용하며 욕심을 따르는 것이 아니라 필요를 따릅니다. 그리고 날마다 마음을 같이 했다합니다. 4장 32절도 보면 "믿는 무리가 한 마음 한 뜻이 되어 모든 물건을 서로 통용하고 자기 재물을 조금도 자기 것이라 하는 이가 하나도 없더라!"

사람들은 다 자기 것을 주장합니다. 자기 생각, 자기 지식, 자기 능력, 자기 배경, 자기 믿음, 자기 공로를 자기 것이라 하지 않은 겁니다. 이런 세상은 이제까지 없었습니다. 있는 자들이, 배운 자들이, 가진 자들이 이 모든 게 없는 자들에게 가서 그들의 옷을 입은 것입니다. 이때 진정한 소통이 있고 진정한 하나 됨이 있습니다. 성령이 임하실 때 막히고 단절되었던 모든 관계가 열리고 트이며 하나 되는 역사가 있음을 믿습니다.

"읽는 설교"
5. { 일어나 걸으라! }

(사도행전 3:1~10)

오순절 성령이 임하고 언어가 소통되는 기적을 경험한 사람들에게 베드로사도는 "너희가 죽인 예수를 하나님이 살리셨다!" 하니까 삼천명이 회개합니다. 오늘도 베드로가 성전에서 구걸하던 앉은뱅이를 일으키고 나서 동일한 설교를 합니다. "너희가 의로운 자를 죽이고 살인자를 놓아주었다 너희가 생명의 주를 죽였다 그러나 하나님이 그를 살리셨다!"의 설교를 듣고 그 자리에서 오천명이 예수를 믿습니다. 예수님이 힘없이 끌려가서 조롱당하고, 매 맞고, 못 박히는 일에 직접 가담하지는 않았더라도 방임 방치 묵인한 것을 인정한 것입니다.

사람들이 십자가에 달리는 예수님을 왜 싫어하고 미워하고 무관심했을까요? 성전을 헐라고 성전모독을 하고 하나님의 아들이라고 신성모독을 했기 때문이라는 것은 죄목을 만들어 붙인 것이고 실제로는 다른데 원인이 있습니다.

예수님은 능력을 많이 행하셨습니다. 장님이 눈뜨고, 귀머거리가 듣게 되고, 앉은뱅이가 일어나고, 죽은 자를 살리시며, 바다를 잠잠케 하시며, 오병이어의 기적을 일으키신 장본인입니다. 그런데 예수님은 이렇게 능력은 한이 없으신데 권력이 없습니다. 정작 중요한 시간에는 "아무런 힘도 없이 끌려가더라!"입니다.

만일 예수님이 조금이라도 정치권력과 결탁해 있고 그쪽에 끈이 있었다면 이렇게 초라하게 끌려가지 않습니다. 예수님이 싫었던 것이 여깁니다. 그 큰 능력으로 아무런 권력(힘)을 도모하지 않았다는 것입니다.

그래서 사람들이 그때 하나같이 무슨 생각을 하냐면 하나님의 아들이라면 저렇게 힘없이 끌려가서 비참하게 죽을 일이 없다. 하면서 예수를 멸시한 것입니다. 그리스도가 고난을 받고 자기영광에 들어간다는 것을 몰랐습니다. 18절 "모든 선지자의 입을 통하여 그리스도께서 고난 받으실 것을 미리 알게 하신 것을 이와 같이 이루셨다!"

제 말을 오해 없이 들으시기 바랍니다. 예수님은 죄인들을 구원하러 세상에 오셔서 죄인들을 구원하신 것이 아니라 죄인들의 손에 죽으셨습니다. 죽으셨으니 구원이고 뭐고 말짱 꽝입니다. 그래서 당시의 사람들과 자유주의 신학자들은 예수님을 실패한 구원자로 아는 것입니다. "다른 사람 구원한다고 하면서 제 몸 하나 구원 못하는구나!"의 조롱을 듣습니다.

그런데 하나님은 사람들이 말하는 그 실패를 통해서 우리의 구원을 이루셨습니다. 그것이 십자가입니다. 십자가는 가장 연약한 모습이면서 또한 가장 강한자의 자기표현입니다. 성경에 많은 반전이 나오지만 그것들은 이 반전을 알리기 위한 신호들에 불과합니다. 하나님이 일하는 방식입니다. 참 놀라운 것은 사람들이 그 일의 실패라고 하는 것으로 그 일의 성취를 이루십니다. 하나님만이 하실 수 있는 일입니다.

우리가 살다보면 막막하고, 길이 없고, 대책이 없고, 여기가 끝이다 할 때 하나님은 그 때 그 시간 그 자리를 통해서 그 일의 성취를 이루시는 것을 경험합니다. 이건 정말 하나님이 하신 일이라는 것을 고백하지 않을 수 없게 하십니다. 정말 우리 앞에 절벽이 있을 때 그때는 믿음을 드리는 시간입니다. 항상 더 좋은 것을 주시는 아버지이십니다.

기독교 짝퉁인 이슬람이 근본적으로 우리와 다른 게 있습니다. 이슬람은 "인샬라!(신의 뜻이다)"에 모든 것이 담깁니다. 그런데 사실 이 말은 우리도 많이 하는 것입니다. 주로 언제 하는 말이냐면 문제를 만나고, 어려움에 처하고, 한숨 쉬고, 낙담할 때 하는 말입니다. 그런데 이슬람이 "하나님의 뜻!"이라고 하는 순간 거기가 마지막이고 끝이고 종료입니다. 무자비한 절대자의 횡포에 꼼짝 못할 때 하는 말입니다. 그런데 기독교가 "하나님의 뜻!"이라고 하는 순간 거긴 끝이 아니라 시작입니다.

그것이 "하나님의 뜻!"이라면 어찌 그것이 마지막이겠냐는 것입니다. 거기서부터 하나님이 준비하신 길이 열립니다. 뜻이 있으면 길이 있다하는데 사랑이 많으시고 자비하신 하나님께서 어찌 그대로를 마지막이게 하겠냐는 것입니다. 그래서 많은 경우 하나님은 우리의 성공을 통해 일하지 않으시고 우리의 실패를 통해서 일하십니다.

오늘 본문을 보면 하반신 마비로 성전 문 앞에서 구걸하던 자가 베드로와의 조우를 통해 기적을 경험합니다. 베드로는 "은과 금은 내게 없지만 내게 있는 것으로 내게 주노니 곧 나사렛예수이름으로 일어나 걸으라!" 하며 그의 오른손을 잡아 일으키자 마비된 발과 발목이 곧 힘을 얻어 걷고 뛰는 기적이 일어났습니다.

사람들은 은과 금을 구하지만 하나님이 주시고자는 것은 예수의 이름입니다. 요한이 요한복음을 기록한 것도 예수가 하나님의 아들인 것을 믿고 그렇게 믿어서 그 이름을 힘입어서 생명을 얻게 하는 것이라 했습니다.

예수의 이름은 사망권세 이기신 부활생명의 이름입니다. 그래서 예수의 이름을 부르고, 의지하고, 찬양하며, 경배하는 그 시간과 그 자리는 곧 생명의 시간과 자리입니다. 어둠에서 빛으로, 절망에서 희망으로, 매임에서 놓임으로, 막힘에서 열림입니다. 오늘 하반신마비로 평생을 절망이 운명이었던 자에게 반전이 일어납니다. 예수의 이름이 전해지자 아무 감각이 없던 발과 발목에 죽었던 신경이 살아났습니다.

오랜 팬데믹의 가속화로 우리 주위에는 주저앉아있는 사람들이 너무 많습니다. 낙심으로 우울로 비관으로 주저앉아 있는 자들에게 예수를 주는 것으로 그들의 발목과 발에 힘이 들어가고 생명이 공급되어 벌떡 일어나는 역사가 새해에 일어나길 소망합니다.

우리가 많은 죄인들 중에 택함을 입어 예수를 믿게 된 것 같이 당시에 많은 앉은뱅이가 있었지만 오늘의 기적은 성전미문에 앉아있던 이 사람의 것이 되었습니다. 이 사람이 한 것 아무것도 없습니다. 베드로 손잡고 일어난 것뿐입니다.

적어도 예수이름이 전해진 자에게는 절망이 운명일 수 없습니다. "나는 그저 평생을 앉은뱅이로 사는 것이 하나님의 뜻인가 보다!" 하고 살았습니다. 그것이 '하나님의 뜻'이고 '인샬라'였습니다. 그러나 결코 앉은뱅이가 '인샬라' 아니었습니다. 내가 앉은뱅이가 된 것은 죽은 자를 살리시며 없는 것을 있는 것처럼 부르시고 무에서 유를 창조하시는 하나님을 경험하게 하기위해서 잠시 겪는 고통이었습니다. 할렐루야!

6. { 온전한 것으로의 회복! }
(사도행전 4:23~21)

　베드로의 설교에 삼천 명이 세례를 받고 이어서 성전 미문에 앉아 구걸하던 앉은뱅이가 일어나는 기적 앞에서는 오천 명이 예수를 믿게 됩니다. 당연히 이 소문이 예수를 죽인 당사자들인 대제사장과 장로들과 서기관들의 귀에 들어갔습니다. 7절을 보면 사도들을 잡아다가 물어봅니다. "누구의 이름으로 이런 일을 하는 거냐! 배후가 누구며 주동자가 누구냐!" 10절에서 베드로가 항변합니다. "너희가 죽인 예수가 다시 살아나셔서 이 앉은뱅이를 고친 것이다!"

　13절에 잡아온 자들이 놀랍니다. "베드로 저 자는 글도 모르는 줄 알았는데 왜 이리 유창한 거냐!" 무엇보다 병 나은 사람이 그들과 함께 있음으로 더 이상 뭐라 하지 못하고 위협만 가하여 돌려보냈습니다. 베드로와 요한이 돌아와서 모인 이들과 함께 기도하는 본문이 오늘의 내용입니다. "대 주재요 천지와 바다와 만물을 지으신 이여 우리조상 다윗의 입을 통해 세상의 군왕과 관리들이 그리스도를 대적한다 했는데 과연 헤롯과 빌라도가 거룩한 종예수를 거스려 죽였습니다!

　28절 29절입니다. "하나님의 권능으로 행하고자 하시는 일을 이루기 위해 여기 모였습니다! 세상은 그제나 지금이나 항상 우리를 위협할 텐데 주의 종들로 담대히 하나님 말씀을 전하게 해 주세요!" 그러면서 표적을 구하고 있습니다. "손을 내밀어 안수할 때 병이 낫고 거룩한 종 예수이름으로 표적과 기사가 나타나게 하옵소서!" 하니 땅이 진동하는 것으로 응답하십니다.

　하나님의 권능이 나타나고 뜻과 작정하신 일을 이루시는데 "나를 사용해 주십시오!"의 기도입니다. 그리고 말씀이 전해지는 현장에 주의 표적과 기사도 함께 나타나게 해 달라고 합니다. 지금도 하나님은 기사와 표적을 보이시는 하나님이신 것을 믿습니다. 하나님의 말씀이 전해질 때 불치병이 치유되고 모든 부분에서 불완전한 것들이 온전한 모습으로의 회기와 회복이 있기를 축복합니다.

한 앉은뱅이가 일어나고 걷게 된 것으로 촉발된 일입니다. 죄로부터 구원받는 우리의 구원이 온전치 못한 것으로 부터의 구원입니다. 그래서 인류의 구원은 넓게 보면 창조의 회복입니다. 우리의 신분이 죄인에서 의인되며 우리의 운명이 사망에서 영생으로 바뀌고 우리의 존재가 지옥백성에서 천국백성으로 온전해 지는 것을 알리는 신호로서의 질병에서 치유입니다.

온전치 못한 것에서 온전한 것으로의 회복이 32절 이하에도 나타납니다. 믿는 무리가 한 마음 한 뜻(영혼)이 된 것입니다. 그리고 필요에 따라 유무상통이 되었습니다. 그런데 무조건 유무상통이 아니라 33절에 "무리가 큰 은혜를 받고"입니다. 은혜는 없이 폭력으로 이것을 하면 공산주의입니다. 총구를 드리대며 똑같이 나누자 했더니 다 거지가 되고 윗동네 몇 명만 잘 먹고 잘삽니다. 가진 자가 자기의 것을 내어놓을 수 있음은 총구로도 할 수 있지만 가장 이상적인 것은 은혜를 받고 성령을 받아서입니다. 철저히 필요를 따라서입니다. 욕심을 따라서가 탐욕이고 이기심이라면 필요를 따라서는 은혜와 나눔입니다.

마지막으로 이 시대에 회복되어야 할 부분을 35절 37절에서 말씀하고 있습니다. 그것은 바로 사도권의 회복입니다. "사도들의 발 앞에 두니라!"입니다. 사도권은 한 마디로 강단권입니다. 강단에서 들리는 하나님의 말씀을 듣고 "저 말이 사사로운 개인의 말이 아니라 하나님께서 정말 내게 들려주시는 하나님의 말씀이다!" 라는 분명한 인식입니다.

요즘 보면 사람들이 교회알기를 우습게 알고, 교회에서 분쟁하고 싸우고, 교회를 무슨 이해관계 이익집단 내지는 사회구제와 문화센터로 아는 경우도 있습니다. 이게 다 강단권의 붕괴에서 온 현상입니다. 목회자가 사도권을 이어받아 살아계신 하나님의 말씀을 전해야 하는데 정치 이야기, 도덕성을 배양하는 말, 그리고 감동적인 예화만 전하는 겁니다. 요는 예수하고는 전혀 상관없는 설교를 듣고도 은혜 받았다 할 수가 있습니다.

33절을 분명히 보아야 합니다. "사도들이 큰 권능으로 예수의 부활을 증언하니 무리가 큰 은혜를 받아!" 사도들이 전한 것은 오직 성경이고 부활예수이며 무리가 은혜를 받는 것도 성경과 예수입니다. 사도행전 6장 2절에 사도들이 구제하는 일을 하다가 "우리가 하나님의 말씀을 제쳐두고 구제하는 일만 하고 있는 것이 마땅치 않다!" 해서 7집사를 뽑습니다.

말씀의 은혜는 성경과 예수의 은혜입니다. 이 때 교회의 권위가 살아납니다. 그리고 그 권위는 사도들이 전한 예수입니다. 주님을 뵈러 교회에 나올 때 거룩한 두려움이 있길 바랍니다. 하박국 2장에 "여호와는 성전에 계시니 온 천하는 그 앞에 잠잠할 지어다!" 했습니다. 사도바울은 빌립보서 2장에서 "두렵고 떨림으로 너희 구원을 이루라!" 했습니다.

하나님을 두렵고 떨림으로 섬길 줄 모르고 하나님을 경외할 줄 모르는 신앙은 온전치 못한 믿음입니다. 교회와 강단과 말씀 앞에 온전한 부복과 엎드림과 순종이 있어야 합니다. 다시 오실 재림의 주님은 심판의 주님이십니다. 주님이 세우신 교회를 섬기며 교회의 권위에 부복하는 성도들이 되실 때에 아울러 들려지는 말씀이 사도들이 전한 성경과 예수가 맞는지 아니면 사사로운 이야기인지 구별할 수 있는 지혜가 있기를 소망합니다.

7. { 아나니아와 삽비라 }

(사도행전 5:1~11)

　오늘은 그 유명한 '아나니아와 삽비라' 사건입니다. 우리는 이 사건을 통해서 정말 참신앙이 무엇인지 깊이 생각하지 않을 수 없습니다. 많은 헌금을 했으면 축복을 받아야지 도리어 저주 받아서 죽었습니다. 차라리 헌금을 안 하고 말지 이런 답답한 노릇이 없습니다.

　우리가 하나님께 예배와 예물과 헌신을 드린다고 할 때 드린다고 다 예배가 아니고, 드린다고 다 예물이 아니며, 드린다고 다 헌신이 아닐 수 있습니다.

　바리새인의 신앙이 그것입니다. 바리새인은 누가보아도 믿음이 두터운 사람들이었습니다. 온전한 십일조생활과 일주일에 이틀을 금식하며 기도했고 사회구제에도 앞장 선 나무랄 것이 없는 사람들입니다. 문제는 이것을 하나님 앞에 한 것이 아니라 사람들에게 높임 받고자 한 것입니다. 그래서 시장 사거리에서 두 손 들고 자기자랑을 늘어놓습니다. 예수님은 마태복음 6장 1절에서 "사람 앞에 보이려고 너희 의를 행치 않도록 주의하라 이런 자는 하늘의 상이 없다!" 하셨습니다.

　그러면 사람들 앞에 높임 받고 존경 받고 박수 받는 것이 왜 잘못된 거죠? 그 자체가 잘못된 것이 아니라 신앙을 이용하고 하나님을 매개로 해서 결국 마지막 목적이 내 영광을 삼는 것이기 때문입니다. 이런 신앙을 갖은 사람들이 잘하는 것이 자기와 다른 사람을 나누는 일입니다. 나는 의인인데 저 사람은 죄인이고, 나는 지켰는데 저 사람은 안 지켰고, 나는 거룩한데 저 사람은 더럽다고 해야 내가 돋보이고 우러름의 대상이 됩니다. 우리가 자칫 잘못하면 우리의 신앙을 빙자하여 나의 높음 삼으려는 도구가 될 수 있습니다.

'아나니아와 삽비라'가 오늘 여기에 해당됩니다. 일종의 명예욕에 걸려들었습니다. 사실 이 사건의 전말을 알려면 앞서 무슨 일이 있었는지를 좀 추적해야 합니다. 4장 후반부에 구브로 사람 요셉이라는 사람이 밭을 팔아 사도들 앞에 놓았는데 그의 헌금이 당시 예루살렘교회에 아주 요긴하게 쓰여졌습니다. 그래서 사도들이 '바나바'라고 하는 닉네임을 불러준 것이 이름이 되었습니다. '바나바'는 '위로자'(권위자)라는 뜻입니다.

요셉은 사람들에게 높임 받고 위로자라 권위자라 불리우며 명예를 얻었습니다. 그런데 처음부터 높임 받고 영광을 얻고자 한 것이 아니라 4장 33절처럼 사도들이 전한 부활의 메시지를 듣고는 큰 감동(은혜)을 받고 드린 것입니다. 나 같은 죄인을 위해 십자가 고난을 받으시고 다시 사신 주님께 감사해서 드렸습니다.

반면에 '아나니아와 삽비라'는 은혜를 받고 감사해서 헌금한 게 아니라 처음부터 사람들에게 높임 받고 박수 받고 영광을 얻고자 내 놓은 것입니다. 하나님이 마지막 목적지가 아니라 내 영광으로 가는 길에 하나님과 신앙행위가 있습니다.

흥미로운 구절은 4절 베드로의 말입니다. "밭이 그대로 있을 때는 네 땅이 아니며 그 것을 판 이후에도 네 맘대로 할 수 없더냐!"입니다. 그러니까 땅문서를 헌금한 게 아니라 34절 37절 처럼 "그 판 것의 값을" 사도들의 발 앞에 놓았습니다. '아나니아와 삽비라'는 요셉이 한 것처럼 자신들도 밭을 팔아 헌금한다고 사도들에게 말은 했는데 막상 팔고 보니 현찰이 눈 앞에 있습니다. 땅문서와 현찰 사이에서 갈등하며 시험에 들은 겁니다. 현찰을 보니 마음이 전 같지 않습니다. 아무도 모르니까 현찰 일부를 떼고 나머지만 헌금했습니다.

"사람이 시험을 받는 것은 자기 욕심에 끌려 미혹됨이니 욕심이 잉태한즉 죄를 낳고 죄가 장성한 즉 사망을 낳느니라!" '아나니아와 삽비라'는 '명예욕'과 '물욕'에 사로잡혔습니다. 안타까운 것은 자신들이 친 그물에 자신들이 걸렸고 스스로가 스스로에게 속았습니다. 이 부분을 베드로는 "너희가 성령을 속이고.. 마음에 사탄이 가득하여.. 하나님께 거짓말했다!" 질책하자 그 자리에서 쓰러져 죽었습니다.

돈으로 사람을 사고, 인기도 사고, 명예도 사고, 신앙도 살 수 있다는 생각이 하나님 앞에 악한 생각입니다. '아나니아와 삽비라'는 많은 돈을 헌금하고 있지만 하나님께 감사를 나타낸 것이라기보다는 자기의 영광을 사려했습니다. 돈을 사랑한 사람들이지 하나님을 사랑한 사람들이 아닙니다. 사도바울은 디모데전서에서 "돈을 사랑함이 일만 악의 뿌리가 되나니 사람들이 이것을 탐하다가 믿음에서 떠나 많은 근심으로 자기를 찔렀다!"고 했습니다.

돈을 사랑한다는 것은 그의 인생에서 돈으로 할 수 있는 일을 최상의 가치와 최고의 목적으로 삼는 것을 말합니다. "돈으로 할 수 없는 건 아무것도 없어!", "돈만 있으면 뭐든지 할 수 있어!", "결국은 돈 없어서 하는 소리야!"와 같은 발상입니다.

물론 우리가 돈으로 위로를 얻고, 돈으로 힘을 얻고, 돈으로 소망을 얻기도 합니다. 오늘 예루살렘교회가 요셉의 헌금으로 큰 위로를 얻고 힘을 얻어 그를 바나바(위로자)라 하지 않았습니까! 문제는 오직 돈으로만 이걸 할려고 하는 모든 삶의 자세와 태도를 말합니다.

사실 오늘 본문에 '아나니아 삽비라' 부부가 '돈으로 신앙을 사려고 했다!'고 하는 직접적인 언급은 없습니다. 그러나 정황상 베드로의 지적과 같이 "사탄이 가득해서 하나님께 거짓말을 했다!"는 말씀으로 그 내막을 드려다 볼 수 있습니다. 하나님을 만홀히 여기고 가벼이 업신여긴 결과입니다.

그냥 일반 성도들의 입장에서는 아무개가 헌금 많이 해서 교회가 어려울 때 큰 힘이 되고 위로가 되었다하면 헌금한 사람 "훌륭한 사람이

다!", "믿음 좋다!" 이렇게 말하는 것이 당연한 일입니다. 성도들 보기에는 밭 판 값을 헌금한 '요셉'이나 '아나니아와 삽비라' 부부는 다를 바가 없습니다.

그러나 하나님 앞에서는 완전히 다른 결과를 낳았습니다. '요셉'은 하나님이 받으시는 아벨의 제물이 되었고 '아나니아와 삽비라'는 하나님이 안 받으시는 가인의 제물이 된 것입니다. 생각할수록 기가 막힙니다. 헌금 안하고 말지 이게 도대체 무슨 참극입니까!

이제 이 일로 인해서 11절의 말씀과 같이 "온 교회와 이 일을 듣는 사람들이 다 크게 두려워하니라!"가 됩니다. 사람들이 이제까지는 모르던 그 무엇을 알게 됩니다. "예배드린다고 다 예배가 아니고, 헌금한다고 다 헌금이 아니며, 헌신한다고 다 헌신이 아닐 수 있다!"입니다. 하나님은 만홀히 여김을 받지 않으시고 사람 마음의 깊숙한 폐부를 다 살펴보시는 하나 앞에 상하고 통회하는 마음이 되었습니다.

이 사건으로 인해 성도들은 큰 깨우침과 경각심의 도전을 받게 되고 더불어서 하나님과 교회와 사도들의 권위 앞에 경외심을 갖게 되었습니다. 오직 하나님을 목적하고 이 모든 것이 감사해서 예배와 헌금과 헌신을 드리는 것이지 어떤 사사로운 욕심을 채우고 헛된 공명심을 이루고자 신앙과 하나님을 도구로 삼는 일이 없기를 축복합니다!

"만물보다 거짓되고 심히 부패한 것이 마음이라 이를 누가 알리요마는 나 여호와는 심장을 살피고 폐부를 시험하며 각각 그 행위와 행실대로 보응하나니... " (예레미야17:9)

"읽는 설교"
8. { 생명의 말씀을 다 말하라 }

(사도행전 5:28~40)

베드로가 앉은뱅이를 일으킨 일로 인해서 벌어지는 일들이 계속됩니다. 베드로가 말하길 "너희가 죽인 예수가 다시 사셔서 이 앉은뱅이를 고쳤다!"고 하자 대제사장 무리가 와서 "너희들 입 다물고 있어! 또한 번 그런 소리 했다가는 정말 가만 안 둘거야!" 하면서 으름장만 놓고 갔습니다.

그리고 아나니아 삽비라 사건이 터집니다. 교회와 사도들의 권위가 세워지고 경외감을 갖게 되어 사람들은 베드로가 지나가는 길에 그림자라도 덮이면 나을 수 있을까 하여 병자들을 데리고 왔습니다.

예수 믿는 사람들이 날로 더욱 늘어가니까 17절에 대제사장 무리의 시기심이 극에 달하게 됩니다. 이번에는 사도들을 잡아다가 옥에 가둬 버립니다. 17~20절을 보면 천사가 와서 옥문을 열어주면서 하는 말에 주목합니다. "가서 성전에 서서 이 생명의 말씀을 다 백성에게 말하라!"입니다.

생명의 말씀은 "예수가 다시 사셨다!" 입니다. 복음은 다른 게 아니라 "예수가 사망권세 이기시고 다시 사셨다!", "그래서 너희도 예수 믿으면 부활의 첫 열매되신 예수를 따라서 부활한다!"입니다. 천사가 풀어줘서 사도들은 다시 성전에서 생명의 말씀인 부활예수를 전했습니다.

성전 경비대장이 깜짝 놀랍니다. 감옥 안에 있어야 할 자들이 성전에 있는 것입니다. 감옥을 가보니 문은 단단히 잠겼는데 안에는 텅텅 비었습니다. 그대로 대제사장에게 보고합니다. 그래서 사도들은 다시 잡혀왔습니다. "이 이름을 전하지 말라!"고 하는 대제사장 무리와 "이 이름을 전하라!"는 천사의 명령을 받은 사도들 사이에서의 갈등입니다. 사도들은 사람보다 하나님 말씀에 순종하는 것이 마땅하다 하고 대제사장은 이에 크게 노하여 사도들을 죽이려고 까지 대립은 격화됩니다.

여기서 우리는 뭘 하나 좀 생각합니다. 천사들이 나타나서 사도들을 감옥에서 구출해 주는데 앞으로도 이런 일이 계속해서 일어납니다. 사도들은 갇히고 천사들은 꺼내줍니다. 초월적인 능력으로 사도들을 구해주는 천사라면 처음부터 '사도들이 잡혀가지 않게 할 수는 없는지?' 그리고 '천사들이 복음을 전할 수는 없는지?'입니다.

여기에 하나님의 일하심이 있습니다. 생명의 말씀은 사도들이 전해야 하며 천사들은 도와주는 역할만 합니다. 사실 하나님은 사도들 없이도 더 효과적인 방법으로 택하신 백성들을 찾아가셔서 더 강력한 말씀으로 그들을 예수 믿게 할 수 있습니다. 그런데 하나님은 사람들을 통해서 복음을 전하게 하시고 그 일에 차질이 생겨서 천사들을 돕는 영으로 붙였으면 붙였지 천사들을 시키지 않으십니다.

극도로 흥분된 대제사장과 사두개인이 사도들을 죽이려 들자 하나님께서 이번에는 천사가 아니라 돕는 자를 붙이십니다. 흥미로운 부분은 전혀 예상치 못했던 적진 중에서 돕는 자를 주십니다. 34절에 '가말리엘'이라고 하는 사람이 등장합니다. 사도바울이 '가말리엘' 문하에서 공부했다고 하는데 당대 최고의 지성입니다. 이 사람이 일어나서 '그 이름을 전해야 한다!'는 사도들과 '그 이름을 전하지 말라!'고 하는 자들 사이를 중재합니다.

가말리엘은 사도들을 잠깐 밖에 나가 있게 하고 이전 이야기를 꺼냅니다. "일전에 '드다'라는 사람과 '유다'라는 사람이 일어나서 스스로 선전하고 사람들을 꾀이다가 그들이 죽자 금방 그 모임은 와해되고 유명무실해졌다! 만일 이 모임이 사람에게서 난 것이면 저절로 없어지겠지만 하나님에게서 난 것이라면 너희가 하나님을 대적하는 것이 된다!" 대제사장과 사두개인은 이 말을 듣고 옳게 여겨 사도들을 채찍질만 하고 또 다시 풀어줍니다.

사도들은 돌아와서 예수이름으로 능욕 받는 일을 합당하게 여기고 도리어 기뻐했습니다. 예수님이 마태복음 5장에서 "내 이름으로 너희를 욕하고 핍박하고 거짓으로 온갖 더러운 말을 할 때 기뻐하고 즐거워하라!" 하셨습니다.

예수를 전하며 받는 고난이 있습니다. 로마서 8장에서는 "자녀이면 후사요 그리스도와 함께 후사된 자로 그와 함께 영광을 받기 위해 고난도 함께 받아야 한다 현재의 고난은 앞에 나타날 영광과 족히 비교할 수 없다!" 하셨습니다.

물론 고난은 죄에서 온 것이 맞습니다. 그러나 우리가 예수 믿을 때 우리의 죄는 예수님이 다 담당하십니다. 고난은 우리 인생 뒤에 있는 죄에서 가지고 오는 것이 아니라 항상 앞에 있는 영광을 바라보며 이해합니다. 고린도 후서 4장을 보면 "우리의 잠시 받는 환란의 경한 것이 지극히 크고 영원한 영광의 중한 것을 이루게 함이니…"라고 했습니다. "내가 죄를 지어서 이런 고난이 있구나!"가 아니라 "장차 큰 영광을 보여주실려고 이런 고난도 격게 하시는구나" 입니다.

안타까운 것은 내가 미련하고 분별치 못해서 받는 고난을 예수이름으로 받는 고난으로 착각하는 경우도 있습니다. 베드로전서 2장에서 "부당하게 고난을 받아도 하나님을 생각하고 참으면 이는 아름다우나 죄가 있어 매를 맞으면 무슨 칭찬이 있으리요!"

참된 성도는 사회에 물의를 일으키거나 반사회적이지 않습니다. 전동차 안에서 듣거나 말거나 "어차피 천국 갈 사람은 듣고 지옥 갈 사람은 안 들어!" 하면서 큰 소리로 전도하며 일반인에게 반감과 혐오감과 불쾌함을 주지 않습니다. 거기서 일어나는 실랑이에 "내가 예수 믿어 고난 받고 핍박 받는다!" 하면 이건 아닙니다.

  20절에 천사가 전해준 "이 생명의 말씀을 다 백성에게 말하라!"를 다시 봅니다. 여기서 "다 말하라!"는 것은 낱낱이 가감없이 빠짐없이 전하라는 의미도 있지만 '온전히', '바르고', '참되게' 의 의미도 담겨 있습니다. 온갖 미혹이 난무하는 세상에서 진리의 말씀을 옳게 분별하여 믿고 생명을 전하는 성도들이 되길 축복합니다.

9. { 오직 말씀 }

(사도행전 6:1~7)

　우리는 지금 1세기 교회 공동체의 모습을 함께 보고 있습니다. 흔히 초대교회라고 부르는 교회입니다. 초대교회는 모든 교회의 전형이며 샘플이고 모델입니다. 거기서 일어나는 일들과 모습 속에서 오늘날의 참된 교회상을 찾습니다. 중세교회가 부패하고 성직자가 타락하자 개혁자들의 외침은 "초대교회로 돌아가자!" 였습니다.

　초대교회는 말씀이 살아있고 예배와 복음전도와 헌신과 나눔이 있었습니다. 반면에 중세교회는 의식과 예전만 있고 말씀이 없습니다. 일반 성도들은 성경을 보지도 갖지도 못하게 했습니다. 하나님을 사랑해서 성직자가 되는 것이 아니라 사람들에게 대접받고 행세하려고 됩니다. "형식만 남은 껍데기를 버리고 말씀으로 본질로 초대교회로 돌아가자!"입니다.

　그렇다고 초대교회가 모든 부분에서 완전한 것은 아닙니다. 사도행전 7장 38절에 기록대로 지상교회는 광야교회라 문제가 없을 수 없습니다. 특별히 고린도교회는 문제가 많았던 교회입니다. 그러나 하나님께서 그 교회의 문제에 대해서 사도들을 통해 지침과 규례와 가르침을 주시는 것으로 교회의 참된 모습을 찾아가게 하셨습니다.

　오늘 예루살렘 교회에 무슨 문제가 생기냐면 구제를 하는 문제를 놓고 교인들 간에 분쟁이 생깁니다. 당시에 사회적 경제적 약자는 과부와 나그네와 고아입니다. 교회가 이들을 매일 도왔는데 구제금을 지급받는 부분에서 같은 유대인인데 이주해 온 헬라계 과부(미망인)들이 본토인 히브리 과부(미망인)보다 홀대를 받은 겁니다. 일부러 그랬다기 보다는 뭔가 지급과정에서 착오가 있었던 것 같습니다. "같은 유대인인데 차별하냐! 서럽다!" 뭐 이런 소리가 사도들 귀에까지 들렸습니다.

그때 사도들이 6장 2절 이하에서 "열두 사도가 모든 제자들을 불러 이르되 우리가 하나님의 말씀을 제쳐두고 접대(금전출납)를 일삼는 것이 마땅치 아니하니... 우리는 오직 기도하는 일과 말씀사역에 힘쓰니라!" 교회 표지의 1순위입니다. '케리그마'라고 합니다. 교회는 오직 하나님의 말씀이 전파될 때 교회됩니다. 전해야 하는 사도들에게 있어서 제일 먼저 해야 하는 것이고 들어야 하는 성도들도 제일 먼저 챙겨야 하는 부분입니다.

세상에서 교회를 보았을 때 교회는 뭐하는 곳이냐면 신앙심을 배양해서 착한사람 만드는 곳입니다. 그러나 착한사람이라고 해서 즉 인격자와 효자와 애국자라고해서 신앙인이 되는 것은 아닙니다. 교회는 사람들로 하여금 하나님의 말씀을 잘 듣게 해서 그 분이 누구신 줄 알게 하고 그 분이 보내신 예수를 믿게 하는 곳입니다. 그래서 그 사람으로 하여금 하나님 앞에서 사는 사람이 되게 했을 때 그때 인격자도 효자도 애국자도 됩니다.

말씀을 전하지 않는 교회는 음식을 주지 않는 식당과도 같습니다. 어떤 교회는 말씀은 뒤로하고 효성을 배양하는 일을 일순위로 삼습니다. 예수님도 하나님 말씀에 순종하신 효자셨다 하면서 효에 집중합니다. 또 어떤 교회는 애국심의 고취를 위해 태극기를 강대상위에 걸어놓습니다. 가만히 보면 신앙을 이용한 정치선동을 하는 곳입니다. 또 어떤 교회는 구제하지 않는 교회는 교회도 아니다 해서 모든 교회의 역량을 구제에 집중합니다. 물론 이와 같은 교회들이 다 말씀을 전하지 않는다는 것이 아니라 말씀을 1순위에 놓지 않는다는 것입니다.

하나님의 말씀을 잘 듣는다는 것이 그만큼 중요합니다. 지난 시간 천사가 옥문을 열어주며 한 말에 다시금 은혜를 받습니다. "가서 성전에 서서 이 생명의 말씀을 다 백성에게 전하라!" 여기서 '다'는 '온전히 바르고 참되게' 입니다.

우리의 믿음은 하나님을 아는 바른 지식에서 말미암습니다. 하나님을 아는 바른 지식과 온전한 깨달음에서 나오는 것이지 어떤 선동에 의한 감정에서 나온 것이 아닙니다. 이런 겁니다. 찬양집회에서 감미로운 선율의 복음성가를 부르면 그 멜로디가 마음을 만집니다. 힐링과 터치가 있습니다. 하나님을 아는 지식이 전혀 없으면서도 "이게 믿음인가?" 생각 할 수 있습니다.

기도집회도 마찬가집니다. 금식기도원에 가서 한 삼일 굶으면서 기도하면 뭐가 보이고 들릴 수 있습니다. 환상이 보이거나 방언이 터질 수도 있습니다. 성경을 아는 지식과 관계없이 이것을 믿음이라 착각할 수 있습니다. 간증집회도 마찬가집니다. 간증자의 감동적인 이야기를 듣고 감동하는 것이 믿음이 아니라는 것입니다.

요지는 이겁니다. 두 손 들고 찬양하며 눈물 흘린다고 해서 그게 믿음이 아니며, 기도하며 방언이 터졌다고 해서 그것이 믿음이 아니며, 간증집회에서 감동을 받았다고 해서 그것이 믿음이 아니라는 것입니다. 스스로 속을 수 있습니다. 우리의 믿음은 감정과 신비와 이야기에서 나오는 것이 아니라 하나님이 우리에게 주신 성경말씀을 아는 지식에서 비롯됩니다.

"하늘과 땅의 모든 권세를 내게 주셨으니 너희는 가서 모든 족속으로 제자를 삼아 아들과 아버지와 성령으로 세례를 주고 내가 네게 분부한 모든 것을 가르쳐 지키게 하라 보라 세상 끝날까지 내가 너희와 함께 하리라!" 하신 말씀을 믿는 것이지 '함께 하시는 것 같은 느낌'을 믿는 게 아닙니다.

말씀을 듣기 싫어하고 하나님을 알고 싶은 마음은 없으면서 찬양집회, 기도집회, 간증집회만 좋아하는 성도들이 있습니다. 이런 게 감정을 고양시키기 때문에 중독성이 있습니다. 우리의 믿음은 감정의 요소가 있지만 감정이 믿음을 낳지는 않습니다. 이런 믿음은 잠깐은 그럴듯해 보여도 아무런 능력이 없습니다. 우리를 구원하며 일으키며 생명을 공급하는 참된 믿음은 오직 말씀입니다.

말씀에 집중한다고 해도 말씀을 '온전히 바르고 참되게' 사수하는 일이 쉽지 않은 것이 현실입니다. 기도하면서 조금만 은혜 받았다하면 자기 맘대로 자의적으로 성경을 해석하고 귀에 걸면 귀걸이 코에 걸면 코걸이를 만들고 이단이 되는 일이 비일비재합니다.

흥미로운 것은 오늘본문에 사도들이 말씀을 제쳐두고 구제사역에 집중하는 일이 잘못 됐다 해서 구제사역을 담당할 일곱집사를 뽑습니다. 아이러니한 것은 이 일곱집사 가운데 제일 마지막 '니골라'라고 하는 사람이 나오는데 이 사람이 초대교회의 대표적 이단의 괴수가 됩니다.

헬라 영지주의 영향을 받아 예수님의 가현설을 주장하며 육체로 오심을 인정하지 않고 당시에 큰 세력을 형성합니다. 학자들은 동명이인 일수도 있다고도 하지만 거의 맞다고 봅니다.

요한계시록을 보면 예수님이 초대교회 7교회를 칭찬도 하시고 징계도 하실 때 '니골라당'을 멀리한 것으로 칭찬하시고 가까이 한 것으로 징계하십니다. 사도요한은 요한2서에서 "이단 집에는 들어가지도 말고 인사도 하지 말라!" 했습니다.

오늘 본문 7절의 말씀과 같이 오직 참된 하나님의 말씀만이 우리 심령과 가정과 교회에 흥왕케 되기를 기도합니다.

"읽는 설교"
10. { 스데반 }

(사도행전 7:50~60)

교회역사 최초의 순교자인 스데반 집사님의 긴 설교가 사도행전 7
장입니다. 이 분이 만일 순교당하지 않으셨다면 교회역사에 큰 족적을
남겼을 것이라고 다들 말씀합니다. '설교는 이것이다!' 라고 설교의 모
범을 보이셨습니다. 설교는 성경을 말하는 것입니다. 물론 성경을 말
하지 않는 설교자는 없습니다. 중요한 것은 '자기 말을 하려고 성경을
이용하는 지' 아니면 '성경을 스스로 말하게 하는지' 를 아는 것입니다.

왼쪽에 속한 사람들은 성경을 통째로 약자들의 투쟁사로 이해합니
다. 구약의 이스라엘역사도 신약의 예수님 말씀도 모두 정치적 억압
으로부터의 저항운동일 뿐입니다. 반면에 오른쪽 사람들은 힘 있는
기득권자들의 자기 정당성을 확보하기위한 근거로서 성경이 존재합
니다. 내가 노력해서 이 만큼 축복받았다는 것을 증명하는 용도입니
다. 샤머니즘 계열로 가면 성경은 치성을 다하는 것으로 내가 원하는
것 받아내는 책입니다. 성경을 자기 걸고 싶은 코걸이 귀걸이로 사용
합니다.

설교자는 성경이 스스로를 말하게 하도록 돕는 자입니다. 성경 전체
를 통해서 하나님께서 무슨 말씀을 하려고 하시는 지 숲을 보는 일이
우선되어질 때 오늘 스데반 집사님은 성경전체를 꿰뚫고 관통하는 설
교를 하십니다.

2절에서 "부형들이여 들으소서!" 하고는 아브라함부터 시작합니다.
팔려간 요셉에 이어서 모세와 광야생활 그리고 왕정을 지나 솔로몬의
성전까지 언급합니다. 그리고 전체의 요지를 51절에 한 문장으로 줄
입니다. "너희도 너희 조상과 같이 항상 성령을 거스렸다!"입니다.

사 도 행 전 강 해

5절 아브라함이 하나님 말씀 따라 가나안에 거했지만 발붙일 땅 한 평 없었다. 9절 야곱은 12조상을 낳는데 요셉을 시기해서 팔았다. 앞으로 있을 기근을 미리 대비하고자 애굽으로 해외연수 보낸 게 아니다. 25절 35절 모세도 그는 하나님이 자기 손을 통해 자기백성 구원하시리라 생각했으나 도리어 "누가 너를 우리 관리와 재판장으로 세웠냐!" 하며 거절당했다. 42절 광야에서 너희는 송아지 우상을 만들며 레판의 별을 섬겼다. 44절 이하에서는 법궤와 성전에 대해 하나님은 손으로 짓지 않은 곳에 계시는데 너희는 하나님을 성전에 가두려했다. 결정적으로 52절에 "너희 조상들이 선지자들 중에 누구를 박해하지 아니하였느냐!"

이스라엘 역사에서 대부분의 참선지자들은 박해받아 죽었습니다. 그들은 불순종하고 거역으로 일관한 이스라엘의 멸망을 외쳤지만 거짓선지자들이 나타나 백성들 귀에 듣기 좋은 소리만 하는 겁니다. "하나님이 저 성전에 계시는데 어찌 우리가 망하겠냐!" 하면서 성전신앙만 고수했습니다. 성전은 주전586년 바벨론에 의해 성전집기들이 다 뜯기고 은금을 모두 벗기는 수모를 당했습니다. 그렇게 모든 선지자들이 다 죽고 마지막으로 오시리라 예언된 아들 예수님이 직접 오셨지만 아들마저 죽였습니다.

스데반 집사님이 하시는 말씀은 이겁니다. 모든 시대에 걸쳐서 너희 조상과 너희는 하나님이 보내신 사람들을 외면 거부했고 하나님을 대적했다. 그러면 하나님은 끝까지 당신을 대적하는 자기백성을 쳐서 멸하시면 그만인데 그렇게 하지 않으시고 그들의 무지와 불순종과 거역과 배척까지도 사용하셔서 결국 하나님의 구원을 이루셨다. 지금도 너희는 예수를 죽인 것처럼 예수를 따르는 나를 죽이려든다.

이에 격분한 유대인들이 돌을 들고 달려들어 결국 스데반 집사님은 죽음에 이르게 됩니다. 여기서 우리는 이해하기 어려운 불연속을 보게 됩니다. 하나님이 이방구원을 위해 제사장 나라로 삼은 이스라엘이 망했으면 그것으로 이방구원은 끝나야 하는데 그게 아니라 바벨론 포로 70년 만에 다시 돌아오게 하십니다. 구원자이신 예수가 죽었으면 구원은 실패로 돌아간 것인데 그것이 도리어 구원을 이루는 결정적 사건이 되게 하십니다. 십자가의 죽으심은 죄인을 위한 대속의 죽음이었습니다.

연속선상에서 받아들일 수 없는 끊어짐과 단절을 잇는 유일한 끈은 하나님의 은혜입니다. "하나님이 이루시는 구원은 사람들의 무지와 어리석음 거부와 외면 방해에도 불구하고 중단되지 않고 여전히 현재 진행형이다!" 입니다. 하나님은 아브라함으로 모든 민족이 복을 받을 거라 하셨고 자기백성으로 이방을 구원하신다 하셨지만 사실 하나님은 아브라함과 이스라엘백성이 없어도 홀로 구원을 이루실 수 있습니다. 그들의 구원조차 오직 은혜로서의 구원이라는 것을 놓치면 안 됩니다. "너의 못남과 미련이 너를 구원하는데 걸림돌이 되지 않는다!" 입니다.

우리는 성경을 보면서 함께 갖는 공통된 생각이 있습니다. "이스라엘백성은 하나님의 그 큰 은혜를 받고도 왜 저리 어리석게 행하는 것일까?"의아합니다. 그러나 우리도 똑같습니다. 귀에 듣기 좋은 말만 들으려하고 완고하고 고집 세며 좀처럼 변화되지 않습니다.

로마서 5장 8절처럼 우리가 죄인 되었을 때 즉 구원을 받을 만한 아무런 조건이나 자격을 갖추지 못 했을 때 주신 구원입니다. 우리의 구원은 될 만한 구원이 아니라 안 될 구원입니다. 될 만한 구원이라 생각하면 당시에 유대인과 바리새인이 됩니다.

이게 도무지 안 될 일인데 되는 것을 볼 때가 있으면 거기에도 오직 은혜입니다. 다 될 일처럼 보인다면 은혜가 없는 겁니다. 이 불연속에 대한 답은 오직 은혜입니다.

이사야 6장 9절을 보면 여기도 불연속이 있습니다. 이사야는 하나님께 소명을 받을 때 이런 메시지를 전하라 하십니다. "저들이 보기는 보아도 알지 못하고 듣기는 들어도 깨닫지 못하게 하여 돌이켜 고침 받지 못하게 하라!" 이 말씀을 예수님이 마가복음 4장 12절에서도 인용하십니다. 참 희한합니다. 알아듣지도 못할 텐데 왜 전하라는 것입니까! 실제로 못 알아듣습니다. 이상합니다. 안 될 일인 것을 뻔히 아시면서 그 일을 왜 하게 하시냐는 겁니다. 여기서의 답도 은혜입니다. 꼭 네가 전해서 저들이 돌아오는 것이 아니라 "은혜가 저들을 돌아오게 하는 것이다!" 입니다.

불연속 하나 더 봅니다. 하늘의 놀라운 비밀을 알고 있는 스데반 집사님입니다. 구약에 정통하고 역사에 해박하며 성경을 꿰뚫는 지식이 있는 이런 분이 초대교회의 지도자가 되어야 합니다. 더 나아가서 이방의 복음전도를 위해 크게 쓰임 받아야 하는데 안타깝게도 이 분의 역할은 여기서 그만입니다. 끊어짐과 단절입니다. 신비한 것은 58절입니다. 스데반이 돌에 맞아 죽는 현장에 사울이라는 한 청년이 등장합니다.

사울은 될 만한 사람이 아닙니다. 사울은 스데반의 죽음을 당연한 것으로 여긴 사람이고 예수 믿는 사람 잡아 죽이는 선봉에 있던 사람입니다. 이런 사람에 의해서 복음은 다시 이방으로 연결됩니다. 이 불연속이 연속된 일로 이어질 때 여기에도 은혜가 있습니다. 오직 하나님의 은혜가 우리의 구원을 이루십니다. 할렐루야!

"하나님이 모든 사람을 순종하지 아니하는 가운데 가두어 두심은 모든 사람에게 긍휼을 베풀려 하심이로다! 깊도다 하나님의 지혜와 풍성함이여! 그의 판단은 헤아리지 못할 것이며 그의 길은 찾지 못할 것이로다!" (로마서11:33)

11. { 마술사 시몬 }
(사도행전 8:1~6)

예루살렘에 예수 믿는 사람들이 급속도로 늘어나고 있었지만 여전히 힘과 실권을 쥐고 있는 사람들은 예수를 죽인 무리들입니다. 교회의 부흥을 시기한 이들은 오늘 8장 1절과 3절처럼 '큰 박해'를 가했고 교회를 없애 버리려고 예수믿는 집집마다 찾아들어가서 남녀의 많은 무리를 잡아다가 옥에 가두었습니다.

그리고 4절에 '흩어진 사람들'이 두루다니며 복음을 전하게 됩니다. 흩어진 사람들 좀 다른 말로 하면 '대피한 사람들', '도망간 사람들'이라 할 수도 있습니다. 복음전도를 너무 과격하고 급진적으로 이해하는 사람들은 "스데반처럼 돌에 맞아 죽더라도 예루살렘교회를 지켰어야지 어찌 도망갈 수 있냐!" 하지만 교회역사를 보면 하나님은 박해를 통한 흩어짐으로 복음이 멀리까지 가게 하셨습니다.

영국청교도들도 국교도들의 박해를 피해 미국에 간 것이고 북한의 교회들도 공산주의의 박해로 인해 남한으로 대거 이동했습니다. 박해를 받더라도 현지에 남은 사람이나 박해를 피해 나온 사람이나 다 같이 예수의 사람들이었다는 것은 분명합니다.

그들은 모두 예수 믿고 박해받는 것을 불평이나 억울함으로 여기지 않고 도리어 영광으로 여겼습니다. 성도들은 삶의 부분에서는 외인의 칭찬을 받아야 하지만 복음에 관해서는 박해를 받더라도 그것을 영광으로 삼을 줄 아는 성도가 참된 성도라 하겠습니다.

어쨌든 박해로 인해서 스데반집사님은 순교 당했고 빌립집사님은 사마리아로 대피하게 되었습니다. 참고로 빌립은 사도빌립이 아니라 6장 5절에 7집사를 세울 때 스데반 다음에 기록된 집사님입니다. 사마리아는 부정하다 하여 유대인이 안 가는 곳입니다. 길을 가더라도 이 곳을 지나칠라면 돌아서 다닙니다. 아예 유대인이 없습니다. 그러니 빌립집사님이 이곳에 가서 복음을 전한 것입니다.

놀라운 표적과 기적이 일어났습니다. 병자가 낫고 귀신이 쫓겨 가는 것을 보고 많은 사람이 예수를 믿게 됩니다. 이 때 흥미로운 사람이 하나 등장합니다. '마술사 시몬'이라는 사람입니다. 일종의 주술사 무당이라고 보면 되는데 이 사람도 예수를 믿고 세례를 받습니다. 13절처럼 "전심으로 빌립을 따라다니며 그 나타나는 능력과 표적을 보고 놀라니라"

"사마리아에도 예수 믿는 사람이 많아졌습니다!" 하고 예루살렘의 사도들에게 보고하니 베드로와 요한이 내려와서 사람들에게 안수하여 성령을 받게 됩니다. 이제까지는 물로만 세례를 받았는데 성령이 오시니 사람들의 몸이 떨리고 방언과 입신의 경험을 한 것입니다.

이 본문 때문에 물세례와 성령세례를 자꾸 구분하려하는데 이미 물세례 자체가 성령으로의 세례입니다. '물세례는 성령세례와는 관련없다!' 이렇게 말할 수 없습니다. 당시는 교회가 처음 세워지고 박해가 극심한 시점이라 강력한 성령의 임재와 내주를 경험하게 하기 위해 성령체험을 허락하시는 것입니다.

성령이 임할 때 나타나는 신비한 현상을 지켜본 마술사 시몬은 생각하길 성령의 오심을 일종의 마술이나 기술로 알았습니다. 자신이 마술사 무당이니까 자기도 그런 기술이 있어서 사람들 앞에 무당노릇을 한 것입니다. 그리고는 돈을 줄 테니까 그 권능이 내게도 임할 수 있게 해 달라고 했습니다. 베드로는 20절 이하에서 대노하며 "하나님의 선물을 돈 주고 살줄 생각하였으니 네 은과 함께 망할지어다!... 하나님 앞에 네 마음이 바르지 못하다... 그러므로 이 악함을 회개하라... 너는 악독이 가득하며 불의에 매인바 되었다!"

하나님이 우리에게 주시는 성령은 어떤 힘이나 기술이 아니라 아버지이신 인격입니다. 아버지를 주시는 것인데 그것을 무슨 속임수 기술인 냥 생각했습니다. 자기 돈벌이 수단으로 미리 돈 주고 사야 하는 밑천정도로 알았습니다. 하나님 앞에 발상이 악합니다.

하나님은 성령을 선물(은혜)로 주시고 그리고 구원도 선물(은혜)로 주십니다. 에베소서2장 8절 "너희가 그 은혜를 인하여 믿음으로 말미암아 구원을 받았으니 너희에게 난 것이 아니요 하나님의 선물이라" 사도행전 2장 38절 "너희가 회개하고 예수이름으로 세례받고 죄사함 받으라 그리하면 성령을 선물로 받으리니.."

성경을 잘 알게 되면 어떤 부분에서 성경이 특별히 예민하게 반응하고 있는지를 캐치하게됩니다. 그것은 일부라도 하나님의 은혜를 걷어내고 그 자리에 사람의 행위로 채우는 것을 일절 용납하지 않습니다. 그래서 성경은 "내가 했다!" 라고 말하는 사람들을 "악하다!" 하시는 것이고 "하나님의 은혜입니다!" 라고 말하는 사람을 "선하다!" 하십니다. 마술사 시몬은 성령을 앞에 놓고 자기 돈으로 베드로와 거래하고자 했습니다. 성령을 자기 돈 주고 산다면 성령은 자기 예속물일 뿐입니다. 베드로가 왜 이렇게 흥분하고 있는지 알 수 있습니다.

"내가 믿었으니까 구원받고, 내가 기도했으니까 응답받고, 내가 순종했으니까 축복받았다!" 이런 말을 잘 이해해야 합니다. 기독교의 믿음이라는 것은 그 자체가 구원의 라이센스나 조건이 아니라 "이 모든 것이 하나님의 은혜였습니다!" 라고 깨달은 사람이 갖게 되는 마음이 곧 믿음입니다. 어떤 목사님의 설교를 듣고 내가 예수 믿은 것이 아니라 이미 하나님이 그 마음과 영을 열어 놓으신 것입니다. "내가 기도해서 응답받았다!" 가 아니라 하나님이 기도의 영을 주신 것이고 "내가 순종해서 받았다!" 아니라 순종의 자리로 나를 이끄셨습니다. 앞서서 믿게 하시고 기도하게 하시고 순종케 하시는 하나님이십니다.

우리의 신앙은 끝까지 순수성을 지키는 과정이어야 합니다. 신앙이 그 자체로 목적이 아니라 삶의 한 방법이 될 때 우리의 신앙은 타락합니다. 순수성은 어디서 잃어버리냐면 스스로 높아지려고 하는 시점입니다. 이게 다 어디서 온 마음이냐면 높아지려는 데서 비롯된 발상입니다. 9절을 보면 마술사 시몬은 '자칭 큰 자라'하며 마술쇼를 벌이고 다닙니다. 그래서 사람들도 '이 사람은 크다 일컫는 하나님이 능력이라'고 불러주었습니다. 크다 일컬음 받으려고 자신이 더 높아지는데 성령이 필요했습니다.

대접받고 높임받고 큰 자라 일컬음 받기위해 예수와 신앙을 사다리 삼을 수 없습니다. 예수님이 12제자에게 누누이 하신 말씀입니다. "누구든지 으뜸이 되고자 하는 자는 도리어 많은 사람의 종이 되고 섬기는 자가 되어야 한다!" 귀에 못이 박히도록 많이 들은 말씀입니다. '자칭 큰 자의 마음'이 바로 오늘 신랄한 베드로의 책망처럼 악독이 가득한 자의 발상을 만들어내고 하나님 앞에 그 마음이 틀어지게 되는 결정적 사유가 됩니다.

"읽는 설교"
12. { 누구를 가리킴이냐! }

(사도행전 8:26~40)

빌립집사님이 천사의 지시를 받고 남쪽으로 내려가십니다. 지중해 연안을 끼고 있는 옛 블레셋 진영이며 그 밑으로는 아프리카로 이어진 길목입니다. 마침 에디오피아계 디아스포라 유대인이면서 그 나라 국고성을 맡은 관리인 내시가 예루살렘으로 예배드리러 왔다가 내려가며 수레에서 책을 읽고 있었습니다.

29절에 천사가 "수레로 가까이 나아가라!" 하십니다. 그래서 가까이 다가갔더니 이사야 선지자의 글을 읽고 있는 것입니다. 빌립집사님이 "읽는 것을 깨닫느뇨?" 물으니 "지도해주는 이가 없어서 모릅니다!" 해서 34절에 "빌립이 입을 열어 이 글에서 시작하여 예수를 가르쳐 복음을 전했다"하는 것이 오늘의 본문내용입니다.

여기서 우리는 잠깐 천사와 계시에 대해 언급하고 가야 합니다. 오늘 천사를 통해 알리심같이 하나님께서 당신의 뜻과 섭리와 작정을 사람들에게 알리시는 것을 계시라고 합니다. 이 때는 구약성경은 있지만 신약성경이 없습니다. 성경이 아직 완성되지 않았습니다. 이 말은 계시가 아직 완성되지 않았다는 말과 같습니다. 그래서 계시를 보이실 때 천사와 환상과 꿈과 음성을 직접 듣는 것으로 계시를 받았습니다. 그러나 지금은 계시가 완성되었습니다. 계시가 완성되었다는 말을 아는 것이 매우 중요합니다. 성경만으로 하나님은 당신의 모든 뜻을 완전하고 충족되게 알리십니다.

지금도 하나님과 천사의 계시를 직접 듣는다고 하는 사람들이 종종 있습니다. 직통계십니다. 이런 사람들의 책이 불티나게 팔립니다. 자극적이기 때문입니다. 이런 겁니다. '주한아! 어서 빨리 전화기를 들어라!', '어서 빨리 문을 열어라!', '그를 받아드려라!' 그러면 거기에 하나님이 보내신 사람이 와 있다는 겁니다. 현혹되지 마시기 바랍니다. 이런 분들은 성경도 자신이 받은 직통계시 밑에 두는 경우가 허다합니다. 심한 경우는 이단이 되어 성경만으로는 구원받을 수 없다고 까지 합니다. 이게 다 완성된 계시로서의 성경을 인정하지 않는 행태입니다.

이런 식으로 가면 '주한아! 동쪽으로 가라! 거기 귀인이 널 기다리고 있을거다!'가 됩니다. 계룡산 부채도사가 되고 맙니다. 오늘 천사가 빌립에게 '남쪽으로 가라!', '수레로 나아가라!' 이런 직통계시를 지금도 구해서는 안 됩니다. 지금은 오직 완성된 계시인 성경을 통해 하나님의 뜻이 전해집니다.

하나님의 계시인 성경이 전해지면 이제 그것을 바르게 해석하고 이해하는 단계가 있습니다. 에디오피아 내시가 계시인 구약성경 이사야 53장의 글을 읽을 때 지금 뭔 소린지를 모르고 읽고 있습니다. 특히 "그가 도살장에 끌려가는 양같이 털 깎는 자 앞에 잠잠한 어린양 같이 그가 굴욕을 당하고 재판도 없이 생명을 잃었다!" 했는데 여기서 '그'가 '자기를 말하는 겁니까?', '다른 사람을 말하는 겁니까?' 하고 34절에서 물었습니다. 그래서 35절에 "빌립집사님이 입을 열어 이 책에서 시작하여 예수를 가르쳐 복음을 전했습니다."

마치 누가복음 24장 27절에서 엠마오로 가는 두 제자에게 부활의 주님이 나타나셔서 "성경에 쓴바 자기에 관한 것을 자세히 설명하셨던 것" 처럼 빌립집사님도 성경을 열어 예수를 가르치셨습니다. 성경은 자기계발서도 아니고 이념서적도 아니고 예수를 가르치는 책입니다. 성경 속에서 예수가 누구인 줄 알려면 기본 소양으로 '역사'와 '신학'과 '문학'을 알아야 합니다.

성경은 이스라엘 역사 속에서 신학을 가지고 문학적으로 씌어졌기 때문입니다. 그래서 성경이 씌어진 당시의 역사적 정황을 면밀히 아는 것이 먼저이고 다음으로 성경전체를 관통하는 신학적 이해가 선행되어야 합니다. 이를테면 삼위일체교리는 성경에 직접 기록되지는 않지만 성경전체를 흐르는 큰 강입니다. 마지막으로 문학입니다. 구약의 역사서가 줄거리를 가진 서사문학이며, 시편은 시가문학이고, 선지서는 묵시문학이고, 예수님의 말씀은 상당부분 비유문학이며 바울의 서신서는 서신문학입니다.

빌립집사님이 이사야 53장의 글을 에디오피아 내시에게 설명하려면 당시의 역사와 사회상과 배경을 알아야 합니다. 당시는 이미 북 왕국이 앗수르에 의해 멸망하고 바벨론이라는 신흥국가가 세계패권을 쥐고 있습니다. 남 유다의 왕이었던 히스기야는 풍전등화 같은 나라 운명 앞에 두려워하며 하나님을 의지했습니다. 그러나 하나님은 이사야 선지자를 통해 우상숭배와 배교로 유다는 망할 것이고 바벨론에 포로로 끌려가지만 70년 후에 돌아올 것이며 그 끌려간 자들 중에 남은자로 하나님의 구원사역을 이어가실 것을 말씀하셨습니다.

이사야 53장은 배교한 이스라엘을 하나님이 회복시키실 때 그 구원자의 모습을 그리고 있는 본문입니다. 빌립집사님은 여기서 초라하게 힘없이 죽으시는 분이 바로 우리 모든 죄인을 위한 대속의 제물이 되신 예수님인 것을 풀어주었습니다. 성경을 온전히 참되고 바르게 지도한 케이스입니다.

그러나 안타깝게도 잘 못 지도한 케이스 또한 보도록 합니다. 같은 이사야서 41장 2절입니다. 여기 보면 "누가 동방에서 사람을 일깨워 공의로 불러 자기 발 앞에 이르게 하였느냐 열국을 그의 앞에 넘겨주며 왕들을 다스리게 하되.." 여기서 동방에서 공의로 부름 받은 사람은 누구를 가리키는 것입니까? 여기도 예수님입니까!

흔히 '동방의 의인'으로 불리는 이 사람을 신천지에서는 이만희라고 가르치며 진리를 호도합니다. 가르침이 얼마나 황당하냐면 이스라엘에서 동방은 한국이고 하나님이 세운 의인은 자신이라는 겁니다. 그러나 성경에서 말하는 동방은 지금의 이란인 페르시아를 지칭하는 것이고 '동방의 의인'은 페르시아의 '고레스'왕입니다.

성경을 조금만 읽어보면 '동방의 의인'은 4장 넘겨 나오는 이사야 45장에 기록된 고레스 왕인 것을 금방 알게 됩니다. 유다가 바벨론에 끌려가 있는 동안 바벨론이 페르시아에 의해 점령당하는데 그때 페르시아의 고레스라는 왕이 나타나서 포로로 끌려온 유다에게 본국으로 돌아갈 것을 명령합니다. 세계역사에 이런 일이 없습니다. 그냥 돌려보내는 것이 아니라 먹을 것 입을 것 뿐만 아니라 심지어 성전 지을 돈까지 들려서 보냅니다.

지금 이사야에 의해 글이 씌여진 당시 페르시아는 저 변방의 '바사'라 불리는 작은 나라입니다. 그런데 "그 바사가 세계제국을 이룰 것이고 거기서 나오는 왕의 이름까지 정확히 예언하고 있으며 그 왕이 유다를 돌려보낼 것이다!" 까지 성취됩니다. 44장 28절에서는 "고레스를 향해 내 목자라고 하시며 그가 나의 모든 기쁨을 성취하리라!" 45장 1절 "기름부은자 고레스에게 이같이 말씀하시되 내가 그 앞에 열국을 항복하게 하며 왕들의 허리를 풀어.." 만일 에디오피아 내시가 혹 이 본문을 가지고 빌립집사님께 묻기를 "동방의 의인은 누구입니까?" 하면 "이제 곧 나타날 페르시아의 고레스왕입니다."라고 답했다면 잘 지도한 사례입니다.

동방의 의인이 신천지 이만희라는 정말 초등학생도 납득이 안 되는 이야기를 짝 맞추기 세뇌를 통해 믿고 있는 현실이 통탄스럽습니다. 이런 사실을 말해줘도 그들은 입버릇처럼 하는 말이 있습니다. 성경은 영적으로 해석해야 한다는 말입니다. 물론 성경은 영적으로 해석해야 하는 부분이 있습니다. 그러나 모든 것을 영적으로 해석해야 한다는 말처럼 막연하고 모호하고 허망한 말이 없습니다.

영적인 해석은 본문이해의 충실함을 벗어날 수 없습니다. 팔레스틴에서 어떻게 동방이 지구 반바퀴 돌아 있는 한국이며 의인이 어찌 한국에서도 이만희가 될 수 있습니까! 역사도 신학도 문학도 다 관심없고 그저 동방의인은 이만희로 짝 맞추기 화살표로 줄 긋고 그 밑에 이사야 41장 2절이라 외웠더니 그게 진짜가 되더라 입니다.

13. { 바울의 회심 }

(사도행전 9:1~)

사울이 바울 되는 날입니다. '핍박자 사울'이 '전도자 바울'로 거듭나기까지 예수님을 만나는 경험이 있습니다. 일반적인 경우는 전도자들을 통해 예수를 믿게 되는데 사울은 특수한 경우입니다. 예수님이 직접 만나서 회심시키십니다.

그날도 사울은 의기양양 살기가 가득해서 예수 믿는 사람 잡아가두려고 대제사장에 공문을 받고는 다메섹까지 출장가고 있었습니다.

갑자기 빛이 사울을 둘러 비춰더니 "사울아! 네가 어찌 나를 핍박하느냐!", "누구십니까!", "나는 네가 핍박하는 예수다!" 사울은 삼일 밤낮을 보지도 먹지도 못하고 지내다가 예수님이 보내신 아나니아를 통해 안수를 받고 9장 15절에서 "이 사람은 내 이름을 이방인과 임금들과 이스라엘자손에게 전하기 위해 나의 택한 그릇이다!" 라는 말씀을 듣습니다.

여기서 뭐 하나 살펴봅니다. "왜 누구는 전도자를 통해서 예수 믿게 되고 누구는 예수님이 직접 찾아가시는 것인가?"입니다. 그 마음이 순하고 부드러운 사람에겐 전도자를 보내시고 그 마음이 억센 사람은 예수님이 직접 찾아가시는 것도 아닙니다. 복음을 잘 받을 것 같은 순한 사람이 죽을 때까지 예수 안 믿는 경우도 있고 복음에 강력하게 적대적인 사람이 도리어 예수 믿는 경우도 있습니다.

그렇다면 예수님은 사울이 가지고 있는 그 어떤 것이 교회를 세우는데 절실히 필요해서 직접 스카웃하러 가신 것인가요? 마치 신세계 구단주가 팀의 장타력과 수비보강이 절실해서 추신수 선수를 직접 찾아가듯 예수님이 사울을 보니까 이게 열심은 있는데 그 방향이 잘못되어 방향만 바로 잡아 놓으면 교회를 세우는데 크게 유익이 되겠다는 판단 하에 직접 찾아가신 것인지입니다. 이 부분이 한국교회에 지배적 해석입니다.

성경을 보면 하나님은 당신의 사람들을 오늘 사울을 찾아가시듯이 부르시는 장면이 나옵니다. 창세기 12장에서 아브라함에게 "너는 본토친적 아비집을 떠나라! 내가 너로 모든 민족에게 복을 줄거다!" 창세기 28장으로 가면 형 속이고 도망가는 야곱에게 하나님이 나타나십니다. "내가 너와 함께 하여 네가 어디로 가든지를 너를 지키며 … 내가 네게 허락한 것 다 이루기까지 널 떠나지 않을거다!"
출애굽기 3장에서 떨기나무 불꽃가운데 모세가 하나님의 음성을 듣습니다. "모세야! 네가 선 곳은 거룩하니 신을 벗어라! 애굽으로 가서 내 백성을 구해내라!" 사무엘상 16장에서 사무엘은 하나님이 예선하신 새로운 왕에게 기름 부으러 갈 때 다윗은 그 자리에 있지도 않은 소년이었음에도 그에게 "기름을 부으라!" 하십니다.

이런 분들이 구약의 대표적인 인물들인데 하나님이 이 사람들을 부르시고 사용하시는데 있어서 이 사람들이 가지고 있는 조건과 자질과 능력이 특출나거나 범상치 않은 그 무엇을 가지고 있어서 이렇게 택함을 받고 부르심을 입게 된 것이 아니라는 사실입니다. 우리는 위인이라면 무조건 미화시키는 경향이 있습니다.
이 분들의 팩트만 잠깐 살표보면 아브라함은 우상장사 하다가 하나님의 부르심을 받은 거지 예배드리고 있다가 부름받은 게 아닙니다. 야곱은 장자의 축복을 가로채고 도망가다가 하나님의 음성을 듣습니다. 모세는 애굽 관원을 죽이고 광야로 숨어든 지명수배범입니다. 다윗은 부름받을 때 얼굴이 붉고 눈매가 빼어나다는 것 말고는 일개소년에 불과합니다.

사람의 공과가 있으면 공을 부각시켜야지 어찌 과만 들춰냅니까! 하실 수 있습니다. 그러나 저는 지금 장단점이나 공과를 말하자는 게 아니라 하나님께서 이 사람들을 처음 부르실 때 부름받을만한 아무 조건이나 자격을 갖추고 있지 않았다는 것을 말씀드리고자함입니다.

그릇된 고정관념이 있습니다. 사람에게 무엇인가 있어야 하나님이 그를 사용하신다는 발상입니다. 물론 하나님은 사람이 가지고 있는 돈과 실력으로 하나님의 일을 하십니다. 그러나 하나님은 그런 것 없이도 더 큰 일을 하십니다. 돈이 있어서 무슨 일을 하신다면 돈이 없으면 그것으로 더 큰 일을 하십니다. 사람의 지혜를 사용하시지만 그의 미련도 사용하십니다. 하나님의 일하심은 우리의 생각보다 높고 깊으며 넓습니다.

하나님은 오늘 사울을 부르실 때 "히브리인중의 히브리인이요! 베냐민 지파요! 가말리엘 문하요! 바리새인이요! 로마 시민권자요! 율법으로는 흠없는자요!" 였기에 그의 조건과 배경과 열심이 아쉬워서 부르시는 것이 아닙니다. 빌립보서 3장에서 사울은 내게 유익하던 위의 것들을 다 해로 여기고 배설물로 여긴다고 했습니다.

은혜를 알고 하나님이 하시는 일을 알고 나니 세상에서 내가 가지고 있는 것이 얼마나 쓸모없는 것임을 깨닫습니다. 그는 고린도교회를 처음 전도할 때 고후 2장 4절에서 "내가 너희에게 갈 때 심히 약하여 떨었다 이는 내 말과 전도함이 설득력 있는 지혜의 말로 하지 않고 오직 성령의 나타남과 능력으로 해서 너희가 지금 예수믿고 있는 것이다!"라고 고백합니다.

그는 고후 12장에서 복음전도의 효과적 사역을 위해 세상적으로 부족한 것을 주님께 구했더니 주님은 "내 은혜가 네게 족하다 이는 내 능력이 약한데서 온전하여진다 그러므로 내가 여러 약한 것을 자랑한다 이는 그리스도의 능력이 내게 머물게(장막을 치게) 함이라!"라는 이해하기 어려운 말씀을 합니다. 즉 '우리가 돈이 있고 건강이 있고 지위가 있으면 더 크고 귀한 사역적 열매가 있을 것이다!' 라는 우리식 생각을 일시에 바꿔놓는 말씀입니다.

나중에 사울은 그의 제자 디모데에게 디모데 전서 1장 13절에 고백하길 네가 보기에는 내가 그럴듯한 사도로 보이겠지만 "내가 사실은 비방자요 폭행자요 핍박자였다 그러나 내가 도리어 긍휼을 입은 자가 된 것은 내가 믿지 않을 때에 내가 알지 못하고 행하였음이라... 미쁘다 모든 사람들이 받을만한 이 말이여 예수께서 죄인을 위하여 세상에 오셨다 하셨도다 내가 죄인중의 괴수니라!"는 고백을 합니다.

이 말은 제자 앞에서 겸손하자고 한 말이 아닙니다. 사울은 정말 괴수였습니다. 예수 믿는 사람 잡아가고 때리고 가두고 죽이기까지 한 성도들이 제일 두려워한 인물입니다. 그럼 왜 괴수 짓을 한 겁니까? 모르고 그랬답니다. 예수가 그리스도인줄 하나님의 아들인줄 몰랐답니다. 예수 안 믿으면 지옥 가는 줄 몰랐습니다. 무지와 무식이 괴수 짓을 하게 했습니다.

우리가 하나님을 아는 지식을 얻을 때에 하나님은 돈 많은 자, 인격자, 권세자, 실력자를 부르는 게 아니라 아무리 봐도 부를 만한 조건이나 자격이 없는 자 중에서 부르십니다. 아브라함은 우상장사였고, 야곱은 교활한 사람이었으며, 모세는 지명수배범이며, 다윗은 부하의 아내를 취한 불륜남입니다. 사울은 그의 말대로 죄인중의 괴수입니다. 하나님은 당신의 사람을 부르시는 근거를 그 사람에게 두지 않고 그를 부르시는 하나님의 주권과 은혜에 두십니다.

"아무리 그래도 그렇지 하나님이 얼마나 귀하게 사용하신 종들인데 너무 비약이 심한 것 아닙니까!", "어찌 단순 구원으로의 부르심과 하나님의 사명을 맡기시는 부르심을 같이 취급할 수 있습니까!" 하고 제게 반문하실 수 있습니다.

오늘 보문 9장 15절에서도 하나님은 "가라 이 사람은 내 이름을 이방인과 임금들과 이스라엘자손에게 전하기 위해 내가 택한 그릇이

다!" 하십니다.

맞습니다. 사울은 하나님이 택하신 그릇입니다. 신약성경의 대부분이 이 분에 의해 씌여집니다. 그냥 이 사람마음에 하나님 마음을 합하셨습니다. 사역적 측면에서 이 사람같이 귀하게 쓰임받은 사람이 없습니다. 아이러니한 것은 그 사람이 내부에서 길러진 사람이 아니라 외부에서 온 대적중의 괴수였습니다.

사울의 평생 자기인식은 죄인중의 괴수임을 벗어날 수가 없는 것입니다. "하나님은 나를 위대한 사도로 부르셨다!"가 아니라 "죄인중의 괴수인 나를 부르셨다!"만 있습니다. "미쁘다 모든 사람들이 받을만한 이 말이여 예수께서 죄인을 위하여 세상에 오셨다 하셨도다 내가 죄인 중의 괴수니라!" 죄인 중에 괴수를 구원하신 하나님만 앞에 계십니다.

그는 또 고백하길 "우리가 이 보배를 질그릇에 가졌으니 이는 능력의 심히 큰 것이 하나님께 있고 우리에게 있지 아니함을 알게 하려함이라!" 그릇은 담긴 것을 드러내야 합니다. 그릇인 사울은 보배인 예수를 드러내고 자랑하고 높이기 위해 존재한다는 것을 알았습니다. 사울뿐만 아니라 신구약의 모든 하나님의 사람들은 자기를 높이고 드러내고 증명하기 위해 있는 사람들이 아니라 "여호와로라! 여호와로라! 자비롭고 은혜롭고 노하기를 더디하고 인자와 긍휼이 풍성하신 여호와로라!"를 드러내기 위해 하나님이 택한 그릇들입니다.

하나님은 "아브라함아! 너의 믿음이 필요하다!", "모세야! 너의 리더쉽이 없이 어찌 이 백성을 이끌 수 있겠니!", "다윗아 너의 용기 없이 어찌 골리앗을 상대하겠니!" 해서 즉 아브라함의 믿음과 모세의 리더쉽과 다윗의 용기가 절실히 필요해서 부르신 것이 아니라 그 시대에 이 사람들을 통해 하나님의 선하신과 인자하심과 거룩하심과 긍휼하심을 보이기 위해 부르셨습니다.

사람은 그가 가진 조건과 배경과 실력을 보는데 하나님은 그런 것은 안 보시고 죄인된 불쌍한 한 영혼을 보십니다. 하나님 앞에는 대통령도 장관도 회장님도 워런베핏도 일론머스크도 모두 죄로 인해 멸망받을 불쌍한 한 영혼입니다. 성경에서 하나님이 중심을 보신다는 말씀은 하나님 앞에 상하고 통회하는 마음을 말합니다.

　　성경이 모든 정성을 기울여서 포커스를 맞추고 있는 대상은 한 사람의 죄인입니다. "하나님! 죄인인 나를 불쌍히 여겨주세요!" 이 한마디 우리에게 듣고자 성경을 주셨습니다.

14. { 손가락과 달 }

(사도행전 9:32~43)

사울의 회심이후 그는 유대인들과 성도들 사이에 이편도 저편도 아닌 어정쩡한 상태에서 고향인 다소로 보내집니다. 그리고 오늘 베드로 사도가 다시 전면에 등장합니다. 지중해 연안 지역에 자리한 '룻다'와 '욥바'에서 기사와 표적을 일으키며 전도사역을 이어갔습니다. '룻다'에서는 중풍병자 '애니야'를 향해 "예수그리스도께서 너를 낫게 하시니 자리를 정돈하고 일어나라!" 했고 옆 동네인 '욥바'에서는 다락방에 누워 있는 시체 '다비다'를 향해 "다비다야 일어나라!"하는 것으로 살려냅니다.

불쌍히 여기는 긍휼의 마음입니다. '다비다'는 가난한 미망인들을 불쌍히 여기며 선행과 구제에 앞장섰고 미망인들도 죽은 '다비다'를 불쌍히 여기며 옆 동네에 있던 베드로를 모셔왔습니다. 그 가운데 이 사람들을 모두 불쌍히 여기시는 하나님의 능력이 나타납니다.

그 능력을 나타내 보일 도구로 쓰임받고 있는 사람이 오늘 베드로입니다. 여기서 우리는 주의해야 할 부분이 있습니다. 사도 베드로 역시 하나님이 불쌍히 여기는 한 영혼이라는 사실입니다. 시대마다 부름받은 하나님의 종들은 모두 '달'인 하나님을 가리키는 '손가락'입니다. 중풍병자 애니야를 고쳐내고 죽은 다비다를 살려내는 베드로를 보면 안 됩니다. 베드로는 자신의 설교에 삼천명이 회개할 때 "어찌하여 나를 주목하느냐!"고 탄식했습니다.

죄인 된 사람이 잘하는 것이 있습니다. 훌륭한 사람을 깎아내리고 폄하하는 것도 잘하지만 그 반대로 위인화(의인화)하고 포장하는 일도 못잖게 잘합니다.

우리가 위인이라고 알고 있던 사람가운데 상당부분이 어두운 이면

을 가지고 있습니다. 간디는 인종차별주의자였으며, 에디슨은 종업원
들을 혹사시킨 인정머리없는 사람이었고, 링컨이 노예해방을 부르짖
음은 흑인을 북군에 가담시키기 위한 전략이었으며, 아인슈타인은 자
기만 살겠다고 전처와 두 아들을 버린 인성에 문제가 있었던 사람이고,
마더 테레사 역시 겉으로는 불쌍한 사람 위하는 척하면서 수녀회 법인
으로 인신매매, 범죄조직 자금 세탁을 일삼은 두 얼굴의 인물입니다.

  아이들을 교육하는 부분에서 위인(의인)은 필요하겠지만 성경적으로
보았을 때 위인(의인)은 없습니다. 로마서 3장 10절의 말씀이 진리입니
다. "의인은 없나니 하나도 없으며 깨닫는 자도 없고 하나님을 찾는 자
도 없고 다 한 가지로 무익하여져서 선을 행하는 자가 없나니 하나도
없도다!"
  그리고 보면 하나님은 당신을 가리키는 '손가락(종)'을 잘 선택하셔야
합니다. 그러지 않으면 '손가락' 이 친히 '달(하나님)'이 되기 때문입니다.
그래서 손가락을 사용하기 전에 하나님은 먼저 그 손가락으로 하여금
온전히 부서지고 깨어지며 낮아지며 철저하게 자신의 죄인 됨을 깨닫
게 하시는 무너짐의 시간을 갖게 하십니다.

  모세는 하나님이 그를 사용하시기까지 광야 40년을 살면서 그의 이
전 애굽왕실 40년 가진 것이 다 사라지는 경험을 하게 하십니다. 하나
님은 모세에게 애굽으로 가서 내 백성 이끌어내라 하시니까 모세가
자신은 아무것도 남은 게 없어서 못 한다고 합니다. 이 때 하나님은 모
세에게 "네 손에 무엇이 있냐?" 물어보십니다. 이 질문이 아주 의미심
장합니다.

  가진 게 아무것도 없는 줄 알았는데 손에 지팡이가 하나 들려있던 겁
니다. 이 지팡이가 이제 하나님의 능력을 보이는 손가락이 됩니다. 이
지팡이를 내리치면 나일강이 핏물이 되고, 이 지팡이를 내밀면 홍해가
갈라지고, 이 지팡이를 들고 있으면 전쟁에서 승리합니다. 모세는 자

신이 하나님을 가리키는 이 지팡이에 불과하구나하고 깨닫습니다.

그런데 지팡이 주제에 하나님 되어버리는 실수를 범합니다. '므리바'에서 이스라엘이 물이 없어 불평할 때 하나님은 "네 지팡이를 들고 가서 반석을 향해 외치라!" 하셨는데 모세가 백성을 모은 후에 "내가 너희를 위해 물을 내랴!" 하면서 반석을 두 번 쳤습니다.

이 때 하나님은 모세에게 진노하시면서 "네가 나의 거룩함을 드러내지 않았다 그런고로 너는 가나안땅에 못 들어갈거다!" 하십니다. 모세는 그 시대에 하나님의 거룩하심을 드러내고 하나님의 하나님 되심을 보이는 마른 막대기(손가락)임에도 불구하고 친히 자신이 들어난 겁니다. 자신의 높음과 권위와 성질이 드러났습니다.

다윗도 마찬가집니다. 다윗이 다윗 되는 현장은 골리앗을 물리쳤을 때가 아니라 밧세바 사건 이후입니다. 사람이 쓴 인생스토리라면 다윗은 젊어서 간통죄를 짓고 감옥에 갔다가 국운이 풍전등화 같은 상황에 놓일 때 감옥에서 나와 골리앗을 물리치는 것으로 구국의 영웅이 되는 기승전결이 되어야 합니다.

그런데 하나님이 쓰시는 시나리오는 그 반대입니다. 첨엔 잘 나가게 하셨다가 어느 순간 바닥으로 떨어지게 하십니다. 모세와 똑 같습니다. 다윗은 자신이 죄지은 것도 몰랐습니다. 나단 선지자가 와서 가난한 집 양 새끼를 빼앗은 부자 비유를 들며 "당신이 바로 그 부자요!" 하는 소리를 듣고서야 비로소 회개합니다.

다윗은 시편 51편에서 고백하길 나는 죄악 중에 출생했으며 잉태자체가 그냥 죄라고 합니다. 내 속에 정한 것이 없으니 새로 창조해 달라고 기도합니다. "하나님이 받으시는 제사는 상한 심령이라 상하고 통회하는 심령을 멸시치 말아주세요!" 하고 처절하게 용서를 구합니다. "하나님 나는 죄인입니다! 나를 불쌍히 여겨 주세요!", "나는 7계명을 어긴 파렴치한 불륜남이며 부도덕한 죄인입니다!"

'모세', '다윗', '사울'과 '베드로' 신구약에 등장하는 대표적인 하나님의 종들입니다. 처음엔 다 승승장구하다가 어느 순간 나락으로 떨어지며 자신의 실체를 보게 하십니다. 하나님이 사용하시는 위대한 종이라는 타이틀이 붙기 이전에 '죄인된 불쌍한 한 영혼들'입니다.

사울도 히브리인중의 히브리인, 가말리엘문하, 베냐민지파, 율법의 의로는 흠 없는 자, 이런 세상의 것들을 쓰레기로 여기며 "나는 죄인중의 괴수입니다!" 만 남게 하십니다. 오늘의 베드로사도 역시 사도 중에 으뜸이며, 수제자이며, 열심으로는 타의 추종을 불허하는 사람이지만 이 사람은 새벽닭만 울면 나가서 회개해야 하는 사람입니다.

베드로의 자기인식은 "나는 예수를 부인한 죄인입니다!", "나 같은 죄인을 하나님이 불쌍히 여기셨습니다!" 만 남아있습니다. 하나님 앞에는 '위대한 사도'나 '평범한 성도'나 모두 '죄인된 불쌍한 한 영혼들'입니다. 사울은 하나님이 크게 쓰시는 종이니까 직접 찾아가셨고 베드로는 수제자니까 애니아도 낫게 하고 다비다도 살려냈다 쪽으로 너무 가지 말라는 겁니다.

처음으로 다시 갑니다. 오늘 다비다는 미망인들을 불쌍히 여기며 선행을 베풉니다. 다비다가 죽자 이번에는 미망인들이 다비다를 불쌍히 여기며 베드로를 청합니다. 이렇게 서로를 불쌍히 여기는 중에 하나님이 불쌍히 여기시는 베드로를 그들에게 보내십니다.

모든 하나님의 종들은 손가락입니다. 모세는 하나님의 거룩하심을 보이는 손가락이고 다윗은 하나님이 다스리는 나라는 이렇게 통치됨을 보이는 손가락이며 사울은 이방인의 구원이 어떻게 이루어지는지 알리는 손가락이며 베드로는 하나님의 불쌍히 여기심을 높이 드러내는 손가락입니다.

이 시대에도 자비하신 하나님, 선하신 하나님, 능력의 하나님, 오래 참으시는 하나님이 그분을 가리키는 손가락 된 성도들을 통해 모든 사람들에게 알려지는 은혜가 있기를 축복합니다.

15. { 고넬료 }

(사도행전 10:1~8)

고넬료! 다소 생소할 수 있는 이름이지만 사도행전에서 차지하는 비중이 상당히 높은 인물입니다. 이 사람을 통해 이방구원의 첫 문이 열립니다. 지금까지는 다 유대인끼리 한 겁니다. 복음을 전하는 사람과 받는 사람 모두 유대인입니다. 베드로가 삼천 명을 회개시킨 것과 빌립집사님의 사마리아인 전도와 에디오피아 내시 전도는 다 넓은 의미의 유대인들 전도입니다.

오늘 처음으로 유대인이 아닌 이방인에게 복음이 전해지고 세례받고 성령받는 일이 일어납니다. 이달랴(이탈리아) 부대 고급간부인 백부장 고넬료입니다. 성경은 그가 경건하고 모든 가족으로 더불어 하나님을 경외하며 항상 기도에 힘쓰며 구제하고 선행하는 일로 많은 사람들에게 칭찬을 들은 사람이라고 소개합니다.

여기서 우리는 집고가야 합니다. 고넬료가 경건했고, 경외했고, 기도했고, 구제했기 때문에 그것이 근거가 되어 하나님이 그를 부르신 것인지 입니다. 내측에서 하나님을 만족시켰기에 하나님측에서도 그에 대한 보상으로 이렇게 응답이 주어지는 것이냐는 질문입니다. 4절의 말씀처럼 "네 기도와 구제가 하나님 앞에 상달되어 하나님이 기억하신바 되었으니…" 구약의 히스기야왕도 벽을 마주하고 금식하는 가운데 "하나님이 네 기도를 들었고 네 눈물을 보았노라!" 하십니다.

이렇게 되면 내가 했기에 받았음으로 은혜를 설명하기가 힘들어집니다. 기독교는 은혜라는 한 단어로 모든 내용이 집약됩니다. 내가 기도하기 전에 하나님이 나를 기도하게 하셨고 나를 예배하게 하셨으며 경외하게 하셨습니다. 내가 하는 것조차 하나님의 손길입니다. 기독교가 타종교와 구분되는 것은 내측에서의 치성이 하나님께 알려지기

전에 나를 이끄시는 하나님을 보는 것입니다. 하나님은 내가 기도하기 전 먼저 나를 보시고 아셨습니다.

시편 37편 23절에 "여호와께서 사람의 걸음을 정하시고 그의 길을 기뻐하신다!"는 말씀이 있습니다. 이미 사람의 걸음자체가 벌써 정하신바 되었고 그 이후에 그를 받으신다는 신묘막측한 말씀입니다.

하나님이 구원의 손길을 내밀어주셔서 내가 그 손을 붙잡고 구원을 받은 것이 알미니안계열의 구원이해입니다. 구원의 주도권이 하나님의 손을 붙잡은 내게 있습니다. 조금 더 깊이 들어가면 하나님이 나를 붙잡으셨으나 내가 그 손길을 뿌리칠 수 있다는 국면입니다. 구원의 주도권이 하나님께 있지만 내가 그것을 거부할 수 있습니다. 루터파의 구원이해입니다. 마지막으로 하나님이 붙잡으시면 내가 그 손길을 뿌리치거나 거부할 수 없다는 것이 개혁파 칼빈주의 5대교리 중 3번째인 '저항할 수 없는 은혜'입니다.

이렇게 하나님이 다 하시는 것이면 사람이 하는 건 무엇입니까? 사람이 하는 것은 나를 만드시는 하나님을 경험하고 나를 지금 어디로 이끌고 계시는지를 가만히 보는 것입니다.

하나님은 우리의 기도를 들으시고 119처럼 구조대를 이끌고 오셨다가 잠깐 도와주시고 다시 복귀하시는 분이 아니라 우리와 함께 거하시는 분이십니다. 함께 거하심으로 우리를 어떤 길로 인도하시고 만들어 가십니다. 하나님을 경외하는 사람이 되게 하시고, 겸손한 사람이 되게 하시며, 배려하는 사람이 되게 하시며, 감사하는 입술 되게 하십니다.

이렇게 되게 하시는 것이 먼저입니다. 그리고 나서 하게 하십니다. 되는 것은 안 되는데 하는 것만 하려고 들면 사고만 칩니다. 얼마 전 병원에 갈 일이 있었는데 어떤 간병인이 자신은 간병하러 여기 있는 것 아니라 선교하기위해 왔다고 하며 찬송가를 크게 틀어놓고 주위에

민폐를 끼치는 것을 보았습니다. 다들 안정을 취해야 하는데 기가 워낙 센 분이라 다들 인상만 쓰고 뭐라 하지도 못하고 있었습니다.

하나님 앞에 '되고' '하고'가 온전한 사람이 오늘 본문의 고넬료입니다. 그러나 그것만 가지고는 구원받을 수 없습니다. 아무리 훌륭한 도덕군자가 되고 선행을 많이 했다고 해도 천국갈 수 없습니다. 35절 베드로의 말처럼 "각 나라 사람 중 의를 행하고 하나님을 경외하는 사람을 다 받으신다!" 했을 때 하나님 앞에 가장 최고의 의를 행하고 경외하는 일은 예수를 믿는 일입니다. 그 일을 위해서 오늘 베드로가 고넬료를 만난 것이고 이전에 천사가 고넬료를 찾아왔습니다. 고넬료의 행위로 충분이 구원받은 자가 될 것이라면 이렇게 베드로를 만날 이유가 없습니다.

기독교 신앙이라는 것이 신비해서 내가 신앙이 깊어지고 성경을 밝히 알고 하나님께 가까이 가면 갈수록 그럴듯하고 근사한 내 모습이 보이는 것이 아니라 도리어 죄 밖에는 남은 것이 없는 내 모습이 드러납니다. 그때 바로 거기에서 찾아오시는 분이 예수님입니다. "하나님 나는 죄인입니다! 나를 불쌍히 여겨주세요!" 하는 사람에게 하나님은 "그래 내가 준비한 예수를 줄게!" 이렇게 됩니다. 34절에 베드로가 "하나님은 중심을 보신다!"고 하셨을 때의 그 중심은 죄인된 자신을 발견하는 상한 마음입니다.

복음은 예수를 받는 일입니다. 오늘 이방인 고넬료를 찾아간 베드로가 36절 이하에서 만유의 주가 되신 예수를 설교합니다. 예수가 죄인을 구원하러 세상에 오셔서 십자가에 죽으시고 다시 살아 산 자와 죽은 자의 심판자로 오실 것을 말씀하는 중에 성령이 오십니다. 베드로는 "성령이 이렇게 오시는데 어찌 물로 세례줌을 금하리요!"하고는 세례를 줍니다. 고넬료는 예수 믿어 구원받은 자가 됩니다.

사랑하는 성도 여러분! 우리가 예수 믿고 죄사함 받아 천국 가는 이 단순한 진리를 추상적인 개념이나 구름 속 이야기로 받지 마시기를 바랍니다. 자유주의 영향을 받은 교회와 성도들이 많아서 더러 이런 말을 하는 목사님 장로님 집사님이 있습니다. "천국이고 지옥이고 뭐 그런게 꼭 있어서 믿는 게 아니라 천국가고 싶은 마음으로 인격수양과 가치 있는 인생을 사는데에 뭔가 위로와 격려를 얻자는 마음에서 믿는 거지 무슨 유치하게 천국가고 싶고 지옥가기 싫어서 믿는 것은 아니다!" 라고 말하는 경우입니다. 교회 내에 독버섯처럼 자리하는 이단 삼단입니다.

우리의 믿음은 천국 문 앞에서 "하나님! 저 천국가고 싶습니다!" 라고 처절하게 외치는 다소 궁상맞고 유치해 보이는 애원이며 절규며 몸부림입니다. 오늘 고넬료에게 구름속의 예수가 전해지는 것이 아닙니다. 실제하는 구원, 실제하는 천국, 실제하는 영생이 오직 예수를 통해 전해집니다. 고넬료는 스스로의 의로는 구원 얻을 수 없기에 하나님이 오늘 베드로를 보내셔서 예수를 받게 하십니다. 11장 14절입니다. "너와 네 온 집이 구원받을 말씀을 네게 이르리라 함을 보았다!"

이방인인 고넬료가 예수를 믿기까지 그전에 유대인들의 배타적 민족주의를 극복해야 하는 시간을 갖게 됩니다. 유대인들은 예수와 구원이 자기들만의 것이라고 여겼습니다. 그래서 베드로에게 하나님은 오늘 환상을 보이셨습니다. 28절입니다. "유대인으로서 이방인과 교제하는 일이 위법인 줄 너희도 알거니와 하나님께서 내게 지시하사 아무도 속되다 하지 말라 하시기로…"

복음이 고넬료에게 전해지는 과정을 보면 그냥 천사가 고넬료에게 "네 의로는 구원받을 수 없으니 예수를 믿어라!" 하면 끝나는데 하나님은 고넬료에게 베드로를 청하라 하시고 또 베드로에게도 찾아가서서 환상을 보이십니다. 뭔가 절차가 복잡하고 번거로워 보입니다. 사울의 회심 때도 마찬가집니다. "사울아 예수 믿어라!" 하면 끝나는데 제자 아나니아를 보내셔서 안수받게 하십니다.

우리의 모든 삶에서 굳이 없어도 되는 것 같은 시간을 겪을 때가 있습니다. 그러나 그것 마져 의미를 지님은 이 모든 관계와 사건을 통해서 우리의 부족함을 알게 하심입니다.

오늘 왜 이렇게 고넬료를 향해 천사와 베드로가 바쁘게 되었는지 알 때에 주의 종을 통해 예수를 받는 은혜가 있기를 소망합니다. 생각 속에, 일상 속에, 가정 속에, 자녀 속에 모든 삶의 자리에 예수가 있기를 축복합니다. 하나님의 구원이 예수이름 위에 있습니다.

"읽는 설교"
16. { 누가 능히 하나님을 막겠느냐! }

(사도행전 11:16~26)

사도행전 11장은 베드로가 이방인 백부장 고넬료에게 복음을 전하게 된 경위를 예루살렘교회에 보고하는 내용입니다. 2절에서 유대인들이 "네가 무할례자의 집에 들어가 함께 먹었다!"하며 베드로를 공격합니다. 이방인과는 상종해선 안 되고, 같이 밥 먹어도 안 되고, 심지어 복음을 전해서도 안 됩니다. 유대인들이 얼마나 폐쇄적인 사람들이었는지 알게 하는 본문입니다.

베드로가 일일이 항변합니다. "내가 가고 싶어서 간 것도 아니고 만나고 싶어서 만난 것도 아니다!" 하나님이 내게 환상을 3번이나 보이시며 말씀하시기를 "내가 정하다 한 것을 네가 더럽다(속되다) 하지 말라!"하셨다. 그래서 고넬료에게 예수를 전하고 있는데 성령이 그에게 내려오셨다. 마치 우리에게 오순절 성령강림하신 것과 같은 모습으로 임하셨다.

그때 "요한은 물로 세례를 주었지만 너희는 성령으로 세례받으리라!" 하신 예수님 말씀이 생각났다. "우리와 같은 선물, 같은 성령, 같은 구원을 주시는데 내가 감히 누구라고 하나님이 하시는 일을 막겠느냐!"

16절의 "요한은 물로 세례를 주었는데 너희는 성령으로 세례를 받을 거다!"를 살핍니다. 요한의 물세례입니다. 세례요한은 예수님보다 6개월 먼저 나서서 예수님의 오시는 길을 평탄케 하는 일을 하십니다. 요단강에서 세례를 베풀며 이르기를 "아브라함이 우리 조상이라 하지 말고 회개의 합당한 열매를 맺을 것을 촉구합니다. 도끼가 나무뿌리 옆에 놓였다 회개치 않는 자는 불 가운데 던져질 것이다. 나는 너희에게 물로 세례를 주지만 내 뒤에 오시는 이는 나보다 크신 분이다 그는 성령과 불로 세례를 줄거다!" 강골 메시지를 전했습니다.

세례요한의 메시지는 너희들이 아브라함의 후손이라고 자동구원 자동천국이 아니다. 너희도 구원이 필요하고 그에 따른 회개가 있어야하는 죄악 백성이다. 즉 구원으로서의 요단강 물세례가 아니라 구원이 필요한 존재임을 알리는 세례입니다. "그가 오시기에 앞서 요한이 먼저 회개의 세례를 이스라엘 모든 백성에게 전파하니라!"(행13:24)

반면에 예수님이 말씀하신 성령세례는 성령의 나타나심 내주하심 찾아오심입니다. 성령세례라고 하면 한국교회는 바로 신비체험하고 연결시킵니다. 그렇지 않습니다. 성령세례 받은 증거는 신비체험이 아니라 예수 믿는 것입니다. 고린도전서 12장 3절입니다. "누구든지 성령으로 말미암지 않고는 그리스도를 주라 시인할 수 없느니라!"입니다.

기독교 신앙은 먼저 오시고 먼저 만나주시는 하나님입니다. 이방종교는 다 내측에서의 고백과 헌신과 진심이 신적 대상에게 알려지는 것입니다. 그러나 기독교는 내측에서의 행위 이전에 하나님 측에서의 세팅입니다. 나를 구원하시겠다고 하는 하나님의 신실하심, 변치않으심, 의로우심, 완전하심으로 이루어지는 구원입니다.

"성령이 임하셨는데 어찌 물세례를 금하리요!" 사도행전 10장 47절에서 베드로의 항변입니다. 오늘 본문 19절에서 유대인들은 복음을 유대인에게만 전했는데 20절로 가니까 안디옥 부터는 헬라인에게도 복음이 전해집니다. 21절에 주의 손이 그들과 함께 하심으로 많은 사람들이 믿고 주께 돌아오는 일이 벌어집니다. 안디옥이 이방인 전도의 교두보요 전초기지가 됩니다.

하나님은 복음을 이방으로 세계로 뻗어나가게 하십니다. 유대인의 존재목적은 이방에 복음을 전하게 하기위한 제사장 나라로서의 기능과 사역임에도 자신들의 존재이유를 망각하고 복음을 자신들의 전유

물로 삼았습니다.

복음이 전 세계로 전해지는 것은 하나님의 구원이 모든 인류에게 전해지는 것을 의미합니다. 죄로 인해 타락한 세상에서 잘 살든 못 살든 죽으면 다 지옥불에 떨어져야 하는 운명이었는데 하나님은 구원받는 유일한 길인 예수를 우리에게 주셨습니다. 다른 이로써는 구원 받을 수 없나니 천하 인간에 구원 받을 다른 이름을 주신 일이 없습니다.

성령이 찾아오셔서 우리가 예수 믿게 될 때에 그것은 한 개인의 구원과 회복에 국한 되지 않고 온 창조계를 아우르는 회생이며 복원입니다. 고린도후서 5장 17절입니다. "그런즉 예수 그리스도 안에 있으면 새로운 피조물이라 이전 것은 지나갔으니 보라 새것이 되었도다!" 여기서 새로운 피조물이 사람만을 가리키는 말이 아니라 중성복수입니다. 예수 안에 있을 때에 타락하고 망가지고 손상된 창조계가 다시 세워지고 다시 온전케 되는 재창조의 역사를 이루십니다.

창세기를 보면 선악과를 먹고 타락한 죄악세상을 구원하시려고 처음으로 하신 일이 있습니다. 그것은 아브라함을 부르신 일입니다. 하나님은 아브라함에게 복을 주셔서 네 자손으로 하늘의 별같이 땅의 모래알같이 많아지게 할거라 하셨습니다. 갈라디아 3장 16절에서 사도바울은 "여럿을 가리켜 네 자손이라 하지 않고 하나를 가리켜 네 자손이라 하셨으니 이는 곧 그리스도라!" 즉 예수로 인해서 새로운 종족이 만들어지는 것입니다. 이 종족은 예수와 하나로 묶여있어서 다시 타락할 수도 없는 존재가 됩니다.

아담의 에덴과 아브라함의 가나안이 모티브가 비슷합니다. 하나님은 에덴을 창설하시고 아담을 그곳에 두었다고 하십니다. 마찬가지로 가나안땅이 먼저 있고 아브라함을 그곳에 들어가게 하십니다. 아담에게 생육하고 번성하여 땅에 가득하라 하시듯이 아브라함에게도 네 자손이 땅의 티끌같이 많아 질거라 하십니다. 마지막으로 아담에게 복을 주셨다 하시고 아브라함에게도 복의 근원이 되게 하십니다. 그러나 아담의 후손과 아브라함의 후손의 모습은 판이합니다. 아담의 후손은 아담의 죄를 물려받아 타락한 종족이 되었지만 아브라함의 후손은 예수로 말미암아 회복된 재창조의 족속이 됩니다.

하나님이 예수로 말미암아 나를 구원하시겠다는데 유대의 민족주의가 걸림돌이 될 수 없습니다. 하나님이 나와 함께 하시고 도와주시겠다는데 그것을 막을 자는 아무도 없습니다. 하나님이 여시면 닫을 자가 없고 닫으시면 열 자가 없는데 "내가 누구이기에 하나님을 막겠느냐!" 베드로의 일성입니다.

안디옥에 예수 믿는 이방인들이 넘쳐나게 되자 바나바는 다소로 가서 사울을 데려옵니다. "바나바는 착한 사람이고 성령과 믿음이 충만한 사람이라!" 둘이서 일 년간 큰 무리를 가르치며 그때 비로소 '그리스도인'이라는 호칭을 듣게 됩니다. 우리말로 해석하면 '예수쟁이' 내지는 '예수꾼'입니다. 이런 겁니다. "저 사람들은 입만 열면 예수를 넣더라!", "보이지도 않는데 예수가 있다 그리고 예수가 도와준다고 그러고 예수님이 다 보고 계시기 때문에 할수 있는 것과 할수 없는 것이 분명하더라!"

사랑하는 성도여러분! 우리는 지금 착하다는 말이 결코 칭찬이 아닌 세상에서 살고 있습니다. 그러나 예수쟁이들은 착해야 하며 정직해야 하며 정의로워야 합니다. 더불어 바나바는 성령과 믿음이 충만하다 하셨는데 성령이 우리에게 안목과 분별을 주시고 우리의 믿음이 말씀의 반석위에 서 있어서 흔들리지 않기를 또한 축복합니다.

"읽는 설교"
17. { 내가 산 것 아니요 }

(사도행전 12:1~17)

　　사도행전 12장은 "헤롯왕이 손을 들어 교회중에서 몇 사람을 해하려 하여…" 로 시작합니다. 잠깐 헤롯왕을 정리합니다. 예수님 탄생시에 동방박사를 만나고 두 살 이하 아이를 죽인 헤롯은 헤롯대왕이라 불리는 인물입니다. 이 사람의 아들들이 '헤롯 아퀼라스', '헤롯 안디바', '헤롯 빌립'이라 불리는 사람들이 지역을 나누어 다스렸습니다. 그중에 예수님을 심문한 헤롯왕은 '헤롯 안디바'입니다. 이 '헤롯 안디바'가 다시 아들을 낳았는데 그가 바로 오늘 등장하는 '헤롯 아크립바'입니다.

　　당시 로마는 영토가 방대하다보니 지역마다 분봉왕을 두어서 다스리게 했습니다. 예나 지금이나 정치인은 중앙에 잘 보여야 합니다. 변방에 불과한 팔레스틴에서 로마로 진출하기 위해서는 지역민들의 좋은 평판이 있어야 가능합니다. 헤롯대왕이 성전을 지어준 것도 순전히 지역민들의 환심을 사기 위함이었습니다.

　　헤롯이 이렇게 눈치를 보니까 "유대인들이 예수 믿는 자들을 싫어하더라!"입니다. 그래서 사도요한의 형제인 사도야고보를 죽였습니다. 3절을 보면 "이 일로 유대인들이 기뻐하는 것을 보고.." 는 옳다거니 하고 베드로까지 잡아들입니다.

　　명절이라 어떻게 하지 못하고 다음날 끌어내어 죽이려고 할 때 교회는 간절히 베드로를 위해 기도합니다. 이 기도를 중보기도라고 많이들 부릅니다. 여기서 용어정리 잠깐 합니다. 흔히 성도들이 누구를 위해서 기도하는 것을 '중보한다!'고 하는데 그다지 성경적이지는 않습니다. 우리의 유일중보자는 예수 그리스도이기 때문입니다. "하나님은 한 분이시요 또 하나님과 사람 사이에 중보자도 한 분이시니…"(딤전2:5)

사
도
행
전

강
해

77

예수님은 지금 하나님보좌 우편에서 우리를 위해 기도(중보)하십니다. 중보는 예수님만의 유일사역입니다. 그럼에도 천주교의 모든 성인들이 다 중보자들입니다. 그 중 대표가 마리아입니다. 중보자가 너무 많아서 진짜 중보자는 만날 시간이 없는 곳이 천주교입니다. 우리 개신교에선 '위해서 기도한다!'는 '도고기도' 라는 말이 있기는 하지만 많이 쓰이는 말이 아니어서 '위해서 중보합니다!' 보다는 '위해서 기도합니다!' 정도가 무난할 것 같습니다.

하나님이 '축복(祝福)한다'도 그렇습니다. 하나님은 그냥 복을 내리시는 강복(降福)하시는 분이지 복을 비는 분이 아니십니다. 축복의 축이 빌축입니다. 이 부분은 오히려 '강복'이라고 하는 천주교가 맞습니다. 한국교회에서 '축복'이 이미 '강복'의 의미로 씌여지고 있다고 해도 알고는 있어야 할 것 같아 첨부합니다.

베드로가 풀려나길 바라는 성도들의 간절한 기도 역시 중요한 부분이지만 제가 오늘 관심 갖는 것은 왜 야고보는 잡혀 칼에 죽게 하시고 베드로는 도망가게 하시는지에 대한 의문입니다. 왜 스데반집사님은 돌 맞아 죽어야 하고 빌립집사님은 도망가야 하는지도 같은 맥락입니다.

오늘도 큰 그림을 그려야 합니다. 잘 안보이면 좀 떨어진 곳에서 전체를 보는 것이 유익합니다. 하나님이 지금 무엇을 하려하시는지 무엇을 목적하고 계시는지 아는 일입니다.

하나님은 지금 복음을 전 세계로 전해지는 일을 하고 계십니다. 복음이 전해지는 현장은 한 개인 개인의 구원을 넘어서서 타락한 창조계의 회복이고 복원입니다. 시간은 그 처음 시작점이 있으며 그 시간의 마지막을 향해서 달려갑니다. 우리는 허망한 세월이 돌고 도는 윤회를 믿지 않고 직선론적 시간관을 믿습니다. 세상은 창조되었고 이어서 타락했으며 종말의 때에 다시 재창조의 시간을 갖습니다. 하나님은 독생자 예수그리스도로 말미암아 그 일을 이루십니다.

중요한 것은 사람의 죽음이 끝이 아니라는 것입니다. "한 번 죽는 것은 사람에게 정한 것이요 그 이후에는 심판이 있느니라!" 하신고로 이 세상은 저 세상을 준비하는 시간입니다. 예수가 없는 사람들은 이 세상이 전부이고 죽으면 모든 것이 끝입니다. 그러나 예수 믿는 성도들에게 이 세상은 그림자일 뿐 궁극적 실제인 천국이 있습니다.

내가 다 알지 못하는 그 무엇인가가 더 깊은 곳에 숨겨져 있습니다. 욥의 자녀들의 목숨이 왜 아버지의 믿음을 시험하는 용도로 쓰이는 것인지? 성경은 아버지의 죄를 아들에게 묻지 않는다 하셨는데 아버지 다윗의 죄로 왜 그의 간난아이가 죽어야 하는지? 왜 신실하고 유능한 하나님의 사람이 일찍 세상을 떠나야 하는지? 다 알 수 없습니다.

사도바울을 직접 부르셨으면 그에 합당한 힘과 권세와 능력도 주셔야 하는데 그건 또 아닙니다. 물론 사도바울이 가는 곳마다 기사와 표적이 나타나긴 하지만 그의 선교여행 상당부분은 도망 다니는 시간이라 해도 과언이 아닙니다.

고후 12장입니다. "내가 처음 다메섹에서 부름 받았을 때부터 다메섹왕 아레나에게 잡힐까봐 성벽에서 광주리타고 도망갔다! 유대인에게 사십에 하나 감한 매를 다섯 번 맞고 태장으로 세 번 맞고 한 번 돌로 맞고 일주일 야를 깊은 바다에서 지냈다! 강의 위험 산의 위험 도적의 위험 동족의 위험을 당하고 수고하고 애쓰며 여러날 자지 못하고 주리고 헐벗었다! 한 번 돌로 맞았을 때는 죽은 줄 알고 사람들이 나를 갔다 버렸다 그런데 모진 목숨이 질기게 살아있더라!"의 고백을 합니다.

바울은 도망가야 했고 잡히면 갇히고 때리면 맞아야 했으며 복음 전파의 환경과 조건은 항상 악조건이었습니다. 그러나 바울은 부딪히면 돌아가고 막히면 기다리고 주저앉았다가도 다시 힘을 내서 일어났습니다. 이 모습 속에 오늘 예수 믿는 성도들이 알아야 하는 하나님 지식이 있습니다. 하나님은 창조주이시고 온 인류와 역사와 우주의 주인이심에도 당신을 스스로 세상 권력 밑에 두십니다. 세상 권세와 힘을 장악해서 얼마든지 그 위에 군림할 수 있는데 그렇게 하지 않으십니다. 하늘에 있는 열두 영을 부르실 수 있는데 그냥 잡혀 죽으십니다.

하나님이 어떻게 일하고 계시는지 보아야 합니다. 하나님은 힘이 없는 것으로 일하십니다. 그것이 곧 십자가입니다. 기독교는 힘을 지니면 안 됩니다. 도리어 약한 것을 기뻐하는 곳이 기독교입니다. 기독교의 타락은 313년 콘스탄틴 대제의 기독교 공인이후 이어지는 중세교회를 보면 그대로 드러납니다. 가끔 기독교도 정치권력을 가져서 힘을 길러야 한다는 주장을 하는데 신앙을 이용한 정치 선동에 불과합니다. 예수님과 베드로 사도바울 모두 세상 정치권력과는 정말 아무 관련 없으신 분들입니다.

기독교는 뭐냐면 하나님이 오늘 내 앞에 두신 일에 대한 순응입니다. 여기서 순응은 소극적이고 무책임한 숙명론을 말하는 게 아니라 분명한 목적지를 바라보고 나아가는 적극적인 의미의 순응입니다. 힘든 현실을 만났을 때 체념 거부하는 게 아니라 하나님이 지금 복음을 온 세계에 전하셔서 종말의 타임으로 나가게 하시듯이 나도 천국을 향하여 한 걸음씩 나아가는 오늘로 삼습니다. 존번연의 천로역정처럼 사도바울처럼 부딪히면 돌아가고 막히면 기다리고 쓰러지면 다시 일어나면 됩니다. 중요한 건 포기하지 않는다는 것입니다.

성경은 뭐라고 이야기 하냐면 "넌 이미 이겼다!", "내가 널 보장했다!", "승리는 이미 네 것이다!", "그러니 한 번 살아봐라!" 하시는 겁니다. 오늘 11절을 보면 베드로가 얼마나 배짱이 좋은지 이제 내일아침이면 끌려 나가서 야고보처럼 죽게 될 판인데도 깊이 잠이 듭니다. 이게 지금 잠이 올 상황이 아니거든요. 사랑하는 성도여러분! 어떤 일 앞에도 잠을 못자거나 입맛을 잃어버리는 일이 없기를 축복합니다. 믿음은 배짱 맞습니다. 그 배짱은 "내게 사는 것이 그리스도니 죽는 것도 유익하다!"는 고백을 하게합니다.

베드로는 천사의 손에 이끌려 감옥을 나오고 나서야 제 정신이 돌아옵니다. 우리가 제 정신 차려보니까 여기 있는 거 있습니다. 어느새 벌써 아득해만 보였던 그 해를 살아갑니다. 하나님의 손에 이끌려서 이제껏 살았습니다. 정신차려보니까 내가 산 게 아니라 예수가 산 것입니다. 갈라디아 2장 20절입니다 "내가 그리스도와 함께 십자가에 못박혔나니 그런즉 이제 내가 산 것 아니요 오직 내안에 예수께서 사신 것이라 이제 내가 육체가운데 사는 것은 나를 사랑하사 자기 몸 버리신 예수위해 산 것이라!"

7절에 "홀연히 주의 사자가 나타나서 베드로의 옆구리를 쳐 깨워 일어나라 하니 그 손에서 쇠사슬이 그 손에서 벗어지더라!"고 합니다. 무엇인가 매어있고, 묶여있고, 가리워진 것에서 벗어지는 은혜가 있길 소망합니다. 우리의 영적 잠을 깨워 주셨고 한 사람 한 사람의 손을 붙잡고 마치 롯의 식구들의 손을 잡아 소돔고모라에서 나오게 하시듯이 그렇게 우리를 생명의 자리로 인도하셨음을 믿습니다.

"그러나 롯이 지체하매 그 사람들이 롯의 손과 그 아내의 손과 두 딸이 손을 잡아 인도하여 성 밖에 두니 여호와께서 그에게 자비를 더하심 이었더라!" (창19:16)

18. { 파탓소 }

(사도행전 12:20~23)

베드로가 얼마나 깊이 잠들었는지 천사가 옆구리를 쳐 깨워서야 정신을 차렸습니다. 사실 베드로는 오늘 처음 갇히는 것이 아닙니다. 사도행전 5장에서도 성전감옥에 갇혔다가 천사가 나타나 풀어주며 가서 생명을 말씀을 전하라 했습니다.

가두는 입장에서는 두 번 당할 수 없습니다. 파수꾼을 넷씩 네 패로 나누어서 베드로 한사람을 지키는데 16명을 투입합니다. 감옥 안에서도 베드로는 양 옆의 군사와 함께 쇠사슬(수갑)에 매인체로 잠들었습니다. 10절을 보면 첫째 둘째 파수를 지나고 쇠문이 저절로 열리고 나서야 탈출에 성공하게 됩니다.

이렇게 하나님이 적극 개입하셔서 풀어주시고, 열어주시고, 벗어나게 하실 때 특별한 하나님의 손길이 있습니다. 오늘 말씀의 제목인 '파탓소'입니다. '파탓소'는 7절에 "천사가 베드로의 옆구리를 쳐 깨워 이르되..."에서 '쳤다'는 헬라어 단어입니다. 정확한 표현은 '내리치다!'입니다. 하나님이 내리 치니까 묶였던 쇠사슬이 풀어집니다. 더 나아가서 쇠문도 저절로 열립니다.

하나님이 당신의 사람들에게 '파탓소' 하실 때는 먼저 잠든 영혼을 깨우실 때입니다. 오늘 본문에는 육신의 잠을 깨우는 것이지만 영적인 의미가 담깁니다. 육신적으로는 밤에 깊이 자야 합니다. 그러나 영적으로 '어둠' '밤' 그리고 '잠'은 다 같은 의미입니다.

영적으로 잠들었다는 것은 영적인 세상에 대한 전적인 무감각을 말합니다. 살아있다는 것은 감각을 느낀다는 것입니다. 한 때 '구원의 확신' 문제로 성도들이 혼란스러웠던 적이 있습니다. 구원의 확신이 없으면 구원 못 받은 것이니까 지금 죽어도 천국 간다는 확신이 있어야 한다고 여기저기 찔러대던 시절이 있었습니다.

구원은 구원을 받는 사람 측에서의 확신으로 되는 것이 아니라 구원을 주시겠다고 하는 하나님의 신실함에서 이루어지는 일입니다. "성경에 하나님이 이렇게 약속하셨으니까 그대로 순종 하면 구원도 받고 축복도 받아!" 했을 때 사람들은 약속의 내용을 중히 여깁니다. 그러나 성경은 내용도 중하지만 그 약속을 누가 하고 있는지에 대한 비중이 훨씬 큽니다.

우리의 구원은 확신과 희열로 반응하기도 하지만 반대로 의심과 회의로 나타나기도 합니다. 한 번도 의심해 본 적이 없는 사람은 한 번도 진실하게 믿어본 적이 없다는 말에 동의합니다. 우리의 몸이 기쁨과 행복을 느끼는 것 뿐만 아니라 아픔과 슬픔을 느끼는 것으로 살았음을 증명하듯이 우리의 영혼도 마찬가집니다. 믿음과 확신만 영혼이 살아있는 것이 아니라 의심과 회의도 살아있음의 반증입니다. 죽어 있는 자는 아픔도 기쁨도 절망도 희열도 아무것도 못 느낍니다.

애굽에 장자의 재앙이 떨어질 때 어린양의 피가 문설주와 인방에 발라져있는 집은 패스오버하십니다. 그 집안에 있는 사람이 확신과 희열에 차 있든지 의심하고 있든지 그건 그 다음이야깁니다.

하나님이 '파탓소' 해 주셔서 터치하시고, 어루만지시고, 흔들어 주셔서 잠든 우리의 영혼이 깨어납니다. 하나님이 깨우시지 않는 한 천국지옥 아무리 말해줘도 다 소귀에 경 읽기입니다. 그 영이 이중 삼중 쇠사슬로 단단히 묶여있고 가리워져 있고 닫혀 있습니다.

'파탓소'의 은혜가 임할 때에 잠든 영혼이 깨어나고, 안 들리던 게 들리게 되고, 은혜 받았다는 게 뭔지 알게 되고, 말씀의 맛을 알게 됩니다. 7절에 "쳐 깨워 이르되… 그 손에서 쇠사슬이 벗어졌더라!" 했으니까요.

신비한 것은 이렇게 하나님의 사람들에게는 깨어나게 하고 악한 영의 족쇄에서 벗어나게 하는 은혜의 '파탓소'이지만 정 반대의 '파탓소'가 있습니다. 말 그대로 내려치는 것입니다. 하나님이 애굽에 열 가지 재앙을 내리실 때 그것이 '파탓소'입니다. "애굽의 신들을 치신(파탓소) 여호와께 감사하라!"

똑같은 단어인데 두 가지 정반대의 의미입니다. 놀라운 것은 오늘 본문 사도행전 12장에 이 두 단어가 같이 나옵니다. 7절에 "천사가 베드로의 옆구리를 쳐(파탓소) 깨우니..." 23절에 "헤롯이 영광을 하나님께 돌리지 아니함으로 주의 사자가 치니(파탓소) 벌레에게 먹혀 죽으니라!"

사랑하는 성도 여러분! 우리 모두에게는 결코 재앙과 심판으로서의 '파탓소'가 아니라 깨우쳐 알게 하고 어둠에서 빛으로 나아가게 하는 '파탓소'가 되길 축복합니다. 그럼 헤롯이 왜 재앙으로의 '파탓소'를 맞았는지 보도록 합니다. 20절에 "헤롯이 두로와 시돈사람들을 대단히 노여워 하니..." '두로'와 '시돈'은 상업이 발달한 도시국가이지만 곡물은 유대지방에서 수입하여야 먹을 수 있는데 헤롯이 이렇게 보니까 곡물 값도 제값을 못 받는 것 같은 겁니다. '두로'와 '시돈' 사람도 먹을 거는 유대지방에서 갖다 먹으니까 무시할 수 없습니다. 솔로몬 때도 이 지역에서 백향목을 수입하고 곡물을 수출합니다.

서로 눈에 가시지만 현실적 이해관계에 의해서 겉으로만 웃고 있습니다. 어느날 헤롯이 날을 잡아서 백성들을 모으고 외부인사로 '두로'와 '시돈'사람도 앉혀놓고 줄 창 연설을 했는데 22절 보니까 사람들이 헤롯의 연설을 듣고 '신의 소리'지 '사람의 소리'가 아니라는 말을 합니다. 이게 이제 칭찬인지, 아부인지, 인사말인지, 놀리는 말인지 분간을 할 수 있어야 했는데 헤롯은 아둔해서 분별력이 떨어졌습니다.

미련할수록 이런 띄워주는 아첨의 말에 풍선처럼 하늘로 업 됩니다.

띄워주면 같이 올라가다가도 이내 상황파악을 하고 스스로 내려와야 하는데 이걸 모르면 어느날 곤두박질 치는 겁니다. 띄워주는 것을 좀 다른 말로 하면 선동(충동)입니다. 분노로 흥분시키든지 희열로 흥분시키든지 띄우고 선동질 하는 사람은 꼭 결정적인 순간엔 쏙 빠집니다. 선동질 하는 자가 목표하는 것은 떨어뜨리고자 함입니다.

사람들이 '신의 소리'라고 하니까 헤롯은 실제로 신이 되었습니다. 그래서 하나님이 받으셔야 할 영광을 자기가 받은 고로 하나님이 '파탓소' 하십니다. 23절에 "벌레에게 먹혀 죽었다!"고 하는데 유대역사가 요세푸스에 의하면 기생충으로 인한 복통으로 닷새동안 앓다가 죽습니다. 하나님은 겸손한 자에게 은혜를 베푸시고 교만한 자를 '파탓소' 하시는 하나님이십니다. 헤롯은 하나님을 섬기는 사람이 아님에도 하나님께 영광을 돌리지 않았다 해서 죽습니다. "너희가 먹든지 마시든지 무엇을 하든지 하나님의 영광을 위해서 하라!" 하셨음으로 모든 영광은 오직 하나님께 돌려야한다는 것 다시 배웁니다.

오늘 1절 시작하면서 헤롯이 손을 들어 악한 일을 도모합니다. 결국 하나님은 그 손을 '파탓소' 하셨습니다. 진리를 분별하고 나 자신을 보게 하며 하나님께로 나아가게 하는 손길로서의 '파탓소'만 있기를 소망합니다.

"만물이 주에게서 나오고 주로 말미암고 주에게로 돌아감이라 그에게 영광이 세세 무궁토록 있을지어다!" (롬11:36)

19. { 파탓소2 }

(사도행전 13:1~12)

사도행전 13장은 이방의 첫 교회였던 안디옥 교회가 바나바와 사울을 선교사로 파송하는 본문입니다. 흔히 사도바울의 일차 선교여행이라 부르는 여정입니다. 특별한 미션을 위해 따로 세우라는 성령의 지시를 받은 바나바와 사울은 안수를 받은 후에 첫 행선지로 배를 타고 구브로에 가서 다시 살라미라는 곳에 이르게 됩니다. 여기서 '바예수'라고 하는 유대인 거짓 선지자를 만나면서 오늘 사건이 전개됩니다. 이 사람은 요즘말로 하면 심령술사 박수무당 내지는 점쟁이 정도 되겠습니다.

문제는 이 '바예수'라고 하는 점쟁이가 당시 그 지역 총독이었던 '서기오 바울'과 함께 있었는데 어느날 '서기오 바울'이 바나바와 사울을 불러 복음에 대해 듣고자 하니 이 점쟁이 '바예수'가 총독으로 하여금 믿지 못하게 적극 방해 공작을 합니다.

그러니까 사울은 '서기오 바울'에게 가기 전에 먼저 그와 함께 있는 악한 세력인 '바예수' 점쟁이를 해결해야 했습니다. 지금도 고관대작들 중에 용하다는 점쟁이 하나씩 끼고서 무슨 일이 있을 때마다 조르르 달려가서 길흉을 묻는 경우가 허다하다고 합니다. 하나님이 아주 악하게 여기시는 일입니다.

7절에 "그가 총독 서기오 바울과 함께 있으니..."에 주목합니다. 우리는 예수와 함께 성령과 함께 말씀과 함께 있어야 하는데 점쟁이와 함께, 어둠의 영과 함께, 흑암의 세력과 함께 있는 경우가 있습니다. 우리가 아무개를 위해서 기도할 때도 먼저 아무개를 붙잡고 있는 악한 영을 물리쳐달라고 하는 기도를 먼저 해야 합니다. 결국은 세력과 세력의 싸움입니다. 예수님도 먼저 강자 결박을 말씀하셨습니다.

왜 하나님을 모르고, 알고 싶지도 않고, 영적으로 무지하고, 무감각한 것입니까? 지난 시간도 했지만 사단이 그 영에 쇠사슬을 채워놓아서 그렇습니다. 영을 가리우고, 하나님께 나아가지 못하게 하고, 흑암의 권세 아래 묶어놓는 '바예수'같은 세력이 지금도 있습니다. 이 악한 권세를 하나님이 '파탓소' 해 주셔야 합니다.

10절과 11절입니다. "모든 거짓과 악행이 가득한 자요 마귀의 자식이요... 주의 길을 굽게 하는 자요... 보라 이제 주의 손이 네 위에 있으니 네가 맹인이 되어..." 여기서 "주의 손이 네 위에 있으니!"가 내리치시는 '파탓소'입니다.

하나님이 오늘 총독 '서기오 바울'을 붙잡고 있는 흑암의 세력을 내려치시는 것으로의 구원입니다. 마찬가지로 우리 심령과 가정과 자녀들을 붙들고 있는 어둠의 영을 내려치시는 것으로의 광명입니다. 한번의 '파탓소'가 중의적 의미가 담깁니다. 악한 세력인 '바예수' 점쟁이는 심판이지만 총독 '서기오 바울'에게는 구원의 길입니다.

구약의 다니엘서 10장을 보면 다니엘의 기도응답이 내려올 때 바사 왕국의 훼방 즉 사단의 방해공작에 의해 20일간 응답이 딜레이 됩니다. 그때 그리스도의 예표인 천사장 미가엘의 도움으로 기도응답이 임합니다. 그러니까 악한 영의 세력과 그 흑암의 권세가 장악하고 있어서 가리워지고 막혀있고 닫혀있으나 예수 그리스도께서 그 손을 들어 '파탓소'로 내려치심으로 영을 눈뜨게 하시고 기도의 응답도 허락하십니다.

에베소서 6장 12절입니다. "우리의 싸움은 혈과 육에 관한 것이 아니요 정사와 권세와 이 어둠의 세상 주관자들과 하늘에 있는 악한 영들에 대함이라! 그러므로 하나님의 전신갑주를 입으라! 이는 악한 영들을 너희가 능히 대적하고 모든 일을 행한 후에 바로 서기 위함이라!" 그런즉 "진리의 허리띠를 띠고 의의 흉배를 붙이고 복음의 신을 신고 모든 것 위에 믿음의 방패를 가지고 … 악한자의 불화살을 소멸하라! 그리고 성령의 검 곧 하나님의 말씀을 가지라!"

영적 전장에 선 군사와도 같습니다. 진리는 예수그리스도입니다. 예수로 허리띠를 띠고 십자가로 의를 삼고 복음을 전해야 합니다. 그리고 제일 중요한 두 가지가 믿음의 방패와 말씀의 검입니다. 사랑하는 성도들에게 투구와 갑옷도 있어야겠지만 그보다 방패(믿음)와 검(말씀)이 꼭 있기를 바랍니다. 방패가 방어기능이라면 검은 적극적인 공격 무기입니다.

악한 영이 우리 안에서 걱정의 불화살, 두려움의 불화살, 의심의 불화살을 쏘아댈 때 믿음의 방패가 있어야 합니다. 맨 몸으로 그것들을 다 맞으면 어찌 되겠습니까! 그래서 믿음이 중요하고 그렇게 믿음을 강조합니다. 군건한 반석위에 세움 받은 믿음이기를 소망합니다.

믿음이 방어라면 공격무기가 말씀입니다. 악한 영과 그 세력들이 제일 두려워하는 것은 하나님의 말씀입니다. 우리가 말씀을 많이 암송해야하는 것이 이와 같은 이유에서입니다. 장전해야 하는 실탄과도 같습니다.

베드로전서 5장8절입니다. "근신하라 깨어라 너희 대적 마귀가 우는 사자같이 두루다니며 삼킬 자를 찾나니 너희는 저를 대적하라!" 대적하는 것이 공격을 의미합니다. "내 속에 있는 어둠의 권세와 악한 영들은 나사렛 예수이름으로 물러갈지어다!" 외쳐야 합니다. "내 영혼아 네가 어찌하여 두려워하느냐 너는 하나님을 바라라 그 얼굴의 도우심을 인하여 네가 찬송하리로다!" 스스로 소리쳐야 합니다.

마귀가 제일 좋아하는 것은 간첩의 그것과도 같습니다. 자신의 존재를 사람들이 인정하지 않는 것입니다. 마주 앉아 대화를 해야 하는 존재인지 아니면 멀리하고 대적해야 하는지 알 때에 악한 세력은 무조건 대적합니다. 물론 이 어둠의 사망권세는 주님이 십자가에서 멸하셨습니다. 그러나 이제 주님이 다시 오셔서 불못에 던져지기 까지 마지막 발악을 할 것입니다. 우리 심령과 가정과 자녀들에게 혹시 붙어 있을지 모르는 악한 세력이 예수그리스도의 이름으로 쫓겨 가는 은혜가 있기를 기도합니다.

20. { 이런 헛된 일을 버리고... }

(사도행전 14:1~18)

바나바와 바울의 일차 선교여행 중에 일어난 일들을 통해 하나님의 말씀을 듣습니다. 오늘은 '이고니온' 이라는 곳에서 복음을 전하는 것으로 많은 사람이 예수를 믿게 됩니다. 그러나 예수를 믿는 사람들의 수가 늘어나는 것과 비례해서 예수를 반대하고 복음에 훼방을 놓는 무리들의 수는 그보다 더 맹렬히 일어납니다. 5절을 보면 유대인들이 두 사도를 모욕하고 돌로 치려했음으로 어쩔 수 없이 이웃한 루스드라 더베 성으로 도망을 갑니다.

그런데 거기서 나면서부터 걷지 못하는 장애인을 만나게 되는데 그가 바울이 말하는 복음을 주의 깊게 들은 겁니다. 바울이 그에게 구원얻을 믿음이 있는 것을 보고는 큰 소리로 "일어나라!" 하고 외치니 정말 벌떡 일어났습니다. 그래서 이제 난리가 났습니다.

이 지역이 그리스 신들의 총 본산지입니다. 신들의 왕인 제우스, 그의 아내 아프로디테 바다의신 포세이돈 등등 수많은 신들이 사람과 어울려 삽니다. 특이한 것은 신이 초월자 이면서 사람하고 결혼도 하고 거기서 자식을 낳고 끊임없이 이야기가 만들어지는 곳입니다.

놀라운 기적을 곁에서 지켜본 이 지역사람들이 바나바와 사울을 제우스와 헬메스의 현현이라고 부르면서 소와 화환을 가지고 와서 바나바와 사울에게 제사를 하려 한 것입니다. 이에 15절에서 "바나바와 바울이 옷을 찢으며 우리는 당신과 같은 성정을 지닌 사람이다. 우리가 복음을 전하는 것은 이런 헛된 일을 버리고 천지와 바다와 만물을 지으신 하나님님께 돌아오게 함이라!"

나면서부터 걷지 못하는 장애인이 고침 받는 기적이 성경에는 종종 나옵니다. 백신이 없었으니 어려서 소아마비 같은 질병에 노출되어 당시에 흔한 신체장애 중 하나였습니다. 사도행전 3장에서는 사도베드로가 성전미문에서 구걸하던 앉은뱅이에게 "금과 은 나 없으나 내게 있는 것 네게 주노니 곧 나사렛 예수이름으로 일어나 걸어라!" 한 것과 마찬가지로 오늘도 앉은뱅이가 바울에 의해 치유됩니다.

중요하게 우리가 살펴야 하는 것은 이와 같은 기적이 일어난 현장에서 이 놀라운 일을 바라보고 있는 사람들과 이 그리고 이 일을 일으킨 사도들의 반응입니다. 성경에서 일어나는 수많은 기적은 그것이 볼거리와 눈요기와 사람들의 자기만족이 아니라 그것이 무엇을 가리키고 어떤 메시지를 전하는 표적(세메이온)이라고 했습니다.

기적을 경험한 사람들에게는 '와! 앉은뱅이를 일으킨 바나바와 바울 대단한 사람이다!' 로 가면 안 되고 '예수님이 살아계신다!', '예수님이 하셨구나!', '예수님이 메시지를 주시는구나!' 이렇게 가야 합니다. 베드로가 앉은뱅이를 일으켰을 때도 그는 "우리 개인의 경건와 권능으로 이런 일이 일어난 것이 아니라 부활하신 예수님이 이 일을 하신 건데 왜 우리를 주목하냐!" 라고 했고 오늘 바나바와 바울도 자기들을 신이라고 제사하려고 하니까 "우리는 너희와 성정이 같은 허물 많고 연약한 사람이다!" 하면서 무리 중으로 뛰어 들어갔습니다.

성경은 결코 무리 중에서 나를 따로 떼어서 저 높은 곳에 두는 일을 하지 않습니다. 예수님은 하늘에서 높임 받지 않으시고 죄인이 사는 땅으로 오셔서 죄 없으심에도 죄인으로 오해받고 억울하게 십자가의 길을 가셨습니다. 십자가는 땅으로 뛰어내려 오셔서 죄인과 당신을 하나로 묶으신 사건입니다. 오늘 바나바와 바울도 무리가운데 뛰어 들어갑니다. 물론 제사하는 것 말리려고 그렇게 한 것이지만 "너희와 나는 다르지 않다!", "우리는 특별한 사람이 아니다!", "나를 바라보아서는 안 된다!"입니다. 이렇게 성경은 사람을 구별하는 일을 하지 않고 묶는 일을 합니다. 성경에서의 구별은 죄로부터의 구별이지 사람으로부터의 구별이 아닙니다.

그런데 우리는 다른 사람과 구별된 특별한 사람이고 싶습니다. 고매한 인격과 신앙과 지성으로 높임 받고 주위에 많은 사람과 재물을 두는 것으로 사람들 가운데 분리되어 떠 받들리는 자리에 있고자 합니다. 사람들이 왜 명품을 가지려 합니까? 물론 품질 좋은 물건을 갖고 싶은 마음도 있겠지만 이 정도 돈으로 산 것이면 결코 아무나 갖을 수 없는 것이기 때문입니다. 기독교는 나를 아무나 중에 하나로 넣습니다. 성도가 아무나가 아닌 높고 존귀하며 영광스러워 질 때는 오직 예수 안에서 하나님의 자녀가 되었을 때입니다.

또한 이런 말을 조심해야 합니다. "내가 기도 많이 해서 이런 권능을 받았습니다!", "내가 신앙생활 열심히 해서 이정도 일궈놨습니다!", 이게 이제 자신을 높이고 분리시키는 일입니다. 진짜는 이렇게 됩니다. "내가 기도 많이 하니까 타락한 죄성 밖에는 남은 것 없는 내 모습이 보이더라!", "신앙생활 열심히 하니까 그런 나를 하나님은 사랑하시더라!" 이렇게 자신을 낮춥니다.

신앙으로 결과 되어진 일 즉 기도의 응답이라든지 놀라운 체험을 했다든지 그것이 자기를 사람들 앞에 증명하고 드러내는 수단으로 쓰일 수 없습니다. 그래서 조심스럽지만 간증의 폐해가 여기 있습니다. 잘못하면 회개마저도 자기 자랑이 되어버립니다.

오병이어의 기적을 경험한 사람들이 예수님을 쫓아 왔을 때 예수님은 아주 불쾌하게 여기시며 그들을 물리셨습니다. "너희가 온 것은 표적을 본 까닭이 아니요 먹고 배불렀기 때문이다!" 이 예수님의 말씀을 잘 이해합니다. "아! 저분이 내 죄를 위해서 하나님이 보내신 그리스도시구나!" 가 되어야 되는데 "저 분만 있으면 먹고 사는 것 해결되겠다!"가 된 것입니다.

저 분이 누구신지에 대해서는 아무 관심 없고 그저 나의 현실적인 만족을 얻기 위한 수단으로의 예수님이 된 것입니다. 나의 죄책감을 없애주고 나의 도덕율을 높여주며 나의 기도에 응답하는 정도의 예수님으로만 머물러 있어서는 안 됩니다.

"비나이다! 비나이다! 천지신명께 비나이다! 하늘신! 땅신! 아무신이거든 내 치성을 받으시고 내 간절한 소원 좀 들어주세요!" 그리고 "안녕히 가세요!" 이런건 기독교가 아닙니다. 물론 기독교도 "하나님 제 기도를 들어주세요!"가 있습니다. "제 소원과 바램과 뜻이 이렇게 있습니다. 이것 좀 들어주세요!" 가 있습니다. 그러나 나의 만족과 바램과 뜻을 말씀드리기 전에 그 반대로 날 향하신 하나님의 뜻과 기대와 소원이 있다는 것을 아는 것이 기독교입니다.

그래서 하나님의 기대와 소원대로 날마다 하나님의 성품에 참여한 자로 만들어집니다. 신앙은 하나님과의 깊은 만남이고 친밀한 교제며 투명한 소통이며 내적 변화됨입니다. 우상숭배는 내 손으로 만든 신이기에 이런 것이 없습니다. 이기적이고 탐욕스런 내 높아짐만 있습니다.

루스드라 더베 사람들이 소와 화환을 가지고 바나바와 바울을 예배하려한 것은 그렇게 하는 것으로 자기들의 원하는 것을 얻자는 것입니다. 대번에 뛰어들어 이런 헛된 일을 버리고 천지와 바다와 만물을 지으신 하나님께로 돌아오게 하려고 우리가 이렇게 온 것이다.

기독교는 자기가 쌓은 신앙행위와 그로인해 얻게 된 소원성취내지는 고급한 신앙으로 사람들 앞에 추앙받자는 것이 아닙니다. 이렇게 되면 산속에 들어가 도를 쌓고 수행정진해서 종교적 경지에 이르고자 하는 이방종교와 다를 바가 없습니다.

대부분의 이방종교는 모든 사물 속에 신성이 녹아있다고 하는 범신론입니다. 사람 속에도 영적이고 초월적인 신성이 있는데 단지 개발이 안 되어 있습니다. 개발은 도를 닦는 것입니다. 도를 닦아서 스스로 신이 되고 스스로의 구원을 이루겠다는 것이 범신론입니다. 그러나 기독교는 내안에 초월적 가능성에 대해서 일말의 여지도 두지 않습니다. 주님이 오셔서 날 도와주지 않으면 영원멸망심판에 처해질 수 밖에 없다는 것이 기독교입니다. 이 복음을 오늘 바나바와 바울 같이 우리가 보냄 받은 곳에서 담대히 전할 수 있는 성도들이 되시길 기도합니다.

"읽는 설교"
21. { 뚜벅이로 걷는 길 }

(사도행전 14:19~28)

나면서 못 걷는 사람을 고친 일로인해 바나바와 바울을 제사하려고 제우스 신당에서 소와 화환을 가지고 온 사람들을 향해 "사람이 같은 사람을 제사할 수 없습니다!", "이런 헛된 일을 버리고 천지와 바다와 만물을 지으신 하나님을 믿으십시오!" 하고 간신히 말리며 그들을 전도했습니다. 여기까지가 14장 18절입니다. 그런데 19절에서 안타까운 일이 일어납니다. 예수를 대적하는 유대인들이 여기저기서 와 가지고는 사람들을 충동질해서 바울을 돌로 치게 만든 것입니다.

18절에서는 알아듣는 듯하더니 19절에 갑자기 나타난 사람들에게 도대체 뭔 소리를 들었는지 그들의 꼬임과 선동질에 넘어가서 갑자기 바나바와 바울에게 돌을 던집니다. 우리가 흔히 '비난하다'의 '돌 던짐'이 아닙니다. 진짜로 돌을 던집니다. 무서운 시대며 동네입니다.

오늘도 말씀드리지만 어느 시대건 선동질과 충동질이 있습니다. 선동하는 자들이 악한 자들이라면 선동질 당하는 사람은 어리석은 사람입니다. 선동에 휘말리지 않으려면 확고한 자기 신념과 소신이 있어야 하며 가치관의 정립과 함께 진리의 말씀위에 바로 서 있어야 합니다. 여기서 이 말 듣고 혹하고 저기서 저 말 듣고 혹하면 이단에 치우친 사람들과 같습니다. "너가 고난당하는 건 말씀을 몰라서 그러는 거야!", "기성교회에서 안 가르쳐 주는 거야... 여기 아주 비밀하고 신박한 게 있어!" 이런 말에 넘어가면 안 됩니다.

"사람에게 하지 말고 하나님을 예배하라!"고 하는 훌륭한 바나바와 바울 선교사님의 말씀을 듣고 은혜 받았으면 그 말씀대로 살아야 하는데 무슨 말을 들은 고로 갑자기 180도 돌변해서 죽자사자 덤벼듭니다. 사도바울이 얼마나 황망하고 괴로웠을지를 생각합니다. 신비한 것은 성경이 너무나 간단한 사건의 나열로 이 부분을 다룬다는 것입니다. 18절에 사람을 예배하지 말라고 말렸는데 19절에 꼬임에 넘어간 사람들이 바울을 돌로 쳐서 죽은 줄 알고 동네 밖에 갔다 버렸다. 20절에 바울이 다시 일어나 성으로 돌아가서 이튿날 바나바와 함께 더베로 갔다.

이 지경이 될 정도면 뭔가 이야기가 계속 전개되고 이어져야 하는데 일절 더 이상의 언급이 없습니다. 어떤 신학자는 이 본문을 대하고 있으면 무섭기까지 하다고 했는데 그 말이 무슨 말인지 조금은 이해할 수 있습니다.

이런 끔찍한 상황이라면 뭔가 맵다 짜다 쓰다 달다가 있어야 하는데 그런 언급이 전혀 없습니다. "저 사람들이 어찌 저럴 수 있습니까!", "어찌 손바닥 뒤집듯이 저럴 수가 있습니까!" 바울이 무슨 로버트나 기계도 아니고 "죽은 줄 알고 사람들이 갔다 버렸는데 제자들이 오니까 다시 일어나서 그 성으로 들어갔다!"가 끝입니다.

인생을 살고 신앙생활을 하다보면 때로는 로버트가 되어야 할 때도 있다고 봅니다. 이렇게 저렇게 생각하고 감정이입 되면 견딜 수가 없습니다. 모든 생각을 중지해야 합니다. 어쩔 땐 너무 기가 막혀서 기도가 안 나옵니다. 그럼 그냥 앉아 있는 것이 기도입니다. 괴로워하는 그 시간의 외침이 그냥 기도입니다. 사실 시편의 기도들이 대부분 이와 같습니다. 사랑하는 성도 여러분! 어디 갔더니 교회 다니면 무병장수 만사형통하고 고난과 환란 일절 없다는 말을 들으시거든 여기가 이단 삼단이구나 하면 틀림없습니다. 오늘 본문 22절에서 사도바울은 "우리가 하나님 나라에 들어가려면 많은 환란을 겪어야 할 것이라!" 말씀하십니다.

예수님도 말씀하셨습니다. "너희가 세상에서 환란을 당하나 담대하라! 내가 세상을 이기었노라!" 하셨고 사도바울은 로마서에서 "우리가 자녀이면 곧 상속자요 그리스도와 함께 상속자 된 자로서 고난도 함께 받아야 할 것이라!", "우리의 잠시 받는 환란의 경한 것이 지극히 크고 영광의 중한 것을 이루게 함이라!", "환란은 인내를 인내는 연단을 연단은 소망을 이룬다!" 야고보서에도 "너희가 여러 가지 시험을 만나거든 온전히 기쁘게 여기라 이는 너희 믿음의 시련이 인내를 만들어 내는 줄 앎이라!"

이 말씀들을 잇게 되면 깊은 고난은 인내를 만들고 그 인내는 연단된 인격을 만들며 그것이 곧 영광의 중한 것 곧 우리를 향하신 하나님의 소망을 이루는 것이다. 그래서 하나님의 성품과 속성에 참여한 자가 됩니다. "하나님이 이렇게 오래 참으시며 나를 사랑하시는구나!" 하고 하나님을 알게 됩니다.

그래서 어떨 땐 말이 필요 없습니다. "억울하다!", "오해다!", "열 받는다" 이런 말들이 다 없습니다. 쓰러지면 그냥 로버트처럼 다시 일어나 가던 길 뚜벅이로 가는 겁니다. 그리고 어제 하던 것 오늘도 하는 겁니다. 사도바울도 예수님도 그저 입력된 길을 갈 뿐입니다.

예수님은 사람들의 오해와 제자들의 배신 거짓된 모함과 조롱 억울함과 고통 이 모든 십자가의 길에 동반되는 것들을 뒤로하고 그냥 뚜벅이로 자기 길을 가셨습니다. 일일이 대꾸하고 항변하고 신원하고 그런 일을 일절 하지 않으십니다.

오늘 예수님이 예루살렘 성에 입성하시는 종려주일입니다. 예수님은 당신의 도성에 입성하시지만 영광의 보좌에 앉으시는 것이 아니라 십자가라는 능욕과 고난의 자리를 당신의 보좌로 삼으셨습니다. 예루살렘성에 들어가면 자기들 좌우편 앉게 해달라는 제자들의 부탁에 예수님은 너희들이 뭘 구하는지 모른다 하셨습니다. 좌우편은 영광의 좌우편이 아니라 십자가의 좌우편입니다.

예수님이 나귀타고 예루살렘성에 입성하시자 사람들이 종려나무 가지를 흔들며 호산나 찬송하며 예수님을 환영했습니다. 그런데 이 사람들이 어찌된 일인지 일주일도 안 돼서 예수를 십자가에 못 박으라고 외치고 있습니다. 오늘 사도바울의 경우와 마찬가집니다. 그들이 이렇게 돌변했던 것은 자기들이 원하는 것을 이루어주는 예수님이 아니었기 때문입니다.

차라리 저 바라바는 대 놓고 살인자 나쁜 놈이지만 예수님에게는 뭔가 기대를 했었는데 저 엄청난 능력을 가지고 있으면서도 저렇게 힘없이 잡혀온 예수님이 미운 겁니다. 그래서 차라리 바라바를 놔 주고 예수를 못 박으라고 외치고 있습니다.

예수님은 우리의 원하는 것을 이루어 주시는 분이기 보다는 우리에게 정말 꼭 필요한 것을 주시는 분이십니다. 하나님이 주시고자 하는 것에 귀 기울이고 거기에 호응해야 합니다. 우리에게 부활과 영생과 천국을 주시기 위해 지금 가시는 십자가의 길입니다. 십자가의 고난과 죽음으로 모든 것이 끝난 줄 알았는데 부활과 영광과 천국을 우리에게 보이셨습니다.

더 나아가 이제 우리의 원하는 것을 주시기까지 주님께서 우리에게 바라시는 것은 십자가에 대한 바른 이해와 함께 믿음입니다. "그 아들을 아끼지 아니하시고 우리에게 내어주신 이가 어찌 그 아들과 함께 모든 것을 은사로 주지 않으시겠느뇨!" 말씀하시는 주님의 마음을 헤아려야 합니다. 아무리 힘든 자리에 있다 해도 그것이 영광의 자리로 가는 길이라는 것을 의심치 마시기 바랍니다.

NO CROSS NO CROWN

22. { 율법과 율법주의 }

(사도행전 15:1~11)

　오늘 말씀의 포인트는 1절의 "너희가 모세의 법대로 할례를 받지 않으면 능히 구원을 받지 못하리라!"입니다. 이 의문에 대한 반박으로서 11절이 결론입니다. "그러나 우리와 동일하게 주 예수의 은혜로 구원을 받는 줄을 믿노라!" 오늘은 흔히 '율법주의'라고도 하고 또는 '행위주의'라고도 하는 말이 무엇인지 살피도록 합니다.

　성경은 우리가 구원을 받고 하나님의 자녀가 되는 일에 있어서 우리가 무슨 일을 해서 얻는 것이 아니라고 말씀합니다. 하나님의 자녀됨이라는 결과를 얻기까지 그 원인이 내게 없고 오직 하나님과 나 사이의 속죄제물(화목제물)이 되신 예수님의 십자가 보혈로 되어진 일인 것을 강조합니다. 그런데 예수님의 십자가 보혈로는 우리의 구원이 불충분하기에 우리의 것을 이것 저것 첨가해야 한다고 했을 때 이 모든 주장은 다 율법주의가 됩니다. 여기서 첨가는 선행, 종교행위, 신비체험, 오늘 본문에 기록된 할례 등등의 것들을 지칭합니다.

　내가 무엇을 해서 받은 것이 아니듯이 무엇을 안 했다고 해서 못 받는 게 아니라고 하니까 이제 어려움이 있습니다. 사람은 어떤 결과를 얻기까지 그 근거를 자기에게서 찾는 것에 익숙합니다. 내가 해서 받는 것이고 안 하거나 못해서 못 받은 것입니다. 그런데 기독교는 내가 한 게 없는데 결과가 내게 주어졌다고 합니다. "십자가라는 원인이 오늘의 '구원받은 나'라고 하는 결과를 만들어 냈다!"입니다.

　오직 믿음으로 구원 얻는 성구들입니다. "우리가 그 은혜를 인하여 믿음으로 말미암아 구원을 얻었으니 이는 너희에게서 난 것이 아니요 하나님의 선물이라 행위에서 난 것이 아니니 자랑치 못하게 하심이라."(엡2:6), "율법 외에 하나님의 한 의가 나타났으니 곧 그리스도를 믿는 믿음으로 말미암는 의니 헬라인이나 유대인이나 이방인이나 차별이 없느니라... 그런즉 자랑할데가 어딨느뇨!"(롬3:21~), "할례자들이 스스로 율법을 지키지 않으면서 할례를 말함은 저희 육체로 자랑을 삼기 위함이라 우리의 자랑은 오직 십자가자랑이라!"(갈6:13) 그리고 오늘 11절이 "우리와 동일하게 주 예수의 은혜로 구원받는 줄 믿노라!"입니다.

여기서 반복되는 단어가 있습니다. 그것은 '자랑'과 '차별'입니다. 하나님이 왜 오직 은혜로 우리를 구원하시냐면 이것을 못하게 하려고입니다. '자랑'과 '차별'은 사실 하나의 정황 속에서 일어나는 두 국면입니다. 자랑은 스스로를 높이는 것이라면 차별은 다른 사람을 낮추고 깔보는 것으로 나를 높이는 일입니다.

타락한 죄성을 지닌 인생이 하나님 앞에 악한 본성으로 대적하는 것이 있습니다. 그것은 스스로에게 구원의 가능성과 근거를 확보하는 일입니다. 하나님 없이도 살 수 있고 내 구원을 이룰 수 있다는 교만입니다. 아담과 하와가 선악과를 먹은 것도 여기에 기인합니다. 하나님의 약속과 통치가 없어도 살아가는데 아무 문제없다는 것이 바로 죄의 뿌리입니다.

은혜를 말하는 성도의 삶의 자리 구석구석에 '자랑'과 '차별'이 있습니다. 사람차별, 동네차별, 신분차별, 인종차별 등등 수 많은 차별이 있습니다. 정의와 대의로서 차별은 분명히 성경에 어긋납니다. 그렇다면 차별을 금지하는 법안을 만드는 것에 왜 목사님들이 반대합니까? 여기서 차별금지법에 대해 잠깐 언급합니다. 현재 국회에서 추진 중인 '포괄적 차별금지법'은 '보편적 의사 처벌법'이기 때문입니다. 대부분의 경우 차별은 법으로 금지해야 하는 것은 맞습니다.

그러나 독소조항이 있습니다. 성적 취향의 자유를 쫓는 동성애자들이 대낮에 팬티만 입고 온갖 난잡하고 음란한 퍼레이드를 벌이고 있을 때 그들을 향해 "저런 행위는 도저히 우리 사회가 용인할 수 없는 반사회적이고 반윤리적인 행위다!" 라고 말하는 것까지 처벌하는 악법이기 때문입니다. 보편적 의사는 곧 사회공동체 구성원이 가지는 공통된 정서와 윤리입니다. 틀린 것을 향해 "틀렸다!"라고 말하지 못하게 하는 세상입니다. 동성애자들은 전면에는 차별금지라는 간판으로 소수자 약자코스프레 하고 있지만 실지로는 이 법안 통과로 자신들의 정치적 입지를 강화하려는 노림수입니다.

물론 이들도 우리가 불쌍히 여겨야 하는 선교의 대상인 것만큼은 틀림없다는 데에는 역시 차별을 두지 않습니다. 성도는 그 어떤 사람을 향해서도 차별과 혐오와 경멸, 업신여김과 무시, 멸시, 깔봄 이런 것 가질 수 없습니다. 그러나 사실 뿌리 깊습니다. 이건 우리나라뿐만 아니라 세계 사람들이 다 마찬가집니다. 유대인의 폐쇄성은 이미 널리 알려진 바입니다. 예수님이 율법사에게 누가 네 이웃이 되겠느냐 물으시자 차마 '사마리아인'이라고 입에 담기 싫어서 '자비를 베푼 자'라고 대답합니다. 백인우월주의자들의 인종차별 또한 말 할 것도 없습니다.

이전에 신학교 교수님이 미국에 유학 갔을 때 우리로 하면 권사님 정도 되는 집에 머문 적이 있었다고 합니다. 동양에서 온 유학생을 잠시 섬긴 것입니다. 그런데 그 집 아이가 나오면서 "엄마! 시커먼 사람은 봤는데 누런 사람은 처음 봐!" 그러더랍니다. 거기까진 뭐 그랬는데 또 묻기를 "엄마! 이 사람도 우리가 가는 천국 가?", 엄마 왈 "천국 가긴 하겠지 하지만 우리와는 있는 곳이 다르겠지..." 이게 소위 믿음이 있다고 하는 미국성도의 의식입니다.

유대인들이 할례 받아야 너희가 구원 받는다 했을 때 6절에서 사도와 장로들이 이 일을 의논하러 모였습니다. 많은 변론이 있을 후에 베드로가 일어납니다. 하나님은 오래전부터 이방인들에게 복음을 전하게 하려고 준비하셨다. 우리와 같은 성령을 주셨다. 저들은 율법을 받지도 알지도 지키지도 않았지만 우리에게 주시는 구원을 똑 같이 주셨다. 차별이 없고 우열이 없다. 그렇다면 "하나님은 왜 율법을 주셨냐?" 했을 때 율법으로야 죄를 깨닫기 때문입니다. 법이 없으면 범법도 없고 준법도 없습니다.

예수님이 마태복음 5장에서 "너희가 살인하지 말라하는 말을 들었으나 나는 너희에게 이르노니 미워하는 자마다 살인한자다!", "간음하지 말라는 말을 들었으나 음욕을 품은 자는 이미 간음했다!", "형제를 사랑하고 원수를 미워하라는 말을 들었으나 원수를 사랑하고 박해하는 자를 위해 기도하라!", "오해하지 마라!", "내가 율법을 개정하거나 폐하러 온 것이 아니라 완전케 하려고 왔다!"

"'미움' '음욕' '원수사랑'은 너희가 할 수 있는 일이 아니다!", "율법을 단순히 겉으로 간음 안 하고 살인 안 하는 것으로 알았다면 율법을 불완전하게 안 거다!", "살인의 씨인 미움과 간음의 씨인 음욕이 너희 안에 있다는 것을 알 때 율법은 완전해진다!"

속은 시커먼 음욕과 미움으로 가득하면서 "나 간음 안했다!", "나 살인 안했다!", "나 율법 지켰다!" 했는데 예수님이 율법을 완전케 하시니까 이제는 여지없이 다 걸려들게 됩니다. 그래서 율법이 1차적으로 하는 일은 "네가 죄인이다!" 임을 선포합니다. 그리고 2차적으로 하는 일이 "빨리 십자가로 뛰어가라!"입니다. 몽학선생입니다. 어려서는 무서운 가정교사이지만 그 집안의 종입니다. 그러나 그의 훈육으로 자녀는 바르게 큽니다.

10절에 베드로가 율법을 지켜야 구원받는다고 말하는 자들에게 강변합니다. "왜 우리와 우리 조상들도 메지 못했던 멍에를 저들에게 지우려하느냐 그들도 우리와 동일하게 구원받는다!"

율법이 하는 일이 우리를 십자가와 은혜로 나아가게 하는 기능이라면 그 이후에는 폐기해야하는 것인가? 물론 제사법으로서의 율법은 예수님의 십자가로 폐기 되었습니다. 그러나 사람사이에 지켜야 할 사회법의 정신은 지금도 유효합니다. 율법의 정신은 조문으로서의 법이 아닙니다.

율법은 한마디로 "목숨과 마음과 뜻을 다 해서 하나님을 사랑하고 네 이웃을 네 몸과 같이 사랑하는 것"으로 귀결됩니다. 율법은 사랑하라는 명령입니다. 네 몸과 같이 사랑입니다. 네 몸과 같지 않을 때 차별과 업신여김, 멸시, 경멸, 조소, 비난입니다. '네 몸과 같이' 라면 이와 같은 행위는 결코 할 수 없습니다.

모든 삶의 자리에서 '자랑'과 '차별'이 아니라 은혜에 대한 감사만이 넘쳐나는 성도가 되시길 축복합니다.

23. { 관계적 구원 }

(사도행전 15:22~29)

앞선 6절에서 "사도와 장로들이 이 일을 의논하러 모여 많은 변론이 있을 때…" 이 일은 예수만 믿어서는 구원 못 받고 할례 즉 율법을 지켜야 한다는 논쟁에 대해서 베드로가 일어나 강변합니다. 율법을 받은 우리 유대인이나 율법과는 아무 상관없는 이방인이나 차별없이 하나님의 구원이 오직 예수그리스도의 은혜로 주어졌다. 같은 성령과 같은 구원을 주셨다. 13절에서 베드로가 말을 마치자 야고보가 일어나 마지막으로 이 문제를 결론짓습니다.

지금 예루살렘교회 공의회가 열린겁니다. 당시 공의회의장으로서 그리고 예루살렘교회의 초대감독이자 최고지도자는 예수님의 동생 야고보입니다. 로만 카톨릭이 예루살렘교회 초대감독을 베드로라고 주장하고 무려 500년이 지나서 베드로의 천국열쇠를 그레고리 1세가 이어받았다고 우격다짐하는데 학자들의 중론은 예루살렘교회 초대감독은 야고보였다는데 의견을 같이합니다. 이전에 베드로가 감옥에서 나올 때도 사람들에게 이 일을 야고보에게 전(보고)하라고 했습니다.

야고보는 말하길 구약 선지자들의 말씀도 이와 일치한다. 아모스 선지자도 "다윗의 무너진 장막을 세울 때 남은 자들과 모든 이방인들로 주를 찾게 함이라!"하셨다. "그러니 더 이상 이방인들을 괴롭게 말고 단지 당시 사회악습인 우상의 제사와 목매어 죽은 것과 음행을 멀리하게 하자!" 하고 11절에서 "우리는 그들이 우리와 동일하게 주 예수 그리스도의 이름으로 구원얻는 것을 믿노라!" 한 베드로의 말을 받기로 동의제청 받고 결의하며 고퇴로 꽝꽝꽝 세 번 쳤습니다.

그럼에도 불구하고 그때나 지금이나 끊임없이 태클이 들어옵니다.

24절 말씀과 같이 "들은즉 우리 가운데서 어떤 사람들이 우리 지시도 없이 나가서 말로 너희를 괴롭게 하고 마음으로 혼란케 한다!"가 들리는 것입니다.

그래서 '오직 예수구원'을 생명처럼 여기는 바나바와 바울을 다시 보내기를 만장일치로 결정했다. 중요한 것은 28절입니다. "성령과 우리는…"이라는 표현을 씁니다. 성령과 교회의 결정을 같은 권위에 놓습니다. 교회의 권위는 성령의 권위고 성령의 권위는 곧 교회의 권위입니다.

교회의 지시를 따르지 않는 그들이 노리는 것은 성도들로 하여금 두렵게 하고, 의심케 하며, 흔들어 놓는 것입니다. 오직 믿음으로 구원을 얻는다고 하는 기독교 신앙의 근간과 뿌리를 흔드는 세력이 어느 시대나 독버섯처럼 우후죽순 생겨납니다.

오늘 이후로 그 누가 와서 말로 성도를 괴롭게 하고 마음으로 혼란케 하는 일이 없음을 믿습니다. 그런데 사실 오직 믿음으로가 아닌 행위로 구원받는 것 같은 구절이 성경에는 종종 등장합니다.

이를테면 마태복음 7장에서 "나더러 주여 주여 하는 자가 천국 가는 것 아니라 내 아버지의 뜻대로 행하는 자라야 들어가리라 그때 많은 사람이 나더러 와서 이르되 내가 주의 이름으로 선지자노릇하고 불도 내렸잖습니까? 내가 도무지 널 알지 못하니 불법을 행하는 자야 내게서 떠나가라!" 이어서 기록된 "좋은 열매를 맺는 나무는 구원받지만 나쁜 열매를 맺는 나무는 찍혀 불에 던지운다!" 이런 말씀들을 보면 행위를 강조하는 것 같습니다.

마태복음 25장으로 가도 마찬가집니다. 믿음의 기름을 여분으로 준비한 지혜로운 5처녀는 결혼식에 참여하지만 준비하지 않은 미련한 5처녀는 버림받게 됩니다. 여기서도 준비하는 것은 사람의 행위입니다. 이후 양과 염소의 비유에서도 작은 소자를 돌봐준 자는 곧 구원받지만 그렇지 않은 자는 역시 버림받습니다. 천국과 지옥의 구분이 사람의 행위에 있음을 나타내는 본문으로 비춰일 수 있습니다.

그러니까 하나님의 뜻을 행하고, 좋은 열매를 맺으며, 믿음의 기름등불을 준비하고, 소자를 잘 돌봐주는 것으로의 구원이라면 다분히 행위구원입니다. 하나님이 원하시는 자격과 조건과 실력을 갖추는 것 즉 하나님이 요구하시는 평가기준에 부합하는 것으로의 구원인 듯 보여집니다.

우리는 평가와 그에 따른 커트라인 점수에 익숙합니다. 우리의 구원이 마치 몇 점 이상은 합격이고 그 밑은 다 불합격이라는 절대평가나 이번에 100명 뽑으니까 실력에 따라 줄 세워서 100등 밑으로는 다 떨구는 상대평가 같은 기준으로 이루어지는 구원인지를 물어야 합니다. 그래서 0.1점 모자라서 탈락이고 아무리 올해 시험 잘 봤어도 그해 실력자들이 몰려서 안타깝게 101등으로 떨어지는 그런 천국이냐는 것입니다.

성경에서 말하는 구원은 이렇게 기계적인 것이 아니라 관계적 차원입니다. 천국 문 앞에서 조마조마 내 인생의 오엠알카드가 내 행위의 총 점수를 매겨서 당락을 결정하는 게 아닙니다. 성경에서 말하는 구원은 아버지가 잃어버린 아들을 찾아오는 것입니다. 정확히는 아버지 싫다고 도망간 아들을 데려오는 것입니다. 가족이라는 피와 눈물이 있는 관계에 의한 구원입니다. 다소 이해를 위해 예수천국 불신지옥 같이 도식화 되고 기계적인 부분이 없지 않지만 기독교는 아버지가 아들을 데려오는 것이지 실력 있는 자를 데려오는 게 아닙니다.
저 분을 내 아버지 삼으려고 저 분의 요구를 만족시킬 수 있는 실력을 쌓는 것이 아니라 저 분이 내 아버지이기 때문에 내 아버지의 기쁨이 되는 삶을 살 뿐입니다. 이것이 성경이 말하는 구원과 행위의 함수입니다. 구원은 내가 어떤 존재인지를 알고 어떤 신분인 줄을 확인하는 것입니다. 그래서 믿음이 좋은 거는 아버지가 확실한 겁니다. "아버지가 아닌가? 계부인가? 나한테 하는 것 보면 아무래도 진짜 같지가 않아!" 이런 게 믿음이 없는 겁니다.

"하나님이 세상을 이처럼 사랑하사 독생자를 주셨으니 이는 저를 믿는 자마다 멸망치 않고 영생을 주려 하심이라 … 믿지 않는 자는 하나님의 독생자의 이름을 믿지 않음으로 이미 심판을 받았느라!"에서 '믿는 자'에 포인트를 맞추면 안 되고 '주셨으니'에 맞춰야 합니다. 하나님이 아들을 주셔서 나를 이미 구원하셨다는 것을 믿는 거지 믿음을 내고 그 결과로 구원 받는 게 아닙니다. 믿지 않는 자가 이미(already) 심판이듯이 믿는 자는 이미(already) 구원입니다.

로마서 5장 8절입니다. "우리가 아직 죄인 되었을 때에 그리스도께서 우리를 위해 죽으심으로 하나님께서 우리에 대한 자기의 사랑을 확증하셨다!" 이 말씀이 이토록 중요합니다.

혹 내 집에 들이려는데 실력이 없다면 일단 들이고 나서 실력을 기르십니다. 도리어 100점을 맞아도 아들이 아니면 안 들이는 것입니다. 그러나 아버지는 자녀가 실력 있기를 바라십니다. 여러분의 자녀들이 학교에서 100점 맞아 오면 부모는 기쁜겁니다. 그렇다면 실력이 있다는 것은 무엇입니까? 하나님의 뜻대로 행하고, 좋은 열매를 맺으며, 믿음의 기름등불을 준비하고, 작은 소자를 돌봐주는 것입니다.

그래서 성경은 '좋은 열매를 맺어야 구원받는다!'의 싸움이 아니라 '좋은 열매 맺는 나무인 것을 확인해라!'입니다. 좋은 나무가 좋은 열매를 맺는 것이고 나쁜 나무니까 나쁜 열매를 맺습니다. 결국은 너가 어떤 존재인지를 묻고 있습니다. 존재는 관계를 통해서 그 내용이 들어납니다. 그런 의미에서 성경의 구원은 아는 자의 구원입니다. 미련한 5처녀에게 주님은 "내가 널 모른다!" 그러십니다. 하늘에서 불을 내리고 선지자 노릇했던 자들에게도 주님은 "내가 너희를 도무지 모른다!" 그러십니다. 즉 구원은 미리 아는 자의 구원입니다.

내가 너를 이름으로 알았고 지명하여 불렀고 너는 내 것이라 했기 때문입니다. 하나님이 미리 아신 자들이고 그 아들의 형상을 본받기 위해 미리 정하셨으니.. 미리 정하신 자들을 부르시고 정하신 그들은 의롭다 하시고 의롭다 하신 자들을 영화롭게 하셨느니라!

그런 의미에서 이단들은 모두가 다 기계적 구원입니다. 천국 문 앞에서 "주일을 몇 번 범하고 십일조 몇 번 떼어 먹었으니 탈락!" 이러고 있습니다. 그리고 관계를 깹니다. 마태복음 10장에 기록된 "내가 세상에 화평을 주러온 줄 생각지 말라 화평이 아니라 검을 주러왔다 부모와 자식이 불화하고 원수가 될 것이다..!" 이 말씀은 결코 함께 할 수 없는 하나님 나라와 세상나라의 충돌을 말씀하신 본문이지 가정을 깨는 본문이 아닙니다.

"너 부모가 지옥 간다고 너도 갈래!" 로 세뇌시켜 찾아온 부모에게 "당신이 뭔데 나를 찾아왔냐!" 고 가르칩니다. 사도바울은 "내가 차라리 저주받아서 지옥가도 내 골육이 구원받는다면 나는 그 길을 택하겠다!" 했습니다. 금송아지 사건으로 하나님께서 "이 백성 멸하고 너로 새 백성 삼는다!" 하셨을 때 모세는 "하나님! 그럴 수 없습니다!" 하며 백성과 자신을 하나로 인식했습니다.

오래전 박태선 장로가 전국교회에 성도들을 미혹할 때 천안에 한 교회성도들끼리 분쟁이 일었습니다. 꾀이러 온 사람들이 "너 그럼 너네 목사님이 지옥 간다고 너도 갈래?" 할 때 그 남아 있던 사람들이 "그래 우리 목사님 지옥가면 나도 간다!" 그랬답니다. 마찬가집니다. "네 남편이 지옥 간다고 너도 갈래?", 이런 식으로 나오면 "그래 내 남편 지옥가면 나도 간다!" 이게 관계고 사랑이며 기독교입니다. 솔로몬의 판결에서 "아이를 자르라!" 했을 때 자르자는 게 아닙니다. 관계를 알자는 것입니다.

 하나님은 당신의 아들을 세상에 내어 주셔서 세상과 아들을 하나로 묶으셨습니다. 머리와 몸으로 하나 되게 하셨습니다. 결코 몸 따로 머리 따로 일수가 없고 두 개로 나뉠 수는 더더욱 없습니다. 예수님과 내가 어떤 관계인지를 깊이 이해하는 오늘이기를 축복합니다.

24. { 바나바 }
(사도행전 15:36~41)

36절입니다. "바울이 바나바에게 이르되 우리가 주의 말씀을 전한 각 성으로 다시 가서 형제들이 어떠한가 방문하자!" 제안합니다. 1차 선교여행에서 전도한 성도들이 진리가운데 잘 세움받고 있는지 아니면 이단사설이 들어와 있지는 않은지 확인하기 위함입니다.

그런데 문제가 생깁니다. 바나바는 일차선교여행에서 수행원으로 함께한 마가요한을 데리고 가자 하고 바울은 반대합니다. 지난번 선교여행 중에 마가요한이 힘들다고 돌아갔기 때문입니다. 바울은 대번에 "그 놈은 금수저라 안됩니다! 조금만 힘들면 또 다시 돌아갈 텐데 그러면 일정에 큰 차질이 일어납니다!", 바나바는 "그래도 다 크는 과정인데 한 번만 더 믿어보고 데리고 갑시다!" 하며 옥신각신 하다가 큰 다툼이 일어납니다.

마가요한은 우리가 잘 아는 '마가의 다락방' 주인집아들입니다. 여기서 120명이 모여 성령을 받았는데 벌써 120명이 들어갈 정도의 사이즈 집이면 부유층이 틀림없습니다. 아직 어리고 인생경험이 없으며 고생을 안 해봤습니다. 그래서 주님을 향한 순수한 열정은 있지만 현실적으로 조금만 힘들면 그냥 모든 걸 놓아버립니다.

힘든 일이 있을 때 그것을 견딜 수 있는 맷집이 있기를 소망합니다. 힘들면 그냥 힘들면 됩니다. 아프면 그냥 아프면 됩니다. 그 시간을 외면, 부인, 거부하지 않고 받아드리면서 시간은 지나는 것이고 나는 단련됩니다. 문제 앞에 굴복하고 도망가지 말고 그것을 감내하고 극복할 수 있는 우리 모두이기를 기도합니다. 우리의 삶이라고는 것은 어차피 문제의 연속이니까요.

마가요한은 온실에서 자란 부잣집 아들이라 주의 일을 감당하기에는 멘탈이 너무 나약했습니다. 그러나 우리가 또 마가요한을 뭐라 할 수 없는 것은 우리 모두가 다 연약하고 나약한 시간이 있었다는 것입니다. 마가요한은 이후에 마가복음의 저자가 됩니다. 마가복음은 원복음서라 해서 신학적으로 매우 중요한 위치에 있습니다. 모든 복음서의 어머니 격이 됩니다. 다른 복음서 저자들이 마가복음을 참고해서 자기들의 복음서를 기록합니다.

마가요한이 마가복음의 저자가 되기까지 그를 끝까지 믿고 함께하고 기다려준 사람은 바나바였습니다. 바울은 이 때 마가요한을 내 친일을 후회하며 제자 디모데에게 "너가 올 때 마가요한을 데려오라 저가 내게 유익하다!"라는 편지를 씁니다. 내심 자신의 잘못임을 시인하는 구절입니다.

한 사람이 한 사람 되기까지 어린아이가 사람구실 하는 성숙한 어른이 되기까지 '기다리는 시간'이 있고 그 시간은 곧 '자라나는 시간'입니다. 지난 시간 우리의 구원이 기계적 구원이 아니라 관계적 구원이라 했습니다. 천국 문 앞에서 인생커트라인 점수 받아 들어가는 게 아니라 잃어버린 아들을 찾아 집에 들이는 것입니다. 관계적 구원이기에 거기에는 오랜 기다림과 애통과 눈물과 아픔과 갈등이 있습니다. 기계적 구원은 이런 것 없습니다.

바나바는 마가요한을 기다려 줬지만 바울은 그렇지 못했습니다. 위대한 사도 바울도 이렇듯 부족한 점이 있습니다. 성경은 바울이라고 해서 치장하고 덧입히지 않습니다. 바울은 바나바의 말에 따랐어야 합니다. 선교팀의 팀장격이 바나바이며 대변인이 바울이고 수행원으로서의 마가요한입니다. 따지고 보면 바울이 바울 되기까지도 누구 때문입니까? 바나바입니다. 바울의 회심을 아무도 믿어주지 않고 모두가 "스파이 공작일 수 있다!" 할 때 고향 다소에 있는 바울을 데리고 와서 예루살렘교회에 세우며 그의 회심을 보증해 준 사람이 바나바입니다. 바나바가 없다면 바울도 없습니다.

마가요한의 문제로 해서 바나바와 바울은 선교행선지가 갈라서게 됩니다. 그렇다고 문제 있는 사람 안 데리고 가겠다는 바울을 잘못했다고 할 수도 없습니다. 그러나 바나바가 바울보다 훌륭한 인격자였다는 것은 분명합니다.

이제 후로 사도행전 16장부터는 바나바는 등장하지 않습니다. 그러나 바울보다 더 큰 하나님의 역사가 있었음을 의심치 않습니다. 이 모든 것을 기록하기에는 이 세상이라도 둘 곳이 없기에 바울의 선교행적만 수록됩니다. 또 다른 이유는 바나바가 마가요한을 데리고 구브로로 가고 바울은 실라를 데리고 수리아로 갈 때 이 책의 저자인 누가가 바울의 선교팀에 합류합니다. 그래서 이제까지는 '바나바와 바울이…'로 시작했는데 16장부터는 '우리가…' 일인칭 복수가 사용됩니다.

하나가 되어야 할 선교팀에 분쟁이 생긴 것은 분명히 온당치 못한 일입니다. 그러나 이 일로 해서 복음이 유럽으로 건너가게 되는 계기가 마련됩니다. 사람들의 부족함을 정당화 할 수는 없습니다. 그러나 그것마저 사용하셔서 하나님은 복음을 전 세계로 뻗어나가게 하십니다. 하나님이 지금 무엇을 하시는지 보아야 합니다.

하나님은 오늘도 복음이 전파 되게 하십니다. 마태복음 24장에서 제자들이 예수님께 묻기를 "언제 세상의 종말이 옵니까", 했을 때 "도처에 지진과 기근과 전쟁이 있고 거짓선지자와 적그리스도가 일어날 것이다! 사람들 마음에 사랑이 식어진다! 그러나 아직은 끝이 아니다! 복음이 천하만국에 전파된 후에라야 그제서야 끝이 오리라!"

근데 이걸 이제 해석함에 주의를 기울입니다. 모 선교단체는 복음이 지구 한 바퀴를 돌아서 다시 예루살렘으로 들어갈 때 비로소 천하만국에 복음이 전해진 것인데 이슬람권에 막혀서 돌지를 못하고 있다. 이슬람권을 뚫어야 비로소 예수님이 오신다. 우리가 열심과 충성이 모자라서 예수님의 재림이 지연되고 있다. 마치 재림지연의 책임이 우리에게 있는 것처럼 선동합니다. 이게 어느 정도 맞는 말이기는 하지만 너무 멀리 갔습니다.

이단은 거짓된 것을 참된 것으로 곡해하기도 하지만 부분을 전체인 것처럼 또는 전체를 부분인 것처럼 호도합니다. 지엽적이고 말단에 속한 것을 본질로 왜곡하는지 분별할 수 있어야합니다.

거의 모든 이단의 뿌리에 세대주의가 있습니다. 언약시대에는 언약준수, 구약시대에는 율법준수, 은혜시대에는 믿음으로 이렇듯 모든 시대마다 구원의 양상이 다르다는 것이 세대주의입니다. 어느정도 맞는 말이지만 전부는 아닙니다. 세대주의의 맹점은 이단이 자라나기 딱 좋은 토양을 제공했다는 것입니다. 성경은 모든 시대에 걸쳐 오직 은혜구원을 말씀합니다.

다시 갑니다. 하나님은 천국복음을 모든 민족에게 전하십니다. 그 일에 부름받은 바나바와 바울입니다. 이 분들은 15장 25절의 표현처럼 "그리스도의 이름을 위하여 생명을 아끼지 아니하는…" 분들입니다. 그러나 이 분들이 예수님의 재림을 앞당기기 위해 이렇듯 열심을 내는 것이 아닙니다. 재림의 때는 오직 하나님의 주권에 맡기고 오늘 맡겨진 사역에 최선을 다 할뿐입니다.

빌립보서 1장 12절 이하를 보면 사도바울이 로마 감옥에 갇혀있으면서 이런 고백을 합니다. 나의 갇힘으로 성도들이 실족한 게 아니라 "우리 사도바울이 갇히셨으니 우리라도 더욱 분발함으로 복음을 전하자!" 해서 오히려 복음전파에 힘을 더하더라! 또 경쟁관계에 있던 측에서는 "사도바울이 갇혔으니 지금은 우리가 선교의 역량을 더욱 강화할 때다!" 해서 더욱 선교에 열심을 내더라!

15절 이하입니다. "어떤 이들은 투기와 분쟁으로 어떤 이들은 착한 뜻으로 그리스도를 전파하니 .. 그들은 나의 매임에 괴로움을 더할 줄 알고 순수하지 못하게 다툼으로 그리스도를 전파하느니라.. 겉치레로 하나 참으로 하나 무슨 방도로 하든지 전파되는 것은 그리스도니 나는 기뻐하고 또 기뻐하노라!"

하나님은 지금도 복음을 전하게 하기위해 당신의 사람들을 부르시고 세우시며 보내십니다. 그리고 그들의 갈등마저도 복음전파에 한 방편이 되게 하십니다. 얼마나 하나님이 복음전파에 전력을 기울이시고 계신지 깨닫는 은혜가 있기를 기도합니다. 어떤 모습이 되었든 우리 모든 성도들의 삶을 통해서도 오늘도 천국복음이 전해지는 하루이기를 축복합니다! 하나님이 크게 기뻐하실 것입니다!

25. { 하나님이 일하시는 방법 }

(사도행전 16:1~15)

하나님은 복음을 전하는 일을 하십니다. 복음이 전해져야 세상이 구원을 받을 수 있기 때문입니다. 지난 시간에는 하나님이 무슨 일을 하고 계신지 알아봤다면 오늘은 하나님이 어떤 방식으로 일하시는지 살피도록 합니다. 하나님이 일하시는 방법은 사람의 방법과는 많이 다릅니다. 하나님은 힘과 지혜와 능력과 권세가 한이 없으신 분이십니다. 한마디로 전지전능하신 분이십니다. 그런데 이상한 것은 힘이 없는 것으로 일하십니다. 힘이 있으면 그 힘을 행사하면 되는데 힘이 있으면서도 그 힘을 행사하지 않는 것으로 일하십니다. 그런데도 그 일의 실패가 아니라 완전한 완성을 보십니다. 이것을 사람들은 이해하기 어렵습니다.

천군천사를 거느리고 오셔서 악한 세력을 멸하시고 당신의 백성들을 구원하시면 되는데 그렇게 안하시고 세상에 오셔서 악한 세력들에게 잡혀서 힘없이 죽는 것으로 당신의 백성을 구원하십니다. 이것이 십자가입니다. 이렇게 나타나셨으니 당연히 아무도 그를 알아볼 수 없습니다.

이것은 십자가의 복음이 전해지는 현장에서도 마찬가집니다. 복음 전도자들은 갑인 세상권력 앞에서 항상 을에 위치합니다. 때로 기사와 표적을 통해 하나님의 능력을 보여주시기도 하지만 대분의 시간은 갈등하고 쫓기고, 한숨 쉬고, 도망가고, 갇히고, 매 맞는 시간입니다.

복음 전파는 분명히 하나님의 일하심인데 막히고 답답하고 낙심하고 절망하는 시간을 겪게 하십니다. 오늘 6절을 보면 바울은 아시아에서 말씀을 전하려 했는데 성령이 막으십니다. 예수의 영이 허락지 않으십니다. 여기서 좀 해 보려했는데 길도 막히고, 이것저것 일이 꼬이는 것을 경험합니다.

결국 바울은 9절에서 "건너와서 우리를 도우라!"는 마게도니아인의 환상을 보고 "성령이 우리를 유럽으로 가라 하시는 구나!" 하고 깨닫게 됩니다. 여기서 저는 엉뚱한 생각을 합니다. 바울에게 마게도니아인의 환상을 보이신 성령이 당신의 부르실 택자들에게도 일시에 환상을 보이실 수도 있다는 겁니다. 이렇게 하는 것이 훨씬 일이 효율적일 것 같습니다.

그런데 성령은 효율을 택하지 않고 구차한 절차와 갈등의 시간 고생스러움과 시달림 속에서 일하시더라입니다. 힘없는 자리와 시간들을 통해서 일하신다가 오늘의 메시지입니다. 분명한 것은 우리가 만일 하나님이라면 일을 이렇게 하지 않습니다.

하나님은 우리를 구원하시는 일을 어떻게 하셨냐하면 마른 땅에서 나온 줄기 같고 고운 모양도 없이 사람들 앞에 흠모할만한 것이 없이 오셔서 사람들로부터 철저히 버림받는 것으로 이루셨습니다. 세상을 구원하러 왔는데 거꾸로 세상이 그를 삼킨 겁니다. 한 알의 씨앗이 땅에 묻힌 것과 같습니다. 씨 입장에서는 땅속에 들어가서 철저히 없어지고, 감춰지고, 사라졌습니다. 씨가 땅에 먹혔습니다. 그런데 놀라운 반전이 일어납니다.

생명이 땅을 뚫고 올라옵니다. 이것이 부활이고 영생입니다. 신비한 하나님의 하시는 일입니다. 씨는 너무도 약하게 땅에 먹혔음에도 불구하고 마지막엔 씨의 승리입니다.

기독교의 복음전파는 힘의 행사가 아닙니다. 여기 갈까? 저기 갈까? 잡히면 갇히고, 때리면 맞고, 헐벗으면 헐벗고, 주리면 주리고, 추우면 떠는 여정이 바울의 선교여행입니다. 교회역사를 보아도 기독교는 힘을 가지고 행사하면서 타락했습니다. 중세교회가 그렇고 19세기 서구 열강이 식민지 쟁탈전 할 때도 식민지 사람들을 힘으로 총으로 권세로 억지 예수를 주었기에 그곳이 기독교 국가가 되었을지언정 명목상의 교인이지 참 교인이 아니더라는 것입니다.

참된 교회는 기독교가 공인되기 전 초대교입니다. 교회가 아무 힘이 없습니다. 로마시내 불 질렀다고 누명을 쓰면 그냥 쓰고, 예수 믿으려면 카타콤 지하동굴을 파고 들어가야 하며, 어쩌다 잡히면 콜로세움에서 사자밥으로 던져졌던 때입니다.

오늘 바울이 복음을 가지고 유럽으로 가면서도 능력과 권세로 굴복시키는 전도여행이 아닙니다. 지극히 범상하고 평범하고 약한 가운데 전해지는 복음입니다. 마케도니아 첫 성인 빌립보성에 들어가서 기도할 곳을 좀 찾아보려던 참에 마침 강가에서 빨래하고 있던 아낙네 틈바구니에서 한 여인을 만나게 됩니다. 자주장사 루디아입니다. 많은 여인이 그곳에 있었지만 하나님은 한 여인에게 마음을 열어 '바울의 말'을 따르게 하십니다. 이 집이 세례 받고 빌립보교회의 설립이 이루어집니다.

여기서 잠깐 '바울의 말'을 짚고 갑니다. 이 '바울의 말'은 16장 4절입니다. "예루살렘의 사도와 장로들이 정한 규례를 그들에게 주어 지키게 하니.."입니다. 즉 15장 11절의 "그들이 우리와 동일하게 주예수의 은혜로 구원받는 줄을 믿노라!"로 결의한 내용입니다. 15장 24절처럼 "어떤 사람들이 우리의 지시도 없이 나가서 말로 너희를 괴롭게 하고.." 하도 교회 밖 성경공부 중에 이상한 소리하는 사람이 많아서 내용과 관계없이 부언했습니다.

사랑하는 성도여러분! 우리가 왜 지지고 볶고 갈등하고 삽니까! 힘이 없어서 그런 겁니다. 내가 어느 조직이나 공동체에서 절대적 일방적 권력을 가지고 있으면 지지고 볶을 일이 없습니다. 내가 집에 들어갔는데 아내와 자녀들이 출입문에 도열해 있는 집엔 이런 거 없습니다. 회사와 교회도 마찬가집니다. 이것은 사람의 다스림이고 일하는 모습니다. 힘의 행사입니다. 그런데 하나님은 위에서도 언급했지만 힘이 없는 것으로 일하십니다. 분명히 계시는데 안 계시는 척을 합니다. 지극히 높으신 분이 가장 초라한 행색을 하십니다.

하나님은 당신이 가지신 절대권력으로 우리로 하여금 입도 뻥긋하지 못하게 하시는 것이 아니라 하나님이 하시는 일을 우리가 보고서 그것을 따라하길 원하십니다. 힘과 권세와 돈이 있다고 그것으로 너를 증명하고 드러내며 자랑하지 말고 도리어 네 앞에 있는 사람들에게 먹힌 자처럼 살라 하십니다. 씨가 땅에 먹힌 것처럼, 콜로세움에서 사자에게 먹힌 것처럼 묻힘과 무시와 조롱 없신여김까지도... 놀라운 것은 하나님은 바로 그곳에서 부활생명이 올라오게 하십니다. 하나님의 일하심입니다.

힘을 행사안하기 때문에 지지고 볶는 게 있습니다. 하나님이 힘을 행사하시면 모든 것이 조용합니다. 말 잘 듣는 자들은 들이시고 말 안 듣는 자는 쳐서 멸하면 모든 건 조용합니다. 성경을 보면 하나님과 하나님 백성도 지지고 볶고 있습니다. 이스라엘백성은 하나님께 말도 안 되는 떼를 쓰고 하나님은 그걸 다독였다가도 참고 그리고 또 징계하셨다가 또 기다리시고 이게 다 지지고 볶는 겁니다.

사도바울은 오늘 하나님의 일을 하면서 오늘은 어디로 가야 하나? 아시아로 가야 하나? 유럽으로 가야 하나? 어디로 인도하시는지 알지를 못합니다. 아브라함이 갈 바를 알지 못하고 가나안을 유랑한 것도 마찬가지 맥락입니다. 바울은 빌립보로 들어가서 빨래하는 아줌마들 사이에서 눈치를 보면서 복음을 전합니다. 우리의 삶 속에서 일어나는 아주 작은 일에 주의를 기울여야 합니다. 아침에 일어나서 저녁에 눕기까지 가정에서 일터에서 고달프고 시달리는 작은 일들 속에 하나님의 일하심이 있습니다. 하나님은 큰 일을 통해 일하시기보다 작은 일들을 협력하여 복음이 전해지게 하십니다.

"이는 내 생각이 너희 생각과 다르며 내 길은 너희 길과 다름이라 하늘이 땅에서 높음같이 내 생각은 너희 생각보다 높으며 내 길은 너희 길 보다 높음이니라!" (사55:9)

26. { 지지고 볶는 일 }

(사도행전 16:16~34)

　한쪽이 일방적인 권력을 가지고 있으면 모든 것은 조용하지 결코 지지고 볶을 일이 없다고 지난 시간 말씀드렸습니다. 그래서 제일 나쁜 게 서로 노터치하고, 등 돌리고, 무관심한 것입니다. 저는 화목만 소통으로 보지 않습니다. 갈등도 넓은 의미의 소통이라고 봅니다. 어찌 교집합만 있겠습니까! 어떤 부부가 티비에 나와서 한 번도 부부싸움 안 했다고 하는데 알고 보니 방 따로 일 따로 생활 따로입니다. 부부라고 보기 어렵습니다.

　부부는 뭘 해야 하냐면 지지고 볶는 일을 해야 합니다. 지지고 볶으면서 뻣뻣했던 것들이 순해집니다. 중요한 것은 한 솥에서 볶아져야 합니다. 솥이라고 하는 가정의 바운더리 안에서 지지고 볶고 데치고 쪄질 때 비로소 모두가 먹을 수 있게는 것이 됩니다. 서로 조화롭고 어우러진 맛을 냅니다. 부부는 서로가 먹을 수 있어야 합니다. 먹는다는 것은 받을 수 있는 겁니다.

　하나님은 우리를 일방권력으로 다루지 않으시고 친구처럼 부르십니다. 예수님은 요한복음 15장에서 "친구는 그 하는 일을 말해주고 계획과 뜻을 알려준다!" 하십니다. 하나님은 "내가 하는 일을 아브라함에게 어찌 숨기리요!"하시고 모세와는 친구처럼 대화하십니다. 친구는 서로가 대등한 위치입니다. 그래서 또한 친구는 갈등이 있습니다. 주종관계라면 억압된 복종만 있지 드러난 갈등은 없습니다.

　하나님은 절대권력으로 일하지 않으십니다. 연약한 모습으로 복음이 전해지게 하십니다. 사도바울은 그 일의 현장에서 늘 지지고 볶는 선교사역을 이어갑니다. 물론 그 가운데 귀신이 쫓겨 가고, 지진이 나

고, 옥문이 열리는 하나님의 능력과 기사를 보이시지만 그런 일련의
사건들이 사도바울로 하여금 세상 권세 위에 서게 하지 않으십니다.
여전히 세상권세아래 핍박과 멸시와 시달림 속에서 전해지는 복음입
니다.

　사건의 발단은 이렇습니다. 빌립보에서 자주장사 루디아의 집을 전
초기지로 삼고 복음을 전하던 중 점치는 귀신들린 여종을 만났습니
다. 근데 이 여자가 바울의 일행을 보고는 쫓아다니면서 "이 사람은 지
극히 높은 하나님의 종입니다!"하고 소리치는 것입니다.
　저 같으면 "귀신도 사람 알아보는 구나!" 하고 좋아했을 텐데 바울은
그 소리가 굉장히 불쾌하고 거슬렸습니다. 내가 전하는 복음의 내용
에 집중하는 게 아니라 전하는 사람에게 관심을 가진 것입니다. 예수
님도 귀신이 알아보고는 "당신은 지극히 높은 하나님의 아들입니다!"
했을 때 조용히 하라고 꾸짖으셨습니다.

　귀신이 말한 예수님은 단순한 정보로서의 또는 조롱으로서의 지식
입니다. 하나님이 우리에게 원하시는 지식은 관계로서의 고백적 지식
입니다. 나를 지으시고, 부르시며, 보내시며 늘 함께 하시는 하나님 앞
에 경외함으로 서는 지식입니다.
　사도바울이 전하는 복음에는 관심 없고 따라다니면서 지극히 높은
하나님이 종이라고 조롱하듯 몇날 며칠을 하니까 사도바울은 "예수이
름으로 명하노니 그에게서 나와라!" 했습니다.
　그러니까 진짜 나왔습니다. 이게 이제 문제가 됩니다. 귀신들린 여
종을 데리고 있던 포주들이 여럿 있었는데 이 여종에게서 귀신이 나
가니까 이젠 점치고 굿 할 수가 없으니 수입원이 끊긴 겁니다. 그래서
화가 난 포주들이 바울과 실라를 잡아다가 장터로 끌고 가서 관리들
을 부른 뒤에 "이 자들이 우리가 알지도 받지도 못할 풍속을 전한다!"
고 하면서 흠씬 매질을 하고는 옥에 가두었습니다.

징그럽습니다. 또 갇혔습니다. 도대체 갇힌다는 설교를 사도행전 하면서 몇 번하는지 모르겠습니다. 근데 거기서 바울과 실라는 낙심 절망하고 있던 게 아니라 기도하면서 찬송을 불렀습니다. 그랬더니 지진이 일어나면서 옥문이 열리고 차꼬가 풀리며 모든 매인 것이 벗어지게 됩니다.

27절을 보면 간수가 자다가 옥문이 열린 것을 보고는 윗선에 알려지면 나는 죽은 목숨이다 해서 자결을 하려합니다. 그러니까 간수는 자느라고 지진 때문에 옥문이 열린 것을 몰랐던 것 같습니다. 28절에서 바울은 "네 몸을 상하게 말라!" 소리칩니다. "우리가 다 여기 있다!, 안 도망갔다!" 여기서 우리는 뭐 하나 생각해야 합니다.

하나님은 지진을 왜 일어나게 하신 겁니까! 옥문을 열고 차꼬를 풀어서 바울 일행이 도망가게 하기 위함입니다. 그런데 바울은 왜 도망가지 않은 거죠? 도망가면 간수장이 자결하기 때문입니다. 바울과 실라는 감옥에 있든 감옥을 나오든 생명을 살리는 일을 하는 사람들인 것을 놓치면 안 됩니다. 복음을 전하는 일은 궁극적으로 생명을 살리는 일입니다.

지옥심판멸망에서 부활영생천국을 전하는 일은 생명을 주는 일입니다. 간수가 자결을 하든 말든 나는 복음 전하러 간다 이거는 아닙니다. 지금 내 앞에 있는 생명엔 무심하면서 멀리 있는 생명을 구한다고 하면 자가당착입니다. 대의를 따른다고 하면서 그 대의에 본질이 무엇인지 모르는 경우가 종종 있는데 그 중 하나가 율법주의입니다.

우리가 "안 도망가고 다 여기 있다!" 하니까 30절에 간수는 "어찌해야 내가 어찌해야 구원을 받겠습니까?" 했고 31절에 바울의 유명한 멘트가 기록됩니다. "주 예수를 믿으라 그리하면 너와 네 집이 구원을 얻으리라!" 32절 "말씀을 그 집에 있는 모든 사람에게 전했다!" 성경에서의 구원은 개인적이라기보다는 가정과 집안의 구원입니다. 구약의 라합이 "나와 내게 속한 자를 구원하라!"한 것과도 같습니다.

33절로 가면 간수가 바울과 실라를 데려다가 그 맞은 곳을 씻어주었고 그 집에 온 가족이 세례를 받습니다. 아침이 되자 상관들이 간수에게 감옥에 갇힌 자들을 놓으라 하자 바울은 로마사람인 우리를 죄도 정하지 않고 매질했으니 직접 와서 데리고 가라는 말에 도리어 바울을 두려워하여 싹싹 빌면서 이 성에서 나가달라고 해서 바울은 다시 루디아의 집으로 돌아오게 됩니다.

바울과 실라가 오늘 귀신들린 여종을 만나고, 귀신을 쫓아내고, 두들겨 맞고, 갇히고, 지진이 나고, 옥문이 열리고, 간수가 자결하려 하고, 간수의 집에 복음을 전하고, 간수는 또 바울의 맞은 자리 씻겨주고... 하는 이와 같은 지지고 볶는 일을 통해 한 영혼과 집안이 구원받는 결과를 가지고 왔습니다. 어찌 되었건 지지고 볶고 삶고 데치는 오늘의 인생사 속에서 복음과 예수생명이 전해지는 은혜가 가득하기를 기도합니다.

"읽는 설교"
27. { 이것이 그러한가 하여... }

(사도행전 17:11)

사도바울의 2차 선교여행을 함께하고 있습니다. 2차 선교여행은 1차 선교여행에서 세운 교회들이 진리가운데 굳건히 서 있는지 확인하기 위함입니다. 그런데 전혀 일정에 없던 뜻하지 않은 일이 벌어집니다. 바울일행은 1차 선교여행에서 세운 교회들이 있는 소아시아 즉 동쪽으로 가려했는데 성령이 그 길을 막으셨습니다. 바울은 환상 중에 마케도니아 사람이 손짓하며 와서 우리를 도우라는 계시를 받고 서쪽으로 향하게 됩니다.

그래서 마케도니아 첫 성인 빌립보를 교두보로 삼고 그 밑으로 데살로니가, 베뢰아, 아덴, 고린도로 내려가며 복음을 전했습니다. 오늘 우리가 보는 것은 '베뢰아'에서 있었던 일입니다. 11절을 보면 아주 독특한 표현이 있습니다. "베뢰아 사람들은 데살로니가 사람들보다 더 너그러워서 간절한 마음으로 말씀을 받고 이것이 그런가 하여 날마다 성경을 상고함으로..."입니다.

'너그러웠다'는 말은 원어로 '유게네스'라는 말인데 영어로는 'noble'입니다. 열린 마음이어서 하나님의 말씀을 가감 없이 다 수용한 것입니다. 다른 표현으로는 마음 밭이 옥토여서 말씀의 씨가 잘 심겨진 것이기도 합니다. 똑같은 말씀을 들어도 사모함으로 절박함으로 흡입하는 경우가 있고 반대로 아무 관심 없는 경우가 있습니다.

맛있는 사과 한 조각을 베어 물었을 때 그 달콤함과 아삭함을 느낌은 그 맛을 느끼는 혀가 있기 때문입니다. 단순히 맛있는 사과가 있는 것도 감사하지만 어쩌면 그보다 그 맛을 감각하는 내 혀를 주심에 감사해야 합니다. 입맛을 잃으면 아무리 맛난 것도 다 모래를 씹는 것과 같습니다.

마찬가지로 말씀의 맛이 송이꿀처럼 느껴질 때 말씀도 중하지만 그 맛을 감각하고 느끼고 경험할 수 있는 영적인 혀를 내게 주셨구나 하고 감사해야 할 것입니다. 영적인 건강을 알아보는 척도는 말씀에 대한 주림을 보고 알 수 있습니다. 기도할 때 '하나님을 감각하는 혀'를 달라고 기도해야 합니다. 하나님은 우리가 당신을 맛보기를 원하십니다.

시편 34편 8절에 "너희는 여호와의 선하심을 맛보아 알라 그에게 피하는 자는 복이 있다!" 했기 때문입니다. 베뢰아 사람들은 말씀이 임할 때에 간절한 마음으로 말씀을 받았다고 합니다. 있으면 좋고 없어도 그만인 말씀이 아니라 이것 없으면 안 된다고 하는 절박한 마음입니다. 말씀의 맛을 감각한 것입니다.

고린도전서1장 21절입니다. "하나님의 지혜에 있어서는 이 세상이 자기 지혜로 하나님을 알지 못함으로 전도의 미련한 것으로 믿는 자들을 구원하시기를 기뻐하셨다. 여기서 '전도'가 바로 '케루그마' 입니다. 하나님이 먼저 오셔서 손 내밀어주시고 당신을 설명해주지 않으시면 아무리 사람이 용을 써서 지혜를 짜내도 하나님을 알 수 없다는 말씀입니다.

하나님이 베뢰아 사람들의 마음을 만져 주셔서 그 마음을 열어주시고 맛있게 말씀을 받아먹게 하신 것처럼 우리 성도들도 베뢰아 사람 되게 해 주시기를 축복합니다.

다음으로는 "이것이 그런가 하여 날마다 성경을 상고했다!" 입니다. 주신 말씀을 삶속에서 생각하고 곱씹고 적용하는 것을 말합니다. 소가 되새김질을 하듯이 계속 묵상하는 것입니다. 대표적인 것이 마태복음 6장에서 예수님이 말씀하신 "공중의 새를 보라! 그리고 들의 백합화가 어떻게 자라는가 생각하라 보라!" 하신 말씀입니다.

'장사도 안 되는데 뭘 먹고 살지?' 하면서 걱정이 될 때 공중의 새를 보면서 생각을 하는 겁니다. 저 새는 농사도 안 짓고, 은행계좌도 없고, 보험도 안 들었지만 그날 그날의 먹을 것을 하나님이 주신다. 그래서 자기들의 수명을 살게 하시는구나. 나는 저 미물보다는 하나님앞에 귀한 존재인데 어찌 먹고 사는 문제 책임져주시지 않겠는가! 의 결론을 내리라는 것입니다.

어디가 덜커덕 아파요! '그럼 이거 무슨 병 걸린 것 아니야!' 하고 염려가 하나 가득 밀려올 때 들에 핀 백합화를 보고 생각하는 겁니다. 내일이면 아궁이에 던져지는 풀도 그 하루를 솔로몬의 옷보다 아름다운 것으로 입히셨는데 어찌 오늘 나를 건강으로 입히시지 않겠는가? 믿음을 도출하라는 것입니다. 입는다는 것은 나를 나 되게 하는 모든 것입니다. 살아가는데 꼭 필요한 것입니다.

내가 오늘을 나 될려면 가장 기본적으로 육신의 건강이 있어야 합니다. 내가 숨 쉬면서 살아가는데 필요한 순환계, 소화계, 신경계, 혈관계 등등의 모든 기관들의 상호작용을 하나님이 돌보신다는 믿음을 가지라입니다. 물론 우리가 우리 몸을 스스로 돌보아야 하는 부분도 있지만 너무 수치화된 데이터에 스트레스를 받아 더욱 몸이 상하게 되는 경우가 있더라입니다.

먹고사는 문제, 건강문제, 자녀문제 등으로 힘들어 하는 우리를 향해서 하나님은 32절에서 "너희 하늘 아버지께서 이 모든 것이 너희에게 있어야 할 줄 아신다!" 하셨습니다. 우리는 이 문제를 나 홀로 짊어져야 하는 걱정이다 해서 힘든 것입니다. 하나님이 아신다는 의미는 하나님이 챙기신다는 뜻입니다.

그러니 이런 것은 내가 알아서 챙길 테니 너희는 뭘 하라고 하시냐면 33절에서 "그 나라와 의를 구하라 그리하면 이 모든 것을 너희에게 더하시리라!"입니다. 하나님의 통치와 그의 기쁨이 무엇인지를 생각하라는 것입니다. "내가 제사를 원치 않고 인애를 원하며 번제보다 하나님 아는 것을 원하다!"는 말씀이 무엇인지 그리고 하나님은 내가 무슨 생각을 하고 어떤 일을 할 때 기뻐하시는지에 집중하라고 말씀합니다.

"믿음이 없이는 기쁘시게 못하나니 하나님께 나아가는 자는 반드시 그가 계신 것과 자기를 찾는 자들에게 상주시는 이심을 믿어야 할지니라!" 말씀하신 것처럼 믿음을 기뻐하신다는 것이 무엇인지 아는 것입니다. 특별히 하나님을 하늘 아버지로 믿는 것을 말합니다. 저분이 나와 아무 관련 없다면 내 문제를 알든 모르든 의미 없습니다. 하늘 아버지가 내 아버지가 되셔서 이 모든 것을 챙기고 계신다는 것을 믿을 때 하나님이 기뻐하십니다. 32절에 분명히 "너희 하늘 아버지께서 … 아신다!"를 주목해야 합니다.

이렇게 하나님의 말씀을 곱씹으면서 '정말 그런가?', '정말 하나님이 날 지으셨는가?' (날 설계하셨다면 고치는 건 일도 아닐거야!) '정말 하나님이 내 아버지신가?' (자상하시고 사랑이 많으신 아버지가 틀림없어!) '정말 하나님이 내 문제를 맡으셨는가?' (아버지가 왜 아들 문제 안 챙기시겠어!) '정말 하나님은 약속을 지키시는가?' (하나님은 사람처럼 실언하는 일이 없으셔!) 정말 그런가? 시험해 보는 것입니다. 이 부분이 바로 11절에 기록된 "이것이 그러한가 하여…" 입니다. 내가 정말 하나님의 기쁨에 집중하고 그곳에 포커스를 맞추고 살아갔더니 먹을 것, 입을 것, 자녀문제 건강문제 다 책임지시는 하나님을 경험하게 됨을 믿습니다.

본문에는 "상고했다!" 하는데 원문에는 '아나크리노' 영어로는 'examine' 우리말 '시험하다'는 의미입니다. 이것이 진실인지 아닌지 확인하기 위해 조사하고 검사하고 시험하는 것입니다. 말라기 3장10절의 "온전한 십일조를 내 창고에 들여.. 너희가 시험하여 내가 하늘 문을 열고 너희 창고에 복을 쌓을 곳이 없도록 부어 주지 아니하나 보라!" 했을 때의 시험도 같은 의미입니다. 하나님을 시험한다는 말이 불경한 말로 들릴 수 있습니다. 그러나 여기서의 시험은 곧 하나님 경험을 뜻합니다.

특별히 베뢰아 사람들은 날마다 이것을 했다고 합니다. 평생이라는 모든 시간 속에서 믿음을 가지고 하나님을 하늘 아버지로 모시고 살면서 때마다 시마다 나를 돌보시고 인도하시며 책임지시는 은혜를 맛보고 사시는 성도들이 되기를 기도합니다. 욥의 고백처럼 "내가 주를 귀로만 듣다가 눈으로 주를 뵈옵습니다!"의 고백이 우리 모든 성도의 입에 있기를 축복합니다.

"읽는 설교"
28. { 아덴에서... }

(사도행전 17:16~34)

    로마는 세계제국을 이룬 이후에 그리스의 문화와 종교와 철학을 받아들입니다. 제우스, 비너스, 아폴로, 포세이돈 등등이 다 그리스의 신들이며 소크라테스, 플라톤, 아리스토텔레스 등등 또한 그리스의 철학자들입니다.

    바울이 아덴에 들어가 보니 과연 그리스(헬레니즘) 문화의 중심지답게 가는 곳마다 우상과 철학자들이 가득했습니다. 오늘 본문 18절을 보면 바울이 예수와 부활을 전하는 것으로 그곳 사람들의 귀가 솔깃하게 됩니다. 더욱이 부활은 듣도 보도 못했던 터라 사람들은 바울을 '아레오바고'라고 하는 광장으로 데리고 가서 그 말을 듣습니다.

    바울은 "아덴 사람들아! 너희가 범사에 종교성이 많도다!" 하고 연설을 시작합니다. 신앙심이 좋다는 게 아니라 신을 찾으려고 하는 열심이 특심하다는 뜻입니다. 그래서 내가 어딜 지나다가 보니 신의 이름이 '이름모를신' 이라고 하는 신전도 있더라!

    참신은 사람 머리에서 생각되어지거나 사람의 손으로 만들어지는 것이 아니다! 그 분은 사람 손으로 지은 신전에 계시는 것이 아니고 무엇인가 부족해서 사람의 섬김을 받으시는 분이 아니시다! 그 분의 존재와 영광과 권세는 홀로 충족하고 홀로 충만하고 홀로 완전하신 분이시다. (이 부분에서 지금도 내가 헌금해서 성전 지어드리거나 내가 봉사 헌신해서 하나님의 부족한 것을 채워드리겠다는 발상은 지극히 사람 중심적 신앙입니다.)

    천지와 바다와 만물을 지으신 분이 있다! 그 분이 생명을 불어넣어 주셔서 땅의 모든 생명체가 살아가게 하셨다! 알든 모르든 우리 모두는 그분을 의지해서 살아간다! 그리고 모든 사람은 한 조상에서 왔다! 우리는(유대인) 하나님이 지으시고 너희는(헬라인) 제우스가 만든 것이 아

하나님이 일하시는 방법

니다!

돌이나 은이나 금에다 새겨서 만든 우상은 하나님이 악하게 보시는 일이다! 지금까지는 봐주셨지만 하나님이 정하신 예수그리스도를 통해 세상을 공의로 심판하시는 날이 온다! 하나님이 예수를 죽은자 가운데서 다시 살리시는 것으로 그 증거를 주셨다!

여기까지가 31절입니다. 이 설교를 듣고 32절에서 어떤 이들은 조롱했지만 어떤 이들은 더 자세히 듣고자합니다.

사실 사도바울이 전도하면서 가장 힘들었던 곳이 바로 이 아덴입니다. 지금 앞에 있는 사람들이 다 소크라테스 플라톤 제자들입니다. 철학하면 바울도 한 철학 하는 사람입니다. 당대의 최고지성인 가말리엘 문하에서 헤브라이즘을 익히고 더불어 헬레니즘 사상도 깊이 관여했기에 이들이 지금 무슨 생각을 하고 있는지 머릿속을 다 알고 있습니다.

그래서 복음을 전하면서 어느 정도 설득은 되는 것 같은데 믿게는 못하는 겁니다. 그러니 끊임없는 논쟁과 변론만 오고갈 뿐입니다. 신앙은 논리적인 설득에 의해서 그의 지성이 하나님 앞에 굴복하는 것이 아닙니다. 물론 어느 정도 이 과정이 필요하지만 면밀히 보면 우리의 신앙은 논리에 굴복하는 것이 아니라 삶으로 굴복해서 갖게 됩니다. "하나님! 제가 이해됐습니다!" 보다는 "하나님! 제가 항복합니다!"에 가깝습니다.

그래서 사도바울은 고린도전서 2장에서 "내 말과 전도함이 설득력 있는 지혜의 말로 하지 않고 오직 성령의 나타남과 능력으로 하여 너희 믿음이 사람의 지혜에 있지 않고 하나님의 능력에 있음을 알게 하리라!" 했습니다. 하나님의 능력으로 갖게 된 믿음이라는 말이 바로 하나님의 직접적이고 강력한 개입을 말합니다.

야곱의 씨름이 이에 해당합니다. 20년 전 원수를 갚겠다고 400인을 이끌고 오는 형 에서를 얍복나루에서 기다릴 때에 야곱은 절체절명의 순간을 맞이합니다. 그때 누군가가 갑자기 씨름을 걸어옵니다. 여기서 "걸어왔다!"는 부분이 굉장히 중요합니다. 야곱이 먼저 시작한 게 아닙니다. 이 씨름을 야곱이 간절히 매달리며 하나님께 기도했다 하는 경우가 있는데 본문을 완전히 곡해하는 것입니다. 야곱 입장에서는 얼떨결에 어떤 사람이 갑자기 씨름을 걸어온 것입니다.

야곱은 살기위해 밤이 새도록 싸웠습니다. 그런데 어느 시점에서 지금 나에게 싸움을 걸어온 이가 사람이 아니라는 것을 직감합니다. 야곱이 엉덩이뼈를 걷어차여서 골절이 되었을때입니다. 그리고는 이상한 멘트가 오고갑니다. 그 사람이 "나를 이제 그만 보내달라!" 하자 야곱은 "자신을 축복하지 않으면 못 보낸답니다!" 그리곤 그 사람이 다짜고짜 "니 이름이 무엇이냐?"고 묻습니다.
야곱은 "나는 야곱이다!" 라고 말하는데 단순히 자기 이름을 말한 게 아니라 속성을 말한 겁니다. 내가 속이는 자로 살았고 내 꾀와 경험만 믿고 이제까지 살아왔음을 회개하며 고백합니다. 야곱이란 이름의 뜻이 '속이는 자'입니다. 야곱이 회개하자 하나님은 이제부터 너는 야곱이라 하지 말고 하나님과 겨루어 이긴 자로 "이스라엘이라 하라!" 하십니다.

"신앙은 제가 졌습니다! 항복합니다! 천부여 의지 없어서 손들고 옵니다!" 가 신앙입니다. 이제까지는 "하나님 저는 저로 살테니까 하나님은 그냥 하나님으로 사세요! 제 인생에 개입하지 말아주세요" 였습니다. 그러면 저 같으면 "내가 그렇게 싫고 관심 없고 함께하기 거북하냐!"하면 "그래라!" 할 것 같습니다.
그런데 하나님은 그렇지를 않습니다. 우리는 하나님을 요청하지도 부르지도 관심도 없었습니다. 그럼에도 하나님은 이 땅에 오셨습니다. 이것이 성육신이고 십자가사건입니다. 하나님의 '일방적이고도 무조건적인 개입'입니다. 영어로는 (inbreaking) 이라고도 하고 한문으로는 파입(破入)이라고도 합니다. 우리말로는 부시고 들어오는 것입니다.

초월자가 시공의 한계 속으로 역사의 한 시점에 오시듯이 바로 그렇게 우리 한 사람 한 사람에게 오십니다. 야곱의 인생 속에 일방적으로 오신 것처럼 우리가 거부하고 우리가 싫다 하고 됐습니다 해서 안 오시는 게 아니라 '인브레이킹'으로 오십니다. 그리고 이내 엉덩이를 걸어차십니다. 이 때를 아는 것입니다. "아! 하나님이 나보고 정신 차리라고 걸어차신 거구나! 그때 빨리 하나님 네가 항복합니다! 두 손 두 발 다 듭니다!" 하고 두 손 높이 들어야 합니다. 그러면 하나님은 내가 항복한 두 손을 승리의 만세로 삼아주십니다.

두 손을 든다는 것이 이중적 의미입니다. 항복할 때 두 손을 들기도 하지만 승리한 자도 만세를 부르며 두 손을 듭니다. 우리가 항복하는 그 시간 하나님은 "네 이름을 야곱이라 하지 말고 이스라엘이라!" 말씀하십니다. 신구약의 하나님 백성 이스라엘은 모두 하나님께 두손 들고 항복하자 그 손을 승리의 만세로 삼아주신 사람들입니다.

만일 야곱이 하나님께 걸어차이고도 회개를 안했으면 어찌 되었을까요? 다리가 부러지든지 팔이 뽑히든지 항복할 때까지입니다. 성도들의 인생은 모두 야곱입니다. 고집 세고 완고하고 좀처럼 회개하지 않습니다. 그렇게 당하면서도 자기 지혜와 경험을 의지하지 좀처럼 하나님을 의지하지 않습니다.

자기를 의지하는 것이 곧 우상을 의지하는 것입니다. 우상은 자기가 만든 것이니까요. 자신의 연약함과 불안과 두려움을 덮으려고 여기저기 우상을 만들어놓습니다. 마을 입구에도 부뚜막에도 장독대에도 문지방에도 주머니 속에도 곳곳에 우상을 만들어놓고 안심을 확보하려 합니다.

오늘 본문 16절에 바울이 아덴에 우상이 많은 것을 보고 '격분했다!'

했는데 단순한 분노의 표출이 아니라 깊은 연민과 동정에서 나오는 불쌍히 여김입니다. 이 헛된 것들을 잔뜩 만들어놓고는 그것을 의지하는 모습이 안타까워 탄식한 것입니다.

32절 이후를 보면 바울의 설교를 다 듣고 몇 사람이 그를 가까이하여 믿었다고 하면서 실명이 언급됩니다. '아레오바고' 관원인 '디오누시오'와 '다마리'라고 하는 여인입니다. 말씀을 들었다는 것은 계시가 전해진 것이고 하나님이 오신 것입니다. 이렇게 하나님이 직접 오셔서 갖게 되는 것이 참된 믿음입니다.

이 글을 읽는 남자분이 '디오누시오'와 여자 분은 '다마리'가 되시기를 축복합니다.

29. { 아굴라와 브리스길라 }

(사도행전 18:1~11)

고린도는 성도들에게 고린도전후서를 통해서 익숙한 지명입니다. 이런저런 문제를 통해서 바람 잘날 없고 안팎으로 시끄러웠는데 교회 내에 파당을 만들어 분쟁을 일으켰고 음행하는 문제로 골머리를 앓았 으며 특별히 은사가 많아서 방언하는 사람들이 특권의식을 갖기도 했 습니다. 이에 대해 사도바울은 방언보다 가르치는 말씀의 은사가 귀 하고, 가장 귀한 은사는 사랑의 은사다 하면서 고린도 전서 13장의 사 랑장이 기록됩니다.

어찌 보면 고린도교회에 문제가 많았음으로 후대의 교인들은 이를 반면교사 삼아서 삶의 지침이 되는 가르침을 구체적으로 배우게 됩니 다. 한마디로 고린도 교인들은 여러모로 좀 부족한 사람들이었습니 다. 그런데 하나님은 이런 사람들을 사랑하셨습니다. 오늘 본문 9~10 절을 보면 하나님은 환상을 보이시며 "두려워하지 말고 담대히 말하 라!... 이 성에 내 백성이 많다!" 하십니다.

이쪽 사람들이 워낙 대가 세고 드세서 바울은 고린도전서 2장 3절에 서도 "내가 너희를 처음 대할 때 심히 약하고 두렵고 떨었다!"는 고백 을 합니다. 그래서 하나님은 환상을 보여주십니다. 환상은 아무 때나 있는 것이 아니라 절박한 상황에서 주어집니다.

하나님께서 이 성에 내 백성이 많다 하셨는데 여기서 내 백성이 누 굽니까 여러모로 부족하고 기가 세고 드센 사람들입니다. 고린도 전 서 1장 26절에서 이런 사람들을 하나님백성 삼으신 이유를 설명합니 다. "너희의 택하심을 보라 육체를 따라 능한 자 지혜로운 자 문벌좋은 자가 많지 않다. 이는 미련한자를 택하사 지혜로운 자를 부끄럽게 하시고 약한 자를 택하사 강한 자를 부끄럽게 하시기 위함이다 이는 아무 육체라도 하나님 앞에 자랑치 못하게 하려하심이다!"

고린도가 항구도시입니다. 발칸반도 가장 아래쪽 볼록하니 튀어나와 있는 곳인데 특이한 것이 서쪽과 동쪽 양쪽에 항구가 발달합니다. 서쪽으로는 이오니아해 동쪽으로는 에게해를 끼고 유럽과 아시아의 무역을 잇다보니 물자와 사람과 돈이 넘쳐납니다.

세상 어디든 돈 많고 시간 많고 사람 많으면 죄가 넘쳐납니다. 고린도는 음란의 도시였습니다. 아데네(비너스) 여신전이 이 곳에 있었고 그 신전에서 종사하는 창기들만 수만을 헤아렸다고 합니다. 이런 곳에 바울이 온 것입니다.

어떤 포부와 계획과 비젼을 가지고 온 것이 아니라 털레털레 왔습니다. 아덴에서 철학자들과 변론만 벌이다가 별 성과도 없이 힘만 빠진 상태에서 동역자들인 실라와 디모데는 데살로니가에 남겨두고 혈혈단신으로 온 것입니다.

그런데 이와 같이 바울이 심약하고 두렵고 떨고 있을 때 하나님은 환상으로 힘을 더해 주시고 그에게 위로를 줄 귀한 만남을 허락하십니다. 그 유명한 '아굴라와 브리스길라' 부부를 만나게 하셨습니다. 본래 이 사람들은 로마에서 살고 있었는데 황제가 유대인 추방령을 내린 것입니다. 역사적으로 보면 유대인들은 다른 민족에게 왕따를 많이 당했습니다. 영토가 없음으로 어떻게든 살아남아야 한다는 악바리 근성이 강한 민족입니다. 돈이면 눈에 불을 키고, 똑똑하고, 근면하며, 교육열이 높고, 배타적입니다. 역사상 세계 정치 경제 문화의 탑클래스에 항상 이들이 있었습니다. 분명히 이민족인데 본토인보다 더 잘 살고 거들먹거린다는 것이 왕따의 이유가 되었습니다.

어쨌든 바울은 아굴라와 브리스길라를 우연히 만나 몇 마디 이야기를 나누는 중에 이 부부가 로마에서 이미 예수를 믿고 있었고 더 놀라운 것은 예수가 왜 그리스도인지를 바울만큼 정확히 알고 있었다는 점이었습니다. 부부는 황제의 추방령 때문에 이역만리 고린도까지 오게 되었다고 했고 사도바울도 순회선교하다 얼마 전 아덴에서 내려왔다고 하자 서로 반색하며 아굴라와 브리스길라 부부는 바울에게 자신들의 집에 머물 것을 청했습니다. 마치 자주장사 루디아의 집이 빌립보교회의 시작이었듯이 고린도교회는 아굴라와 브리스길라의 집이 그와 같았습니다.

흥미로운 부분은 3절의 말씀처럼 이 부부와 사도바울이 생업이 같았습니다. 사도바울의 고향인 '다소'에는 로마군이 주둔해 있었는데 주둔지 막사를 짓고 수리하는 일에 사도바울의 집이 종사하고 있었습니다. 그래서 사도바울에게는 천막제작수리 기술이 있었습니다. 사도바울은 아굴라와 브리스길라 집에 거하면서 심리적 경제적으로 어느 정도 안정을 찾게 됩니다. 로마서 16장 4절로 가면 바울은 이 부부를 향해 "그들은 내 목숨을 위하여 자기들의 목숨을 내놓았나니 나뿐만 아니라 이방의 모든 교회가 그들에게 감사하느니라!" 하고 고마운 마음을 피력하고 있습니다.

이 당시의 선교는 초장기라 선교비용이나 일정, 시간과 장소 등 전반에 걸친 선교셋팅을 세우고 하는 게 아닙니다. 파송교회인 안디옥교회에서 일정분 선교비를 지급받기도 했지만 대부분은 자비량으로 스스로 벌어가며 선교여행을 다닙니다. 더욱이 사도바울은 사도권을 의심받았습니다. "베드로나 야고보는 사도임으로 거처와 사례를 교회에서 책임지는데 바울은 사도도 아니니까 저렇게 선교비 청구도 못하는 거 아니냐!" 뭐 이런 소리까지 들었습니다.

오늘 본문 3~5절 말씀처럼 사도바울은 동역자들인 실라와 디모데가 다시 합류하면서 다시금 힘을 내서 복음을 전했다고 하는데 5절의 표현처럼 안식일마다 회당에서 말씀에 붙들려 복음을 전했습니다. "말씀에 붙들려"가 중요합니다. 내가 말씀을 붙드는 게 아닙니다. 바울은 "내가 복음에 빚진 자로되 복음을 전하지 않으면 내게 큰 화가 미친다!"라고까지 했습니다.

그렇게 말씀의 능력에 사로잡혀 복음을 전하면 듣는 자들이 다 예수를 믿어야 하는데 그건 아닙니다. 물론 9절 이하처럼 회당장 그리스보의 집과 많은 수의 고린도인들이 믿고 세례를 받지만 대부분은 대적하는 유대인들입니다.

유대인들의 회당은 사도바울에 있어 선교의 교두보이면서 또한 대적들이 있는 곳입니다. 소수의 유대인들이 복음을 받았지만 그들 또한 예수만 믿으면 안 되고 율법을 지켜야 한다고 딴지를 놓았습니다. 그러니까 동족 유대인은 바울에게 애증의 대상입니다. 6절에 대적하는 동족들에게 "옷을 털면서 나는 할 만큼 했다! 내 책임을 다 했다! 이제 나는 이방인에게 간다!"하며 안타까운 마음을 드러냅니다.

사도바울은 고린도를 심약한 가운데 두려워하며 들어왔지만 비교적 다른 곳보다 오래 머물며 교회를 세웠습니다. 약할 때 강함 되신 주님의 능력이 우리 모두를 사로잡기를 기도합니다.

"읽는 설교"
30. { 아볼로 }

(사도행전 18:24~ 19:7)

오늘은 '아볼로'라고 하는 인물과 더불어 '요한의 세례'라고 하는 부분을 살피도록 합니다. 25절에 "아볼로가 요한의 세례만 알 따름이라!"고 했는데 '아볼로'는 누구며 '요한의 세례'는 무엇인지 함께 풀면서 오늘 주시는 메시지를 받겠습니다.

'아볼로'는 초대교회에 거의 사도바울과 동급으로 사역하며 활동했던 인물입니다. 말씀의 은사가 크게 임하여서 고린도교회의 4개의 분파 중에 하나를 차지할 정도로 큰 세력을 형성합니다. 사도바울은 고린도전서에서 "나는 심었고 '아볼로'는 물을 주었다 심는 이나 물주는 이는 아무것도 아니로되 오직 자라게 하시는 이는 하나님이시다 우리는 다 하나님의 동역자요 너희는 하나님의 집이요 밭이다!"라고 했습니다.

24절을 보면 아볼로의 출시지가 '알렉산드리아'라고 밝히고 있습니다. 로마제국 당시의 정치 행정의 중심이 로마였다면 교육 문화의 꽃을 피운 곳이 알렉산드리아입니다. 당시에 박물관과 함께 책이 40만 권에 달하는 도서관이 있었고 교회역사에서도 알렉산드리아 교구로 '오리겐', '아다나시우스' 같은 홀륭한 교부들이 활동했던 지역이기도 합니다. 북아프리카 연안에 있는 고대도시로 지금은 지중해에 수몰되었습니다.

당시에 사람들이 알렉산드리아 출신이다 하면 일단 학문적 배경이 있는 사람입니다. 24절에 "이 사람은 언변이 좋고 성경에 능통한 자라!" 되어있는데 이전 성경에는 '언변이 좋고'를 '학문이 많고'로 번역했습니다. 25절 그가 어려서부터 주의 도를 배워 구약성경인 모세오경, 시가서, 역사서, 선지서등을 통해 왜 예수가 그리스도인지를 설명하고 밝히는데 아주 탁월한 능력을 보였습니다.

사
도
행
전

강
해

137

그래서 28절의 말씀처럼 "이는 성경으로써 예수는 그리스도라고 증언하여 공중 앞에서 힘있게 유대인의 말을 이기더라!"가 되었습니다. 이렇게 학문 역사 언어 모든 부분에서 완전한 지식을 가지고 있던 아볼로에게도 2%부족한 것이 있었는데 그것은 25절 말씀과 같이 "요한의 세례만 알 따름이라!"입니다.

세례요한의 메시지는 한 마디로 "회개하라!"입니다. "도끼가 나무 뿌리에 놓였으니 회개하는 자마다 구원받지만 회개치 않는 자는 찍혀 불 가운데 던지울거다!", "나는 너희를 회개하게 하기위해 물로 세례를 주지만 내 뒤에 오시는 이는 나보다 크시니 그는 성령과 불로 세례를 줄거다!" 예수님은 승천하시기 직전 사도행전 1장 5절에서 "요한은 물로 세례를 주었으나 너희는 몇 날이 못 되어 성령으로 세례를 받으리라!"

회개를 촉구하는 '요한의 세례'와 함께 언급되는 것이 '성령세례'입니다. 사도행전에 성령세례는 총 4번 기록됩니다. 2장 마가의 다락방에서, 8장 빌립집사님의 사마리아성 전도 때에, 10장 고넬료의 집에서, 그리고 오늘 19장입니다. 이게 다 한 개인의 신앙분발을 위한 것도 있지만 그 보다는 교회공동체를 견고한 반석에 세우고 힘을 더하게 하기 위함입니다.

'요한의 세례'는 말 그대로 '회개의 세례'입니다. 그러나 회개함으로 죄책에서 벗어나고 "이제 지옥 안 간다! 심판을 면했다!"에만 머물러 있는 것은 너무나 가난하고 빈약한 신앙입니다. 회개만 아는 요한의 세례에서 하나님의 자녀로서 누리는 자유와 책임으로 나아가는 것이 성령세례입니다. 신앙은 하나님의 자녀가 되기 위한 싸움을 벌이는 것이 아니라 십자가를 통해 내가 하나님의 자녀됨을 날마다 확인하는 것입니다.

26절에서 요한의 세례만 아는 아볼로에게 "아굴라와 브리스길라가 듣고 데려다가 하나님의 도를 더 정확하게 풀어 이르더라!"가 바로 이 말씀입니다. "아볼로 청년! 당신의 학문과 식견과 언변은 참으로 훌륭하오! 그러나 요한의 세례에만 머물러 있어선 안 되고 성령세례로 나아가야 하오!"

그럼 '성령세례'는 도대체 뭔지를 봅니다. '성령세례'는 두 가지 차원입니다. 먼저는 개인의 구원과 영생과 거듭남을 위해 찾아오시는 성령세례입니다. 사도바울은 고린도전서 12장 3절에서 "성령으로 말미암지 않고는 아무도 주를 그리스도라 시인할 수 없다!" 했기에 예수 믿는 자는 이미 성령세례 받은 것입니다.

다음으로는 교회에 건덕을 세우고 교회를 능력 있게 하기 위해 은사로 주시는 일종의 선물로써의 성령세례가 있습니다. 사실 고전 12장의 내용은 유독 은사가 많았던 고린도 성도들이 자신들의 은사를 계급화 하고 특권의식 우월감속에 마치 "방언도 못하면 구원도 못 받는 것이다!" 라고 하는 자들에게 바른 가르침을 줄 때에 예수 믿은 자는 이미 성령세례를 받은 것이다. 그런데 교회공동체의 하나됨과 결속을 위해 은사로써의 성령세례를 주신다. 은사로서 주시는 성령세례는 개인적 용도와 유익을 위해 사용해서는 안 되고 오직 몸된 교회를 세우는 일에 쓰여져야한다.

오늘 본문 19장 1절 이하를 보면 아볼로가 고린도에 있을 때 바울이 윗 지방을 다니며 어떤 형제들을 만났는데 바울이 묻기를 "너희가 믿을 때 성령을 받았느냐? 아뇨! 듣도 보고 못했는데요! 그럼 무슨 세례를 받았냐? 요한의 세렙니다! 요한이 회개의 세례를 베풀었는데 내 뒤에 오는 이를 믿어야 한다고 했다! 그래서 예수이름으로 세례를 주고 안수하니 방언도 하고 예언도 했다!"

이와 비슷한 본문이 사도행전 8장에도 있습니다. 빌립집사님이 사마리아성에서 전도할 때 사마리아에도 예수믿는 사람들이 생겼다는 말을 듣고 베드로와 요한이 내려가서 안수할 때 성령이 오십니다. 8장 16절입니다. "이는 아직 한 사람에게도 성령 내리신 일이 없고 예수이름으로 세례만 받을 뿐이더라 이에 두 사도가 안수하매 성령을 받는 지라!"

두 사건 모두 사도들이 성령받기를 위해 기도하며 안수했다는 공통점이 있습니다. "성령세례 못 들어봤는데요!", "그래요! 그럼 우리 안수기도합시다!" 해서 받게 된 성령세례라는 것입니다. 성령세례는 성도로 하여금 교회를 세우는데 꼭 필요한 것이기에 부족한 종이 손을 들어 기도할 때 각양 좋은 은사들이 내리기를 축복합니다.

아볼로가 요한의 세례에만 머물러있었다는 것은 우리가 예수 믿는 순간 신분과 지위의 완전한 변화가 일어났음을 간과한 것입니다. 내 모습이 지금 어떠하든 나는 하나님의 아들이며 딸입니다. 성령세례는 각양의 은사가 주어짐을 통해 성도로 하여금 힘을 더하여 교회를 섬기며 주를 바라보게 하기 위함입니다.

로마서 8장의 말씀처럼 "너희가 다시 무서워하는 종의 영을 받지 않고 양자의 영을 받았으므로 '아빠 아버지'라 부르짖느니라! 성령이 친히 우리 영으로 더불어 우리가 하나님의 자녀인 것을 증거하나니…"에서 보듯이 자녀의 영이 먼저 임한 것입니다. 자녀의 영이 먼저이고 그 다음이 사역으로서의 성령세례입니다. 이제 후로는 상을 받아도 매를 맞아도 오직 자녀로서 받습니다.

어떤 목사님 자녀는 잘못해서 실컷 두들겨 맞고도 밥시간 되면 당당히 식탁에 앉아 밥 달라고 한다고 하는데 아주 건강한 신앙입니다. 잘못한건 잘못한거구 밥은 밥입니다.

아볼로가 히브리서를 썼다고 하는 학자의 말에 동의합니다. 히브리서 4장16절입니다. "그러므로 우리는 긍휼하심을 받고 때를 따라 돕는 은혜를 얻기 위하여 은혜의 보좌앞으로 담대히 나아갈 것이니라!" 아볼로에게도 임한 성령의 세례가 우리 모두에게도 임하기를 축복합니다.

"읽는 설교"
31. { 스게와의 일곱 아들 }

(사도행전 19:8~ 20)

사도바울의 3차 전도여행을 함께 합니다. 바울은 에베소의 두란노라고 하는 서원에서 선교여행 중 가장 오래 머물며 말씀을 강론했습니다. 16절 말씀처럼 "두 해 동안 이같이 하니 유대인이나 헬라인이나 다 주의 말씀을 듣더라!" 사람들이 단순히 예수천당 불신지옥을 들은 것이 아니라 하나님을 깊이 아는 말씀의 폭포수 아래 거한 것입니다. 예수님도 마태복음 5장에서 무리를 보시고 감람산에 앉으시니 제자들이 나아와 말씀을 들었다 했습니다.

사도바울이 로마서 10장에서 말씀하듯이 "전하는 자가 없는데 어찌 듣겠으며 듣는 자가 없는데 어찌 믿겠습니까!" 믿음이 들음에서 난다고 하는데 깊이 듣고 깨닫는 만큼 하나님께 가까이 가는 은혜를 맛봅니다. 하나님은 사도바울을 통해 말씀을 전하게 하시면서 큰 능력이 나타나게 하셔서 사도바울의 손수건이나 앞치마를 가져다가 병든 사람에게 얹으면 병이 낫고 귀신도 쫓겨 가는 신비한 역사를 보이셨습니다. 여기서 한 가지 주목하고 싶은 것은 바울의 앞치마입니다. 앞치마는 시중드는 자의 것이지 주인에게 어울리는 것이 아닙니다. 어디서나 섬기는 자로서의 사도바울을 추측할 수 있는 매개입니다.

오늘 사건의 발단은 이 앞치마 사건으로 말미암습니다. 그 지역에서 활동하는 마술사(사도행전에는 마술사가 많이 나옴)가 가만히 보니까 사도바울이 병을 고치고 귀신을 쫓아 낼 때 항상 '예수의 이름을 사용하더라!' 입니다. 그래서 '나도 한 번 불러볼까!'가 됩니다.

그러니까 예수의 이름을 진심과 경외함으로 부른 것이 아니라 한 번 시험 삼아 망령되이 부른 겁니다. 나의 유익과 만족과 벌이를 위해서 철저히 동원된 이름으로서의 예수 이름이 되었습니다. 일종의 부적이

나 주문과도 같습니다.

그런 자들 가운데 다른 사람도 아닌 제사장의 아들들도 이런 일을 행합니다. 스게와의 일곱 아들입니다. 쉽게 말하면 자신들의 유희(놀이)를 위해 예수이름을 불렀습니다. 그랬더니 악귀가 뭐라 하냐면 14절에 "내가 예수도 알고 바울도 아는데 너희는 누구냐!" 하면서 덤벼들어 힘으로 제압하여 그들의 몸을 상하게 하자 이 사람들이 발가벗고 도망갑니다. 예수이름으로 악귀를 쫓은 것이 아니라 반대로 악귀에게 쫓겨났습니다.

여기에 오늘 우리가 들어야하는 메시지가 있습니다. 예수의 이름은 철저히 관계성에서 불리워지는 이름이지 부적이나 주문이 아닙니다. 관계성이라고 해도 하나씩 주고받는 보상관계나 이해관계로 얽힌 것도 아닙니다.

예수는 나의 죄를 대속하기 위해 이 땅에 오신 하나님의 독생자이시며, 부활승천하신 후엔 성령으로 나와 함께 계시며, 하나님을 알게 하시고, 믿음을 자라게 하시며, 하나님의 아들이고 딸이라는 신분과 지위를 붙들게 하시며, 내 인생의 목자가 되셔서 모든 인생길을 인도하시고, 내가 죽을 때에 내 손을 잡고 천국으로 인도하시는 깊고도 끈끈하고 절절한 관계 속에서 불리워지는 이름이라는 것입니다.

이렇게 깊고도 끈끈하고 절절하게 불리워지는 이름이 될 때에 성경은 하나님과 우리사이를 가리켜서 '나는 네 하나님 너희는 내 백성!'이라 하시고 '너는 나의 신부이며 나는 너의 신랑!'이라 하시며 그 보다 더 깊은 '아버지와 자녀의 관계'로 설명하십니다. 깊은 관계로 갈수록 그 가운데에는 사귐과 교제와 소통이 있습니다. 우리의 기도가 간구의 기도인 것도 맞지만 기도가 깊어지면 사귐의 기도로 가게 됩니다. 그 나라백성이라면 주님께 충성을 그분의 신부라면 정조와 순결을 그분의 자녀라면 온전한 순종이 있습니다.

기독교는 죄책을 없애자는 것도 아니고 최상의 도덕율을 이루자는 것도 아니며 세상에서 성공하자는 것도 아닙니다. 기독교는 그분의 백성으로 그분의 신부로 그분의 아들로 딸로 오늘이라는 시간을 살아내는 것입니다. 이것을 포기하고 거부하고 외면하는 것이 불신앙입니다.

구약의 이스라엘을 보면 하나님은 이들을 애굽에서 나오게 하실 때 온전히 하나님이 모든 것을 계획하시고 직접 행하시는 것을 보게 됩니다. 미디안의 노인 모세를 택하셔서 내 백성을 이끌어 내라 하시고, 애굽에 10가지 재앙을 내리셔서 바로 왕이 이스라엘을 놓아주게 하시며, 이스라엘이 홍해 앞에 섰을 때에는 출애굽기 14장 13절에서 이렇게 말씀합니다. "너희는 가만히 있어 오늘날 너희를 위해 행하시는 하나님의 구원을 보라!"

이스라엘이 애굽을 나온 것은 신약으로 하면 죄악세상에서 구원받아 천국백성된 것을 상징하는 사건입니다. 구원받기까지 이스라엘이 한 것은 아무것도 없습니다. 우리가 구원받아 하나님의 백성이 되기까지 우리가 한 것이 아무것도 없는 것과도 같습니다.

그러나 이제 홍해세례 받고 하나님의 백성이 되었으면 거꾸로 홍해가 열리는 일은 없습니다. 좋든지 싫든지 광야에서 살아내야 합니다. 광야가 애굽과 다른 것은 애굽에서 나올 땐 하나님이 다 하셨지만 광야에서는 이제 내가 해야 합니다. 종노릇 하다가 자유인이 되었다는 것은 권리와 동시에 책임이 주어졌음을 의미합니다. 권리는 내가 주장하는 것이라면 책임은 내가 반드시 해야만 하는 의무입니다. 권리와 책임은 서로 상관관계를 지닙니다. 내가 권리를 주장함은 책임을 다하기 위함이고 책임을 다 할 수 있음은 내게 주어진 권리가 있기 때문입니다.

이스라엘은 책임 있는 자유인의 삶을 살기를 포기하고 도망가고 거부했습니다. 눈치보고 원망하고 책임회피 하는 노예근성이 결국 결정적으로 광야에서 하면 안 되는 말을 하게 했습니다. 애굽으로 돌아가

자는 말입니다. 이 말로 하나님이 크게 진노하십니다. 이 말의 영적인 의미는 "죄악세상으로 다시 돌아가자!"입니다. "애굽을 나와 봤자 물도 없고 맛없는 만나뿐이다!" 하며 불평합니다. 자녀가 되어 부모에게 절대로 할 수 없는 말이 있습니다. "왜 나를 낳았어요!" 이건 패륜입니다.

우리는 죄악세상을 나왔기 때문에 다시 돌아갈 수 없습니다. 마른 땅을 살아내고 가나안 7족속을 쫓아내야만 합니다. 이 과정에서 우리는 단련되고 이 시간들을 통해 믿음이 자라납니다. 자람은 곧 시간입니다. 시간 없는 자람은 없습니다.

"뱀과 전갈이 있는 곳 곧 물이 없고 간조한 땅을 너희로 지나게 하신 것은 너희를 낮추고 시험하사 내 명령을 잘 지키는지 아니 지키는지 알아보려하심이라!" 말씀하신 하나님입니다. 신약의 성도들도 마찬가집니다. 나를 죄악세상에서 나오게 하시고 인생광야에서 훈련시키시고 젖과 꿀이 흐르는 땅으로 들어가기까지 온전히 하나님과 나 사이를 불변하시는 영원한 언약 안으로 인도하시는 하나님을 경험하는 것입니다.

물론 처음 교회 나와 "하나님 나 좀 도와주십시오!" 할수 있죠. 그런데 하나님은 그 사람을 도와주시고 그냥 가던 길 가시는 분이 아니라 그 사람으로 하여금 당신과의 깊은 관계 속으로 끌어들이십니다. 필요할 때 급할 때 부르는 이름이 맞기도 하지만 그보다는 모든 삶의 자리에서 긴밀하게 끈끈하게 절절하게 부를 수 있는 이름이 예수의 이름입니다.

하나님과의 관계설정 없는 신앙은 자기기만이지 기독교는 아닙니다. 내가 한 종교행위로 인한 만사형통 무병장수로만 기독교를 이해한다면 우리는 다른 이방종교와 다를 것이 없습니다. 교회는 끊임없이 성도들에게 지금 내가 하나님과 어떤 관계로 묶여있는지 가르치는 곳입니다. 오늘 에베소에서 사도바울은 이 말씀을 오랜 시간 전한 것을 믿습니다.

32. { 말씀에 부탁하노니... }

(사도행전 20:17~ 37)

    사도바울의 3차 전도여행은 이곳저곳을 다니기 보다는 에베소에서 오래 머물면서 말씀을 가르치는 사역을 했습니다. 19장에서 2년간 에베소에 머물렀다 했는데 20장에 오니 3년 세월이 흘렀습니다. 깊이 있는 말씀사역에 집중한 시간입니다.

    20장 7절 이하를 보면 사도바울이 밤늦게까지 말씀을 강론하는 바람에 '유두고'라는 청년이 꾸벅꾸벅 졸다가 3층 창문난간에서 그만 떨어지게 됩니다. 사람들이 놀라서 내려가 보니 죽었습니다. 사도바울이 가서 그 위에 엎드려 "생명이 아직 있다!" 하며 살려내었습니다.

    사도바울이 지금 생명의 말씀을 전하고 있는데 생명을 잃어버리는 일이 생긴 겁니다. 하나님은 말씀이 전해지는 현장에 생명을 불어넣으시는 일을 하셨습니다.

    떨어져 죽은 유두고가 살아난 일로 인해 하나님의 살아계심을 경험하게 된 것과 더불어 사도바울의 권위가 높아졌습니다. 이 일이 있고 얼마 후 사도바울은 에베소의 모든 장로들을 불러 모으고 마지막 고별설교를 합니다. 성도들을 대상으로 한 설교가 아니라 당시에 교사와 감독 장로로서 가르치는 위치에 있던 사람들을 앞에 두고 한 설교입니다.

    20장 18절부터 35절까지 설교 전문입니다. "성령에 매어서 내가 예루살렘으로 가야 한다. 거기 가면 환대와 환영이 나를 기다리는 것이 아니라 환란과 핍박이 기다리고 있다! 그러나 내가 주 예수께 받은 사명 곧 은혜의 복음을 증거 하는 일을 마치려 함에는 나의 생명을 조금도 귀한 것으로 여기지 않는다!"

    "하나님은 여러분들로 하여금 양떼를 맡아서 피로 사신 교회를 돌보게 하셨다! 그런데 사나운 이리가 여러분 가운데 들어와서 농락할 것이다! 여러분들 가운데도 자기를 따르게 하려고 어그러진 말을 하는 사람들이 생겨날 것을 내가 이미 알고 있다! 그럼으로 내가 3년이나 밤낮 쉬지 않고 눈물로 훈계했던 것을 잘 기억하라!"

"내가 은금이나 의복을 탐하지 않았고 나와 내 동역자들이 쓸 것을 내 손으로 벌어서(천막수선) 썼다! 그것으로 약한 자를 돕고 주님께서 주는 것이 받는 것보다 복되다는 말씀을 실천했다!"

그리고 마지막 축복기도를 하자 사도바울이 "이제는 다시 보지 못할거라!" 한 말에 마음이 아파서 사도바울의 목을 끌어 앉고 모두가 함께 펑펑 울게 됩니다.

사도바울이 3년간이나 말씀을 강론했던 에베소를 떠나 예루살렘으로 가면서 예수님과 같은 마음이 되었습니다. 예수님도 "너희를 보냄이 이리떼 가운데 보냄같다 그럼으로 뱀같이 지혜롭고 비둘기같이 순결해야한다!" 하셨습니다. 진리의 말씀가운데 에베소교인들을 세워 놓았지만 틀림없이 흉포한 이리떼가 일어나서 양떼들을 해칠 것을 생각하자 사도바울은 그 마음이 염려되어 마지막 설교를 통해 신신당부합니다.

사도바울이 말한 이리떼는 30절에 언급된 "자기를 따르게 하며 어그러진 말을 하는 자들"입니다. 곧 행위구원을 말하는 자들로 이들은 믿음으로만 구원 못 받고 자기 말을 들어야 구원받는다고 하는 데에 지금도 동일한 양태를 보입니다.

그런데 32절의 고백이 있어 사도바울은 마음을 놓고 떠날 수 있게 됩니다. "내가 여러분을 주와 및 은혜의 말씀에 부탁하노니 그 말씀이 여러분을 능히 든든히 세우사 거룩하게 하심을 입은 모든 자 가운데 기업이 있게 하시리라!"입니다.

사도바울은 믿음직한 후계자에게 양떼를 맡긴게 아닙니다. 천사들이나 권세자들에게 맡기는 것도 아닙니다. 말씀에 양떼를 맡기는 것으로 든든하다는 겁니다. "오직 말씀이 여러분들을 맡을 것이며, 붙들 것이며, 지킬 것입니다!"

기독교는 말씀입니다. 기독교는 우리에게 말씀하신(알려주신) 하나님을 알고 그 지식에 기초해서 믿음을 갖습니다. 모여서 방언하고 신비체험 하는 곳이 기독교가 아닙니다. 그런 건 이방종교에도 다 있습니다.

기독교는 계시를 기초로 합니다. 전해지고 들려지고 알려진 계시를 통해서 갖게 된 믿음이지 사람에게 기초해서 그 사람의 치성이나 기도나 득도함으로 갖게 된 믿음이 아닙니다. 계시라고 하면 사람들은 "어젯밤에 내가 꿈에 계시를 받았습니다!" 이런 것만 생각합니다. 그러나 개혁교회가 취하는 '계시'는 오직 '성경'입니다. 성경 외에 계시는 없다는 신조가 개혁교회의 신앙입니다.

그럼으로 계시를 통해 갖게 된 믿음은 성경을 통해 갖게 된 믿음이라는 말과 일반입니다. 하나님이 누구신지? 하나님은 무엇을 목적하시고 어떤 방법으로 일하시는지? 등등 이렇게 성경을 통해 전해진 하나님을 듣고 깨달으면서 갖게 된 믿음입니다.

믿음이 어떻게 생깁니까? 들어서 생깁니다! 그러면 무엇을 들었습니까! 계시(성경)를 들었습니다. 깊이 들어서 하나님을 아는 만큼 깊은 믿음을 갖습니다. 믿음은 하나님을 아는 지식에서 나온다는 것이 오늘의 메시지입니다.

하나님을 아는 지식이 없으면 아무리 2~30년을 믿어도 믿음을 이해하길 내가 한 종교행위 즉 예배하고 기도하고 헌금한 것으로의 믿음이라 합니다. 하나님은 아브라함과 이삭과 야곱 그리고 모세와 다윗을 찾아가시고 만나주시고 부르셔서 그들에게 계시(말씀)를 주셨습니다. 그래서 그들이 믿음의 사람들이 됩니다.

이와 같이 말씀에서 비롯된 지식이 믿음을 도출하고 그 믿음은 행위를 부릅니다. 사실상 지식과 믿음과 행위는 하나입니다. 지식 없는 믿음은 무조건 덮어놓고 믿는 맹목이고 허망함입니다. 장례식장 가서 실컷 울었는데 아침에 "그런데 누가 죽었죠?" 하는 것과 같습니다. 실제로 이런 경우가 종종 있습니다. 믿음 없는 행위도 마찬가집니다. 사람의 위대함을 높이는 인본주의 휴머니즘이지 그곳에 하나님은 없습니다.

뒤집어서 그러면 행위 없는 믿음은 존재할 수 있습니까? 야고보서에서 행위 없는 믿음은 죽은 믿음이라 했는데 저는 있을 수 없다고 봅니다. 정말 내가 천국과 지옥을 만드신 하나님을 믿고 그 분이 보내신 예수를 창조의 주, 구원의 주, 심판의 주로 믿는다면 세상을 보는 가치관과 인생관이 바뀔 수 밖에 없습니다.

삶의 원리가 어찌 바뀌지 않고, 말과 행동에 어찌 변화가 없겠습니까! 물론 믿음이 연약해서 질퍽대고 넘어지는 일은 있을 수 있겠지만 요셉의 고백처럼 "내가 어찌 하나님 앞에서 득죄하리요!"를 말하지 않을 수 없습니다.

믿음으로 구원받는 다고 하는 말은 참으로 깊고 오묘하며 신비한 말입니다. 강요나 억지나 선동이 아닙니다. 차라리 중세교회가 타락했을 때 '돈 내면 면죄부 하나씩 준다!' 해서 받은 구원이라면 이해가 쉽습니다. 그러나 그런 식의 구원이라면 면죄부는 일종의 부적입니다.

믿음은 그런 게 아니라 그 믿음을 내게 주시는 대상이 존재합니다. 그 분이 계속해서 찾아오셔서 그 분에 관한 지식을 주셔서 알게 된 그 분이고 그 지식에서 말미암아 갖게 된 믿음입니다. 여기서 알려주셨다는 게 중요합니다. 말씀이 육신이 되어 우리가운데 오셔서 갖게된 믿음이지 우리가 말씀으로 간 게 아닙니다.

말씀에 순종해서 내가 축복받았다. 이게 말씀에 대한 쉬운 이해라면 성경적 바른 이해는 내가 말씀에 순종하도록 말씀이 나를 붙드는 것입니다. 그리고 나를 믿음과 행위과 복이 있는 곳으로 이끌고 갑니다.

오늘 사도바울이 마지막 고별설교를 하면서 "여러분을 말씀에 부탁하노니 그 말씀이 여러분을 능히 든든히 세울 것입니다!" 라는 말씀의 의미를 밝히 아는 오늘이기를 축복합니다.

"읽는 설교"
33. { 걸음... }

(사도행전 21:17~ 37)

신앙생활은 하나님이 우리 앞에 두신 시간을 살아내는 것입니다. 시간을 살지 않는 사람이 어디있겠습니까만은 시간을 산다는 것은 목적지를 바라보고 걸어간다는 말입니다. 오늘이라는 시간이 모여서 평생이라는 인생걸음이 됩니다.

그 오늘이라고 하는 길을 걸어갈 때 그 길이 꼬부라진 길이라서 미로처럼 헤매이기도 하고 요철이 심한 길이라서 발바닥이 아프기도 하며 때로는 산을 넘는 길이어서 헐떡이기도 하며 강을 건너는 길이라서 거센 물살을 이겨내야 하는 때도 있습니다. 목적지가 있고 길이 있고 그리고 걸음이 있습니다. 걸음이 바로 시간이고 인생입니다.

우리는 모두가 다 목표라고도 할 수 있는 목적지를 향해 나아갑니다. 입시와 취직과 결혼과 성공과 자기실현이라는 목적지입니다. 그런데 이런 건 다 단기간의 일시적 목적집니다. 우리가 도달해야 하는 목적지라기보다는 우리를 기다리고 있는 목적지가 있습니다. 우리가 애쓰면서 가야하는 곳이 아니라 우리가 너나없이 여기에 이르게 되는 목적집니다. 그것은 종말입니다.

예수 믿는 사람들은 저 앞에 있는 종말을 지금이라는 시간으로 가지고 와서 사는 사람들입니다. 성도들의 종말은 천국이고 부활이며 영생입니다. 운명이 이미 정해졌습니다. 운명이 하나님의 아들로 딸로 정해졌다는 것을 믿고 그 사실을 의지해서 오늘을 이기는 사람들이 저와 여러분입니다. 우리 앞에 아무리 힘든 현실의 시간이 있어도 "넌 이미 이긴 자니까 이긴 자로 지금을 한 번 살아봐라!" 말씀하시는 하나님을 들을 수 있어야 합니다. 운명되어진 종말에서 지금을 조명하고 해석하고 설계하는 것입니다.

하나님이 일하시는 방법

150

디모데후서 4장을 보면 목회사역을 마무리하는 시점에서 사도바울이 제자 디모데에게 이런 고백을 합니다. "내가 선한싸움을 싸우고 나의 달려갈 길을 마치고 믿음을 지켰으니 이제 나를 위해 의의 면류관이 예비되어있다. 곧 의로우신 재판장이 내게 주실 것이요 나뿐만 아니라 주의 나타나심을 사모하는 모든 자들에게니라!" 저 앞에 내가 받아야 할 '의의 면류관'이 있는 겁니다. 면류관을 받기 위해서라기보다는 그 면류관을 받을 자이기에 오늘 나는 믿음의 선한싸움을 싸우고 나의 달려갈 길에 충실한겁니다.

오늘 28절에서 사도바울이 예루살렘 성전에 있는 것을 본 유대인들은 대번에 "저 놈 잡아라! 저 놈은 각처에 있는 우리의 회당을 돌아다니며 모세의 율법을 배반하고 우리의 관습을 지키지 말라고 말한 민족반역자다!" 하면서 잡아다가 매질하고 죽이려고 했는데 바울은 로마시민이라 유대법에 저촉될지언정 로마법에는 아닐 수 있음으로 함부로 대할 수가 없었습니다. 사실상 사도행전 22장부터 마지막 28장까지는 사도바울이 여기저기 끌려다니며 자기 변호하는 내용입니다. 벨리스총독에게 끌려갔다가 임기가 다하여 베스도 총독에게 그리고 아그립바 왕에게 마지막 로마의 황제에게 재판받기위해 로마로 가면서 사도행전은 끝이 나고 있습니다.

사도행전을 우리가 하면서 놓치면 안 되는 것이 있습니다. 사도행전은 성령폭발로 일어난 성령세례(충만) 받은 사람들이 각지로 흩어져 복음을 전하면서 시작됩니다. 1장 8절의 말씀처럼 "오직 성령이 너희에게 임하시면 너희가 권능을 받고 예루살렘과 온 유대와 사마리아와 땅끝까지 이르러 내 증인이 되리라!" 하셨는데 이때 받은 권능이 세상 권세 앞에서 보란듯이 나를 증명해주는 그런 권능이 아니더라입니다.
물론 중간 중간 앉은뱅이를 일으키고, 지진이 나고, 천사가 옥문을 열어주고, 바울의 손수건이 치유와 축사를 일으키며, 죽은 유두고를 살려내기도 하지만 사도행전의 대부분의 내용은 사도들이 잡혀가고

매 맞고 갇히고 풀려나고의 반복입니다. 사도바울이 어디를 갔다가 누구를 만나서 배타고 저리로 갔더니 믿는 자도 있고 안 믿는 자도 있더라 그 과정에 발음하기도 힘든 수많은 지명과 대수롭잖은 인물들이 기록됩니다. 사도바울은 특별한 계획을 세우고 다니는 선교여정이 아닙니다. 자기를 어디로 인도하실지 알지 못합니다. 발길 닿는 곳이 선교지이고 그곳에서 오늘이라는 시간을 순례자처럼 걸어갈뿐입니다.

사도행전에서 우리가 주목해야 하는 것은 "복음전파의 역사가 지극히 평범하고 범상하고 일상적인 시간들을 통해 전해지는 복음이더라!"입니다. 극적이고 드라마틱한 영화 같은 이야기를 통해서가 아닙니다. 사도바울이 멋있게 로마황제 시저를 만나는 거는 기록되지도 않습니다. 사소하고 자질구레하고 아무것도 아닌 구차한 시간들과 끝없는 지명과 이름 없는 사람들의 조합을 통해 오늘 예수 믿는 나라고 하는 결과를 낳았다고 하는 부분입니다.

성경은 한 줄이 결코 그냥 기록되는 것이 아닌데 바로 그런 시답잖은 만남과 시간과 갈등과 부침속에 하나님이 일하시더라입니다. 우리는 다 영화를 좋아해서 영화같은 기승전결과 긴장과 박수갈채를 통한 하나님을 만나길 원합니다. 그런데 하나님은 그런 시간들보다 우리가 무시하는 시간과 일상을 더욱 귀하게 보시고 그 시간을 통해서 하나님이 맺고자 하는 열매를 주신다는 것을 역으로 알려주시기 위해 오늘 사도행전은 우리에게 사도바울이 어디를 가고 누굴 만나고 헤어지는 평범한 시간들을 계속해서 말씀합니다.

사도바울이 치밀하게 세운 선교일정에 맞춰서 모든 일이 착착 진행된 선교였다면 사도바울은 교만해질 수 있었기에 하나님은 그 길을 미리 차단하십니다. 사도바울의 설교를 듣고 어떤 사람은 예수를 믿었는데 또 어떤 이는 믿지 않았습니다. 왜 믿었는지 모르고 왜 안 믿었지를 모릅니다. 병이 걸렸는데 왜 병이 걸렸는지 모르고 나았는데 왜 나았는지를 모릅니다. 사실 저는 왜 저 교회와 음식점은 사람이 터지고 왜 저기는 파리 날리는지 모르는 경우가 허다합니다.

사람이 할 수 있는 부분이 있고 그 위를 상회하는 초월이 있다는 것을 말씀드리기 위해섭니다. 약하고 사소한 것을 무시하지 않고 작은 일을 통해 일하시는 주님을 만날 수 있어야 합니다. 작은 일에 충성하고 보잘것 없어 보이는 시간을 살아내라 입니다.

길은 시간과 함께 항상 우리 앞에 있습니다. 영광의 길이기보다는 대부분 평범의 길입니다. 그리고 또 어떤 길은 마음이든 육신이든 아파서 신음소리가 나는 길 일수도 있고 비명소리가 들릴 수도 있습니다. 중요한 것은 그 길을 가고 있다는 겁니다. 포기하면 반대로 사람이 히죽히죽 웃는겁니다.

아후츠비츠 수용소 가스실에서 유대인들이 매일 죽어나갈 때 마지막 까지 살아서 그곳을 나온 사람들이 하는 말이 있습니다. 최악의 절망적인 상황이지만 거기서도 생의 의지를 가진 사람은 아침에 깨진 유리병으로 면도를 한답니다. 그리고 담배 한 개피를 소중히 여긴답니다. 시계하고도 외투하고도 바꾼답니다. 그러다가 모든 것을 포기하면 수염을 안 깎고 담배도 다 남 주고 아끼는 것이 없어진답니다. 간수가 뭐라 해도 말도 안 듣고 미친 사람처럼 웃고 다니다가 타겟이 되어 죽습니다.

우리가 왜 비명소리를 지르는 것입니까! 억척스럽게 악착같이 남에게 빼앗기지 않으려고 내 것을 지켜내기 위한 몸부림에서 나온 겁니다. 그러니까 길을 간다는 것은 오늘을 살아낸다는 것이고 걸어가든 뛰어가든 헐떡이며 가든 비명 지르고 가든 지극히 잘 살아가고 있는 것입니다. 믿음의 길도 마찬가집니다. 큰 일을 통해서가 아니라 인생 걸음 한 걸음을 통해서 오래참고 또 참는 인내의 시간을 통해서 그렇게 우리의 믿음은 하나님 앞에 온전해짐을 믿습니다.

34. { 듣지 아니하리라! }

(사도행전 22:6~21)

사도바울은 동족 유대인에게 민족반역자로 낙인이 찍혀서 목숨이 풍전등화 같은 상황에 처해집니다. 얼마나 사도바울에 적대감을 가졌는지 23장 12절을 보면 사도바울을 죽이기 전에는 40일 동안 먹지도 마시지도 않겠다고 동맹한 무리가 40명이나 생깁니다.

그러면 왜 이렇게 사도바울을 미워하는 것입니까? 율법을 지켜서 구원받는 것이 아니라 예수믿고 구원받는 것이라 했기 때문입니다. 그렇다고 사도바울이 율법을 폐기하고 없이하자는 게 아닙니다. 율법이 있어야 그것에 비춰서 범법도 준법도 있는 것이기에 하나님이 먼저 주신 것이다. 율법으로는 우리 모두가 다 범법자가 되니 하나님이 주신 의인 예수에게로 나아가야 참구원이 주어진다. 아무리 외쳐봐야 유대인에게 사도바울은 율법을 배반한 매국노였습니다.

사람들이 달려들어 사도바울을 잡아 족치려고 하자 이내 소요가 일어난 것을 그 지역 치안을 담당하는 천부장이 알게 됩니다. 당시 로마는 종교에 대해서는 관대하게 용인했지만 사회불안을 일으키는 소요와 소동에 대해서는 엄하게 다루었습니다.

일단 백부장을 시켜 사도바울의 신변을 확보하고선 묻습니다. "네가 혹시 일전에 4천명 데리고 광야로 들어간 애굽인이냐?" "아니다! 나는 길리기아 다소사람이다! 내가 내 백성에게 말 좀 하게 해 달라!" 해서 허락합니다.

"부형들이여 들으소서!" 하고 22장이 시작됩니다. "전에는 당신들과 똑같이 예수믿는 사람 잡아 족치는 사람이었다! 그런데 다메섹으로 가던중 예수를 만나고 나서 내 믿음과 생각과 열심이 잘못된 것을 알

왔다! 이 모든 것이 하나님이 하게 하신 것이지 내가 스스로 혼자 이렇게 나서서 예수를 전하는 게 아니다! 율법을 주신 분도 하나님이고 율법으로는 구원받을 육체가 없음으로 예수를 주신 분도 하나님이시며 오늘 핍박자였던 나를 택하셔서 이방으로 보내신 분도 하나님이시다! 사도바울의 요점이 이겁니다. "이 모든 일이 있고 되게 하신 분은 하나님이다!"

사도행전 5장에도 유대인들이 사도들을 잡아 죽이려하자 율법사 가말리엘이 일어나서 일전에 '드다'가 일어나 많은 사람이 따르다 그가 죽자 그 조직이 없어졌고 이어 '유다'가 일어나 사람들을 꾀었지만 역시 그가 죽자 유명무실해졌다. 이 사람들도 예수가 죽었으니 그리될 거다. 만일에 이 사람들의 일이 정말 하나님이 하시는 일이면 우리가 하나님을 대적하는 자가 된다. 그러므로 가만히 두고 어찌되는지 보자 해서 사람들이 옳다 여기고 사도들을 놓았습니다. 그런데 이번에는 아닙니다.

너희가 하나님을 대적하고 있다는 사도바울의 말에 유대인들이 21절에서 "이러한 자는 세상에 살려둬서는 안 된다 살려둘 자가 아니라!" 하면서 또 달려듭니다. 천부장이 생각하길 아무래도 사도바울이 무슨 잘못이 있는 것 같아 백부장을 시켜서 채찍질하고 심문하라고 하자 바울이 말하길 "로마시민권자인 나를 죄도 정하지 않고 그럴 수 없다!" 합니다. 이에 천부장은 "나는 돈 주고 시민권을 샀는데 너는 어찌 얻었냐?" 바울이 답하길 "나는 나면서 부터라!"

사도바울과 유대인의 율법에 대한 이해가 판이합니다. 굉장히 뿌리 깊은 고정관념이 너무 오랜 세월동안 고착화 되었습니다. 하나님은 사람을 위해 율법을 주셨는데 거꾸로 사람이 율법을 위해서 있게 됩니다. 사람을 위해 주신 안식일이 도리어 안식일을 위해 있는 사람이 됩니다. 그래서 안식일은 아파도 안 됩니다. 병 고치는 일도 일이기 때문에 하면 안 되는 것입니다.

하나님이 주신 율법을 엉뚱하게 해석하고 엉터리로 지키고 있으면서 자기들은 하나님을 잘 믿는 행세를 하고 있습니다. 최고의 권위를 가져야하는 하나님의 말씀보다 자기들의 유전과 구습과 주석이 더 힘을 발휘하는 겁니다. 정작 하나님은 어디로 가고 없습니다. 그래서 예수님이 "너희가 유전으로 하나님말씀을 폐하고 있다!" 탄식하신 것입니다.

우리도 자칫 잘못하면 이리 될 수 있습니다. 특별히 사모하고 열심 있는 분들이 조심해야합니다. 하나님하고는 전혀 상관없는 자기만족을 위한 자기신앙이 될 수 있습니다. 사도바울이 하는 말이 뭡니까? "내가 열심히 이 도를 핍박했다! 그게 하나님을 위한 것으로 알았다! 그런데 알고 보니 하나님을 대적하는 일이었다!"

그래서 항상 하나님의 뜻과 생각과 방법을 들으려고 해야지 사모함과 열심만 가지고 있으면 안 됩니다. 들으려 하고 귀를 열어놓아야 하는데도 불구하고 이 백성은 들으려 하지를 않습니다. 이들이 이렇게까지 배타적이 된 것은 자기들은 하나님이 특별히 선택했다고 하는 '선민의식'이 그들의 민족성 가운데 강하게 자리 잡았기 때문입니다.

그래서 사도바울은 그의 서신서를 통해서 이것을 깨는 작업을 합니다. "아브라함이 무슨 의로운 일을 해서 부름받은 것이 아니다! 그는 우상장사하고 있었다! 우리 조상 야곱이 무슨 의를 행해서 택함 받은 것이 아니라 어머니 뱃속에 있을 때 큰 자가 어린 자를 섬기리라 하셨기에 야곱이 어린 자 임으로 그렇게 된 것이다!", "하나님이 우리민족을 택하신 것은 오직 하나님의 은혜와 긍휼에 의해 되어진 것이지 우리 안에 의로움이나 가능성이 있어서 택함 받은 것이 아니다!"

지금 예수 믿는 우리에게도 똑같이 적용됩니다. 쉽게 걸려들 수 있는 함정입니다. 이런 겁니다. 내가 그래도 뭔가 좀 있으니까... 뭔가 남다른 게 있고... 예쁨 받을 구석이 있으니까 택함도 받고 축복도 받았다는 생각입니다. 성경이 말하는 은혜를 모르는 것입니다. 우리는 저 밖에서 하나님 하고는 전혀 상관없는 인생을 사는 사람 중 하나였습니다. 그 가운데 오직 은혜를 입어서 오늘 하나님의 아들과 딸이 된 것입니다.

오늘 사도바울을 보세요! 바울이 뭔가 예쁜 구석이 있어서 하나님의 종으로 삼은 것입니까! 다메섹 도상에서 밝은 빛 가운데 나타나실 때 사실은 벼락을 쳐야 하는 게 맞습니다. 지금도 예수 믿는 사람 잡아가고 때리고 죽이러 가는 길 아닙니까! 저 사람이 부름을 받는데 왜 부름 받는지를 모르는 것입니다.

혹자는 사도바울의 열심이 특심함으로 방향만 바로잡아서 교회를 위해 사용하기 위해 불렀다고 하는데 이는 서구의 실용주의 발상입니다. 이러한 해석은 당시 교회 내에 이미 목숨을 걸고 예수 믿고 있는 열심 있는 신앙인들을 모독하는 해석입니다. 하나님은 유용성차원에서 우리를 사용하려고 부르시는 것이 아니라 사랑하셔서 부르십니다. 주께서 우리에게 원하시는 것은 우리의 열심과 능력보다 우리가 진리의 말씀위에 서 있는 것입니다.

유대인들은 민족적 우월성과 자만심이 너무 컸습니다. 결국 사도바울의 17~20절의 말 때문에 "저 놈 잡아 죽여라!"가 됩니다. "예수님이 날 부르신 이후에 내가 성전에서 기도하고 있는데 환상 중에 주님이 말씀하시길 여기 있는 사람들은 네 말을 안들을 테니까 빨리 예루살렘을 나가라!" 하셨다. 그래서 내가 답하기를 "제가 얼마 전에 저들과 한패였다는 것을 저들도 압니다! 스데반을 돌로 칠 때 그 사람들의 옷을 제가 지키고 있었습니다! 그래도 안 들을까요? 안 든다! 그러니 빨리 이방으로 가라! 그래서 내가 이방의 사도가 되었다!"입니다.

유대인이 격분한 것은 "너희가 틀렸다!"라고 했기 때문입니다. 너희의 무지와 몰이해가 스스로 속는 자기만족의 신앙을 갖게 했다. 유대인 뿐 아니라 우리 모두는 무슨 말을 제일 싫어하냐면 "네가 틀렸다!"입니다. 저도 한 때 외골수 똥고집 내 눈에 흙이 들어가기 전에는 뭐 이런 거 있었습니다. 그러나 제가 은혜를 받고 나서 저는 항상 저 자신을 고칠 준비가 되어있습니다. 제 속에는 진리가 없음으로 진리의 말씀가운데 언제나 저를 수정하고 바로잡을 수 있습니다.

장로교가 개혁교단이 된 것은 칼빈이 말한 "교회는 끊임없이 개혁되어야 한다!" 는 기치 때문입니다. 이 말은 역으로 "교회와 성도는 끊임없이 진리의 말씀에서 벗어나려 한다!" 와 일치합니다. 내가 믿고 싶은 대로 믿고 그게 진리라고 끌어안고 사는 게 아니라 계속해서 하나님의 말씀을 듣고 하나님의 뜻과 방법을 깨닫고 그것으로 오늘의 나를 바로잡는 우리 모두이기를 소망합니다.

35. { 배타성과 포용성 }

(사도행전 23:1~11)

사도바울과 유대인들 간의 대립이 오늘도 격화됩니다. 사도바울의 논조는 "나도 너희와 같이 처음에는 하나님을 위한답시고 예수를 열심히 핍박했는데 알고 보니 그것은 반대로 하나님을 대적하는 일이었다!", "내 생각과 믿음과 열심이 틀렸고 잘못됐음을 알았다!" 여기서 내가 틀렸다는 것은 막연히 틀린 게 아니라 명확히 확인한 정답에 비추어서 나를 수정교정 바로 잡았다는 것입니다.

사도바울은 다메섹에서 정답이신 예수그리스도를 확인했습니다. 그러나 유대인들은 아닙니다. 그러니 "왜 내가 틀렸냐! 니가 틀렸다!"만 이어질 뿐입니다. 예수를 믿는다는 것은 예수를 만난 것이고 예수를 만난 것은 정답을 확인한 것입니다. 사도바울이 만나고 확인한 정답을 오늘날 나의 경험으로 주시기 위해서 하나님은 성경을 우리에게 주셨습니다.

오직 예수 안에서 참과 거짓 영원한 것과 썩어질 것 의미와 무의미가 나누어집니다. 예수를 모르면 의미와 가치를 모르는 것이고 정답과 진리에 무지한 것입니다. 그래서 나중에 인생의 단맛 쓴맛 다 보고나서 "내가 인생을 헛 살았구나! 내가 잘못 살았구나! 속았구나!" 라는 외마디 탄식을 하는 사람들을 보는데 이 말이 "내가 틀렸구나!"입니다.
"세상이 나에게 거짓말을 했구나! 돈만 있으면 권력만 있으면 될 줄 알았는데 그게 아니었다!"는 것입니다. 누가 당신 틀렸다고 하는 게 아니라 스스로 깨달아서 하는 고백입니다.

진리와 정답은 오직 예수그리스도이고 예수 안에서만 우리인생의 의미와 가치가 부여됩니다. 예수 안에서 하나님의 구원이 우리에게 주어지고 예수 안에서 내 참된 자아가 발견되며 예수 안에서 나는 수정되고 교정되고 바로잡힙니다.

사람들은 "왜 예수만 정답이냐!" 편협하고 배타적이며 옹졸하다고 비난합니다. 그러나 정답은 그 속성이 배타성을 지닙니다. 답이 공표되는 순간 틀린 것이 드러나기 때문입니다. 오직 예수만이 길이고 진리며 생명입니다. 하나님만이 천지와 바다와 만물을 지으셨습니다. 천하 인간에 다른 이름을 주신 일이 없습니다.

정답을 인정하기 싫거나 답을 모르는 경우에는 틀린 것이 없고 이 모든 것이 다 맞다고 하자는 희한한 논리를 폅니다. "기독교도 맞고 불교도 이슬람도 다 착한일해서 구원받는 걸로 하자 입니다!" 여기에 많은 사람들이 매료됩니다. 그러나 날 낳으신 분이 내 부모님이듯이 날 지으신 분은 천지를 지으신 하나님이십니다. 온 우주가 날 낳은 아버지라는 궤변에 속으면 안 됩니다.

다른 곳은 포용성이 있는데 기독교는 배타적이라 공격합니다. 당연합니다. 밖에서 봤을 때는 배타적이지만 우리입장에서는 유일성입니다. 하나님이 세상을 지으셨으며 다른 신은 없습니다. 이것이 정답입니다. 세상은 갈수록 절대성을 배제합니다. 다른 것만 있지 틀린 것이 없다는 주장이 힘을 얻습니다. 그런데 가만히 보면 자기들의 틀림을 다름이란 말로 묻어가고 물타기 하기 위한 연막전략인 것을 보게 됩니다.

사도바울은 정답을 알고 있습니다. 그런데 지금 앞에 있는 유대인들은 정답을 모릅니다. "너 얼마 전까지 우리 편이었는데 왜 이제 와서 우리가 틀렸다고 하는 거냐! 어디서 네가 예수를 만났다고 하는데 그건 너의 경험이지 우리가 한 것이 아니잖냐!" 오늘을 사는 성도는 성경에 기록된 사도바울의 경험을 나의 것으로 삼습니다. 사도바울의 경험을 샘플로 주시면서 그 안에 우리 모든 성도의 경험을 그 안에 담아 주셨습니다.

정답은 오직 예수그리스도입니다. 이 정답을 벗어나는 순간 우리는 틀리고 헛되고 속는 것입니다. 이 진리 안에 있을 때 우리는 영원한 하나님의 언약 안에 있는 백성이 됩니다. 정답을 사수하는데 있어서 일말에 양보나 타협이 있을 수 없습니다.

예수를 믿는 자는 진리에 관해서는 배타적일 수 있지만 그의 삶으로 가서는 반대로 포용성을 지닙니다. 답을 모르면 불안하지만 답을 아는 자는 여유로이 안심합니다. 정답을 아는 자의 넉넉함과 아량이 있습니다. 성경의 비유를 들면 보화가 묻힌 밭을 알고 있는 자의 부요함입니다.

"저 사람은 예수만 진리라고 하더니 사는 것도 똑같네!", "모든지 자기가 정답이라고 우기고 다른 사람은 다 틀렸다고 하며 고집불통이고 편협하고 옹졸하다!"는 말을 듣지 않습니다. "저 사람은 예수만 진리라고 해서 배타적일 줄 알았는데 삶은 그게 아니더라!", "항상 여유있고 관대하고 넉넉함이 있더라!", "어려운 일을 당하고도 뭔가 알수 없는 넓음이 있더라!"

우리의 신앙은 삶의 내용과 자세와 실천으로 나타내는 것이지 다른 사람 앞에 우월감과 자랑과 과시로 나타내는 것이 아닙니다. 그러나 너무나도 많은 경우 후자를 통한 증명을 원합니다. 예수 믿은 결과로 내게 주어지는 보상이 다른 사람보다 높임 받고, 대접 받고, 섬김 받는 것을 원합니다. 예수님이 하신 말씀으로 그대로 옮기면 긴 옷 입고, 상석만 찾아다니며, 시장에서 문안 받는 것 좋아한다가 됩니다.

예수님은 섬김받으러 오신 것이 아니라 대접하러 오셨고 권력을 잡기 위해 오신 것이 아니라 자기목숨을 내어주기 위해 오셨으며 죄인과 가난한자들을 조롱하는 것이 아니라 그들의 친구가 되어주시기 위해 오셨습니다. 예수님처럼 오래참고 기다리며 인내하고 포용하며 넓음으로 열림으로 우리의 신앙을 드러내시기를 축복합니다.

오늘 본문은 사도바울이 기지를 발휘해서 위기를 모면하는 내용입니다. 자신을 공격하는 무리가 바리새인과 사두개인인 것을 알고는 이 둘이 평상시는 부활논쟁으로 대적관계인데 자신을 잡으려고 한패 된 것입니다. 사도바울도 바리새인이었음으로 "내가 죽은 자의 부활을 전하다가 이렇게 되었습니다!" 하자 부활에 찬성하는 바리새인과 부활에 반대하는 사두개인끼리 자기들끼리 언쟁이 높아집니다. 그 소란을 틈타 사도바울은 그곳을 빠져나오게 됩니다. 그리고 오늘 11절에서 주님을 만납니다. "그 날 밤에 주께서 바울 곁에 서서 이르시되 담대하라! 네가 예루살렘에서 나의 일을 증언한 것 같이 로마에서도 증언하여야 하리라!"

예수 믿는 사람들은 오늘 사도바울을 보듯이 답을 미리 받아놓고 사는 사람들입니다. 주님이 "너는 로마로 가게 된다!" 하신고로 여기서 무슨 일이 있어도 죽지 않습니다. 우리 모든 믿음의 사람들 또한 답을 이미 받아놓았습니다. 이 세상에서 힘든 일이 있어도 "물 가운데 행할 때 물이 너를 범치 못하고 불 가운데 지날 때 불이 너를 사르지 못하리라!"입니다.

36. { 의와 절제와 심판 }
(사도행전 24:1~9)

사도행전 24장은 사도바울이 '벨릭스' 총독 앞에서 재판을 받는 내용입니다. 대제사장 '아나니아'가 '더둘로'라는 변호사를 대동하고 '벨릭스'가 있는 '가이샤라'로 내려와서 거기 구금되어 있는 사도바울을 고발합니다. 재판과정에 여러 인물들이 등장하는데 한 명씩 보도록 하겠습니다.

먼저 대제사장 '아나니아'입니다. 이 사람은 돈에 눈이 먼 사람입니다. 복음서를 보면 예수님께서 당시 성전에 장사치들을 쫓아내실 때 "만인이 기도하는 집을 강도의 소굴로 만들었다!" 여기서 강도가 대제사장입니다. 자릿세를 받고 장사치들을 성전 안에 들였고 성전세를 환치기해서 떼돈을 긁어모았으며 성전에서 일하는 관직을 매관매직한 전형적인 종교장사꾼입니다.

이 사람이 '더둘로'라고 하는 변호사를 데려오는데 당시 최고로 비싼 변호사입니다. 화려한 언변의 달인으로서 이 사람이 변호하면 죄인도 의인되고, 고발하면 멀쩡한 의인도 죄인 되는 것은 시간문제입니다. 3절을 보면 '벨릭스'를 향한 아첨으로 그 입을 열고 있는데 빤질한 사탕발림입니다. 8절을 보면 사주받은 언론까지 이끌고 왔습니다.

다음으로 '벨릭스' 총독입니다. 이 사람은 본래 노예출신이었는데 총독에 지위까지 올라간 입지전적인 인물입니다. 이 사람의 형인 '팔라스'가 당시 '글라우디우스' 황제 어머니의 노예였는데 어머니를 유쾌하게 하는 재주가 있어 황제에게 발탁됩니다. 당시 '글라우디우스' 황제가 기인이고 괴팍하기 이를데없었습니다. 아침에 일어나면 "오늘 뭐 재밌는 일없나?" 하면서 황당무개한 짓을 벌리는데 그 일을 기획한 인물입니다. 황제의 신임으로 자기 동생 '벨릭스'를 가이샤라 총독으로 꽂아 넣습니다. 로마역사가 '타키투스'에 의하면 '노예의 심성으로 왕의 권력을 행사했던 자'로 기록됩니다.

오늘도 재판한답시고 앉아서 사도바울의 말을 듣다가 26절에 "돈을 받을까 바라고.."라고 되어있습니다. 그러니까 무일푼인줄 알았는데 17절에 "내가 이방의 교회들로부터 구제금을 모아서 예루살렘교회를 도우러 왔다!"는 바울의 말에 혹합니다. '벨릭스'라는 사람은 사도바울의 말 중에서 돈 이야기만 귀에 들린 겁니다.

그리고 또 등장한 사람이 '벨릭스'의 아내 '두루실라'입니다. 이 여인은 본래 유대계여인으로 시리아 왕가로 한 번 시집을 갔던 인물입니다. 상당한 미모에 정치적 야심가이며 허영심이 많았다고 알려집니다. 명품을 주렁주렁 걸고 다닐려면 지금의 남편으로는 안 되겠으니까 본 남편을 버리고 '벨릭스'에게 가서 붙은 겁니다.

지금까지 말씀드린 4명의 인물들의 공통점이 있습니다. 대제사장 '아나니아'는 돈에 환장한 사람이고, 변호사 '더둘로'는 돈만 주면 지옥에라도 가서 변호할 사람이며, '벨릭스'는 돈 이야기만 귀에 들리는 사람이고, '두루실라'는 허영심으로 가득한 된장녀입니다.

그리고 보면 2천년 전이나 지금이나 사람 사는 세상은 다를 것이 없습니다. 지금도 정의를 물같이 공의를 하수처럼을 외치지만 여전히 전관예우 유전무죄 무전유죄의 세상이 아니라고 부인할 수 없습니다. 돈 앞에 사람들이 노예가 되어있고 돈이라고 하는 전형적인 세상권력 앞에서 아무 힘없는 자의 모습으로 오늘 하나님의 사람 사도바울이 서 있습니다. 당연히 공정한 개판을 기대할 수 없습니다.

그러나 사도바울은 담대할 수 있습니다. 지난 시간 주님이 곁에 서서 말씀 주셨으니까요. "네가 예루살렘에서 나를 증언한 것처럼 로마에서도 증언해야 한다!" 하셨기 때문입니다. 하나님은 위의 4명의 권세 잡은 속물들에게 나타나서서 "일 똑바로 해라!" 하시는 하나님이 아니라 세상권력 아래 당신의 사람들을 두시는 것으로 일하십니다. 성경에서 이것을 아는 것이 매우 중요합니다.

그때나 지금이나 저 위에서 돈 맛에 권력 맛에 취해있는 사람들은 그들의 일을 계속할 것입니다. 사도바울 때에 저렇게 돈만 아는 사람들이 권력까지 꿰 차고 전횡을 일삼았던 처럼 지금도 그들의 아들들이 즉 그들의 정신을 이어받은 사람들이 똑같이 권세 잡고 자기마음대로 칼자루를 휘두르고 있을 때 하나님의 사람들은 그 권세 밑에서 오늘이라는 시간을 살아내는 것입니다.

사도바울은 힘없이 떠밀리며 벨릭스에게 2년이 넘도록 불려 다니고 이어서 부임한 베스도총독과 아그립바왕에게 계속해서 심문받는 지루하고 시달리는 시간을 갖습니다. 왜 했던 말을 또 해야 하는지 모를 무익한 시간들을 보냅니다. 사실상 사도바울은 사도행전을 마치기까지 로마에서 순교하기까지 구금되고 심문받는 송사에 시간이 전부입니다.
사도바울에게 있던 유일한 힘이 로마시민권자 이었기에 그거 하나 있어서 로마에까지 가게 됩니다. 예수님은 그것도 없어서 잡히시고 재판도 없이 다음날 바로 죽으십니다.

우리는 다 힘을 달라하고 권세와 돈을 달라합니다. 뭐 달라고 할 수는 있습니다. 그러나 성경에 하나님은 그렇게 힘 있고 권세 있는 자의 하나님이 아니라 그 권세아래 압제당하고 힘들어하며 내일을 알지 못해 한숨으로 살아가는 약자의 하나님이라는 사실입니다.
그러니까 내가 힘이 없어서 그 아래 있는 겁니다. 내가 힘이 있다면 그것을 누르고 그 위에 있을 텐데 힘이 없고 권세와 능력이 없어서 그 밑에서 시달리는 것입니다. 그것이 질병일수도 있고 불의한 직장상사일수도 있고 모진 남편일수도 있습니다. 바로 그런 약한 자의 시간에 하나님이 옆에 계십니다. 그리고 바로 거기서 오늘 바울에게 말씀을 주시듯 "담대하라!", "하나님의 사람으로 살아내라!" 고 하십니다.

사도바울도 지금 복음전하는 일이 한시가 급한데 이렇게 발이 묶여서 무익하기 그지없는 심문과 소송의 길고 긴 시간을 보내야 하는지에 대한 의문이 일 수 있습니다. 그러나 이와 같은 약한 자의 시간이 다른데서 기인한 것이 아니라 하나님이 바울 앞에 두신 시간입니다. 악한 마귀는 우리에게 "힘을 가져라! 돈을 가져라! 권력을 가져라! 그래서 네가 하고 싶은 네 맘대로의 세상을 마음껏 펼치고 살아라!" 속삭입니다.

마귀가 예수님께 한 말입니다. "십자가에서 내려와라! 왕이 왜 거기 가서 힘없이 매달려있냐! 바다를 잠잠케 하고 귀신을 쫓아내며 죽은 자를 살리는 능력과 권세로 저 밑에서 까부는 자들을 한방에 처단해라!", "내려와라!" 는 힘을 "행사해라! 권세를 누려라! 과시하고 자랑하라!"입니다.

오늘 말씀의 제목이 '의'와 '절제'와 '심판'입니다. 25절에 "바울이 의와 절제와 장차올 심판을 강론하니 벨릭스가 두려워하여 대답하되 지금은 가라 틈이 있으면 부르리라!" 돈 좀 받을까 해서 바울을 불렀는데 그 와중에 바울은 하나님의 의와 절제와 심판을 전합니다.

"하나님은 당신의 아들을 십자가에 내어주는 것으로 당신이 의로우신 분이신 것을 타나내셨습니다! 하나님이 세상을 어떻게 다스리는지 어떤 방법으로 일하시는지 알아야 합니다! 의와 불의가 하나님 기준에서입니다! 내가 하고 싶은 대로 다 하고 살면 안 됩니다! 절제해야 합니다! 이 모든 일로 하나님이 심판하십니다!" 처음엔 뜨끔했는데 지금은 바쁘니까 다음에 또 오라고합니다. 지금이 은혜 받을 때요 오늘이 구원의 날임에도 구원의 기회를 잃어버립니다.

하나님의 나라와 그 의를 붙들어야지 내 맘대로의 세상을 살고 의로움을 주장할 수 없습니다. 하나님의 심판은 절제하지 못한 내 맘대로의 세상에 대한 심판입니다. 죄는 내가 하고 싶은 대로 다 하는 것이고 십자가에 달려있지 않고 내려오는 것입니다. "내려오라!"는 마귀의 음성입니다. 왕이면 왕노릇을 해야지 왜 거기서 무익하고 무능하게 죽는지를 조롱합니다. 그러나 하나님나라의 왕노릇은 자기백성의 죄를 위해 대신 죽는 것으로의 왕노릇이지 "여봐라! 이리오너라!"의 왕노릇이 아닙니다.

"민족들을 지배하는 왕들은 백성들 위에 군림한다. 백성들에게 권세를 부리는 자들은 은인으로 행세한다. 그러나 너희는 그래서는 안 된다!" (누가복음22:25)

37. { 십자가... 하나님의 의! }

(사도행전 25:13~22)

하나님은 하나님의 일을 하실 때 세상의 권세 위에서가 아니라 세상권세 아래에서 일하신다고 했습니다. 만일 예수님과 제자들과 사도 바울이 세상권세 위에 있었다면 모두가 그렇게 힘없이 잡혀가고 순교 당하지는 않았습니다. 왜 그랬을까요? 예수님은 승천하시면서 하늘과 땅의 모든 권세를 내게 주셨으니 .. 볼지어다 세상 끝날까지 너희와 항상 함께 있으리라 말씀하신분이신데 왜 세상권세 밑으로 들어가셨을까요?

이것을 알려면 십자가를 이해해야 합니다. 십자가는 하나님이 온 우주과 역사와 인류가운데 당신을 가장 결정적으로 드러내신 사건입니다. 십자가를 보면 거기 하나님이 계십니다. 하나님이 어떤 분이신지가 거기서 다 보입니다. 특별히 하나님의 의로우심입니다. 사람의 의로는 구원받을 수 없기에 하나님은 하나님의 의인 십자가를 우리에게 주셨습니다.

'십자가'는 '하나님의 의'입니다. 십자가를 붙드는 것은 곧 하나님의 의를 붙드는 것입니다. 근데 그 십자가가 연약함입니다. 예수님은 이 땅에 오실 때 죄인들을 위해 대속의 죽음을 죽으시기 위해 오셨습니다. 근데 그게 자살이 아니라 잡혀죽는 겁니다. 제물 된 양과 염소가 잡혀서 죽듯이 그렇게 잡혀서 십자가에서 죽으십니다.

하늘의 권세를 가지신 분을 땅의 권세가 알아보면 십자가는 없습니다. 그래서 몰라봅니다. 그것이 이사야 55장입니다. "그는 주 앞에서 자라나길 어린 순 같고 마른땅에서 나온 줄기 같아서 고운 모양도 풍채도 없은즉 사람보기에 흠모할 만한 아름다운 것이 없도다. 그는 멸시를 받아 버림바 되었으며 간고를 알고 질고를 아는 자라 사람들이 그에게서 얼굴을 가리움 같이 우리도 그를 귀히 여기지 않았도다!" 이렇게 사람들 앞에 철저히 숨겨지고 가리워지고 보잘것없는 모습으로 나타내심은 십자가를 지시기 위함입니다.

자신을 다 보이지 않는 절제입니다. 지난 시간 바울이 벨릭스 총독에게 의와 절제와 장차올 심판을 강론했다고 하는데 여기서의 의가 바로 십자가의 의를 말하고 십자가의 절제입니다. 마지막 심판이 결국 십자가의 의를 붙들지 않고 자기 의를 자랑한 것에 대한 심판을 전한겁니다.

하늘의 권세가 땅의 권세에게 시달립니다. 예수님도 가야바, 안나스, 빌라도, 헤롯, 다시 빌라도에게 불려 다녔던 것처럼 사도바울 역시 벨릭스, 베스도, 아그립바, 시저에게 그리했습니다. 특별한 예수님의 부르심을 받고 능력있는 사도가 되어 맡겨진 소임과 사역을 감당하기까지 한시가 급한 바울인데 무고한 미결수 신분이 되어 아무것도 하지 못하고 버려진 시간 같은 세월을 보내고 있습니다.
2년이 지나고 벨릭스 후임으로 베스도 총독이 부임해서 보니 미결수 하나가 구금되어있는데 무슨 예수가 죽었다가 다시 살았다는 것을 전한 것으로 잡혀있는 겁니다. 죄는 없는 것 같은데 본인이 황제에게 상고함으로 로마에 보내기로 결정합니다.

우리는 다 권세와 주도권을 쥐고 있는 시간을 원합니다. 그러나 성도들은 어떤 시간을 살수 있어야 하냐면 무명한 자 같으나 유명한 자, 근심하는 자 같으나 항상 기뻐하는 자, 가난한 자 같으나 많은 사람을 부요케 하는 자, 아무것도 없는 것 같으나 모든 것을 가진 자로의 삶을 살수 있어야 합니다.

우리가 답답해 하는 것은 묶여있는 시간, 꼼짝 못하는 시간, 가리워진 시간에는 하나님이 없고 자유로운 시간, 내 맘대로의 시간, 드러난 시간에만 하나님이 계시는 것 같기 때문입니다. 그러나 성경의 하나님은 정반대입니다. 십자가를 보아야 합니다. 철저히 묶여있고, 가리워지고, 꼼짝 못하는 무력하기 그지없는 시간에 하나님이 제일 세게 계십니다.

하늘의 권세가 땅의 권세에 무시당하고 묶여있는 그 시간 하나님이 거기 계십니다. 예수님의 십자가가 그렇고 오늘 사도바울의 구금이 그렇습니다. 저같이 오랜 개척목회 하고 있는 자도 여기서 위로를 얻습니다.

우리 모두는 다 시간과 상황과 자리를 살아가고 있습니다. 그 가운데 묶여있는 시간을 살아가고 있다는 거 혹시 아시나요? 나라고하는 개인의 인생이 다른 이의 인생과 중첩되어 거기서 하나님이 원하시는 구조물을 이루고 있는 것입니다.

그러니까 내가 거기서 꼼짝할 수 없는 겁니다. 도망가거나 피하거나 숨을 수 없습니다. 특별히 관계성 속에서 그렇습니다. 아이들의 아버지로서, 성도들의 목회자로서, 어머니의 아들로서, 직장의 사원으로서, 또 일터를 꾸려가야 하는 운영자로서 마치 벽에 벽돌 한 장처럼 나무와 나무 사이에 박혀 있는 못과 같이 거기서 견디고 참고 인내해야 합니다.

거기 그 자리에서 그 시간을 박혀있고 달려있고 묶여있는 겁니다. 이게 바로 십자갑니다. 결코 내 맘대로 해선 안 됩니다. 십자가는 절제니까요. 성도들은 내 맘대로가 쉬운 사람들이 아닙니다. 여기서 내 맘대로는 죄짓는 것을 말합니다. 내 맘대로 화내고, 내 맘대로 미워하고, 내 맘대로 헤어지고, 내 맘대로 자폭하지 않습니다.

성경이 성도들에게 절제의 삶을 요구하는 것은 이 땅이 전부인 세상을 살지 않기 때문입니다. 세상 사람들은 이 땅이 전부이기에 여기서 누리고, 여기서 보상받고, 여기서 뽑빼야 합니다. 세상은 결국 쾌락주의로 갈수밖에 없고 그 마지막은 허무입니다.

우리는 이 세상보다 저 세상이 더 중한 사람들입니다. 그래서 여기서 절제하고, 양보하고, 질 수 있습니다. 천국은 실제하는 물질의 세상입니다. 결코 가상이나 환상 속의 감각할 수 없는 영의 세상이 아닙니다. 우리는 육신의 부활을 믿습니다. 예수님은 "영은 살과 뼈가 없으되 나는 있느니라!" 하신 것처럼 천국은 돌이 있고, 나무가 있고, 하늘이 있고, 물이 흐르는 물질이 있는 세상입니다.

천국을 가려면 십자가를 믿어야 합니다. 그리고 땅에서는 십자가를 살아야 합니다. 하늘의 권세가 땅의 권세 밑으로 들어가는 것을 세상은 받을 수 없습니다. 그래서 십자가의 도가 멸망 받을 자 들에게는 미련한 것이지만 구원 얻는 우리에게는 하나님의 능력입니다. 십자가로 죄인을 건지셨으니까요.

또 있습니다. 로마서 1장입니다. "내가 복음(십자가)을 부끄러워하지 아니하노니 '복음'(십자가)에는 '하나님의 의'가 나타나서 믿음에서 믿음에 이르게 하나니 오직 기록된바 의인은 믿음으로 말미암아 살리라 함과 같으니라!" 여기서 복음이 십자가입니다. 십자가를 믿는 믿음에서 시작해서 믿음으로 끝내십니다. 사람의 행위가 들어갈 여지가 없습니다.

기록된 곳은 하박국 2장 4절입니다. 하박국시대는 악인이 득세하고 포악한 자들이 의인을 짓밟고 온갖 악행을 일삼는 시대입니다. 하박국이 하나님께 외치기를 하나님이 살아계신데 어찌 이럴 수 있습니까! 하며 탄식했을 때 주신 말씀입니다. "의인은 그의 믿음으로 말미암아 살리라!", "무화과 나뭇잎이 마르고 포도열매가 없으며 감람나무 열매 그치고 논밭에 식물이 없어도 우리에 양떼가 없으며 외양간 송아지 없어도 난 여호와로 즐거워하며 기뻐하리라!"

기대한 대로 되지 않고 달라진 것은 없습니다. 그럼에도 하나님을 기뻐할 수 있음은 믿음입니다. 하나님의 의로우심, 선하심, 신실하심, 약속을 꼭 지키심을 믿습니다. 믿음은 인격과 인격이 하는 것입니다. 서로를 묶는 끈이며 관계를 지속시키는 에너지입니다. 남편이 아내를 믿듯이 아내도 남편을 믿습니다. 믿음은 일방이 아니라 상호간입니다. 하나님도 우리를 믿으십니다. 바로 그와 같은 예수를 믿는 믿음이 우리를 구원합니다. 할렐루야!

38. { 나와 같이 되기를! }

(사도행전 26:24~29)

길고 지루한 사도바울의 자기변호가 오늘로 끝이 납니다. 21장부터 이어지는 내용입니다. 사도바울이 3차 전도여행을 마치고 예루살렘으로 올라가면서 거기 가면 환란과 핍박이 날 기다리고 있지만 주께 받은 사명을 감당하는 일을 마치려 함에는 나의 생명을 조금도 귀하게 여기지 않는다 하면서 가게 된 길입니다.

사도바울의 말대로 예루살렘에서 동족 유대인들에게 잡히면서 지켜보는 사람들에게는 지루하고 답답한 시간을 그리고 당사자인 사도바울도 억울하게 시달리는 시간을 보내게 됩니다. 성경은 무려 6장을 할애해서 사도바울의 송사사건을 다루고 있는데 이것은 강해설교자인 저로선 큰 어려움입니다. 같은 내용의 반복이니까요.

그냥 넘어갈까 하다가 하나님이 은혜주시기를 지루함과 답답함이 곧 메시지였습니다. 성경은 내용을 통한 메시지도 있지만 구도와 배열을 통한 메시지도 있습니다. 사도행전은 연대기적 기술인데 왜 이렇게 지루한 내용을 계속 이어가는 거죠? 이렇게 지루하고 답답하고 우울한 시간을 참고 견디고 인내하라는 그 자체로의 말씀입니다.

뭔가 일이 착착 진행되고 성과가 나타나고 해야 하는데 사도바울로서는 아무것도 할수 없는 지루하고 답답한 세월을 보냅니다. 이런 질문이 좀 불경할 수 있지만 사도바울이 발이 묶이면 사실 누가 제일 손해입니까? 사실상 사도바울은 베스도에 의해 가이샤라에서 2년을 구금상태로 있다가 로마에 가서도 2년 넘게 가택연금 상태로 있게 됩니다.

잠깐 사도바울의 일생을 말씀드립니다. 사도바울은 30세 초반에 다메섹도상에서 예수님을 만나고 회심합니다. 그리고 곧바로 쓰임을 받는 것이 아니라 아라비아에서 3년 고향다소에서 6년 도합 10년 가까이 초야에 묻혀있습니다. 그의 회심을 알아본 안디옥교회의 지도자인 바나바에 의해 픽업되어 이방의 선교사가 됩니다. 그렇게 1차~3차에 이르기까지 전도여행을 떠난 세월이 주후45년에서 주후58년까지 약 13년의 세월을 복음전하며 교회를 세웁니다. 그리고 위의 말씀처럼 '가이샤라'와 '로마'에서 5년 가까이 구금되었다가 잠시 풀려나 4차 전도여행을 떠났으나 다시 체포되어 주후 67년경 네로황제에 의해 순교하게 됩니다.

그러니까 사도바울은 30대는 묻힌 시간 40대는 드러난 시간 50대는 갇힌 시간입니다. 묻힌 시간에는 인내와 겸손을 드러난 시간에는 하나님께 영광을 그리고 또 갇힌 시간에는 주옥같은 옥중서신을 남깁니다.
사도행전을 보면 사도바울은 복음을 전하면서 초조해하거나, 흥분하거나, 억울해하지 않습니다. 오늘 본문에서 바울은 '아그립바'왕과 '벨릭스'앞에서 담담히 팩트를 전합니다. "나는 우리민족의 엄한 교육을 받은 바리새인중의 바리새인입니다. 예수의 도를 핍박하다가 다메섹도상에서 부활하신 예수를 만났습니다. 부활하신 예수를 전하고 다니다가 대제사장과 장로들에게 고소를 당했습니다. 저는 죽은 자의 부활을 전했을 뿐 죄를 짓지 않았습니다.!"

도리어 베스도 총독이 벌떡 일어나며 흥분합니다. 24절에서 "바울아! 네 많은 학문이 너를 미치게 했구나!", "제가 미친것이 아닙니다! 이 모든 일을 이미 다 알고 계시잖습니까! 왕이시여 선지자를 믿으십니까? 믿으시는 줄 압니다!" 세련된 사도바울의 어법입니다. 아그립바가 "네가 적은 말(시간)로 나를 그리스도인 만들려 하는구나!" 사도바울은 마지막으로 "이렇게 결박된 것 말고는 여기 계신 모든 분들이 나와 같이 되기를 바랍니다!"로 마지막 변론을 마름합니다. 사도바울의 말들은 흥분조가 아닙니다. 침착함과 담담함 그리고 온유함입니다. 이방의 왕들 앞에서 "당신들 다 예수 안 믿으면 지옥이야!" 같은 무례함이 아닙니다.

한 가지 여쭙고 싶은 말씀이 있습니다. 사도바울이 이렇게 힘없이 끌려가고, 지루한 소송전을 벌이고, 감옥에 갇히고, 감옥에서는 사랑하는 성도들에게 편지를 쓰고 하면서 "이게 나중에 다 성경이 돼서 후대의 성도들에게 하나님 말씀이 될 것이다!" 라는 생각을 조금이라도 했을지에 대해서입니다. 사도행전은 선교현장에서 있었던 일입니다. 사도바울이 어디를 가고 누구를 만나고 무슨 사건이 일어나고 하며 사도바울의 발길과 손길과 말이 그대로 하나님의 발길과 손길과 말이 될 것이라고 기록자인 누가와 당사자인 사도바울은 몰랐습니다.

개혁교회는 성경의 글자 하나까지 영감받았다는 축자영감을 믿습니다. 성령하나님께서 사도바울이라는 인물을 택해서 그의 인품과 삶과 말을 곧 당신의 말씀되게 하실 때 정작 본인은 이런 지루함이 어찌 하나님 말씀일 수 있으며, 이런 묻힘과 갇힘이 어찌 하나님 말씀일 수 있고, 이런 고난이 어찌 하나님 말씀일 수 있을까! 고민할 수 있습니다.
우린 다 하나님 말씀하면 앉은뱅이가 일어나고 귀신이 쫓겨나고 천사가 나타나는 것만 하나님 말씀인줄입니다. 그러나 이 모든 것이 다 하나님 말씀입니다.

말씀은 단편적으로 보아서는 안 됩니다. 물론 성경의 단편적이 사건이나 인물들을 통해서 하나님이 일으키신 역사를 보고 은혜 받을 수 있지만 그것은 하나님의 경륜과 섭리라는 큰 틀에서 다시 조명되어야 합니다. 그래서 우리가 질문해야하는 것은 "그래서 어떻게 되었는데?" 입니다. 한 그루 나무보다 전체 숲을 보기 위해 반드시 이 과정이 필요합니다.

"사도바울이 죽은 유두고를 살렸대! 와~ 굉장하다! 그 다음엔 어떻게 됐대? 그리고는 예루살렘에 올라갔는데 잡혔대! 그래서 어찌 됐는데? 벨릭스에게 2년 동안 구금되어 있다가 로마에 가서도 2년을 연금당했데 잠깐 풀려났는데 다시 잡혀서 순교했대!"

이스라엘역사도 마찬가집니다. 하나님이 다윗을 왕으로 삼으셨대! 그런데 그 후대의 왕들은 다 우상숭배 하다가 나라가 망했대! 망했으면 그걸로 끝인줄 알았는데 70년 만에 다시 돌아오게 하셨대! 그리고 끌려간 포로가운데 남은자중에서 메시아를 보내주신다고 하셨대! 그래서 메시아 예수님이 오셨는데 사람들이 몰라보고 십자가에 죽었대! 예수님은 3일 만에 부활해서 40일간 부활의 몸을 보이셨다가 하늘로 승천하셨대! 지금은 하나님 보좌 우편에서 우리를 위해 기도하신대! 그리고 성령하나님을 보내주셔서 세상 끝날까지 우리와 함께 있을거라 하셨대! 입니다. 사도바울은 이 시점에서 성경을 쓴 것입니다.

성령하나님께서 사도바울로 성경을 쓰게 하셔서 하나님 말씀되게 하실 때 형통, 보상, 지위, 인기, 명예, 자랑 이런 게 아닙니다. 지금 사도바울의 모습과 같습니다. '벨릭스'와 '아그립바'왕 앞에서 담담하고 차분하고 온유하게 말하는 그것입니다. "내가 이렇게 결박된 것 외에는 모든 분들이 나와 같길 바랍니다!" 성도들은 예수 닮고 바울 닮은 삶을 살 때 탐욕 정욕 물질욕 명예욕 같은 욕을 쫓아가지 않고 온유 겸손 인내 배려 자비 긍휼에 이끌립니다.

특별히 자신의 뜻을 관철시키기 위해 신앙을 도구로 사용하는 일이 없습니다. 하나님을 드리대며 꼼짝 못하게 하려는 것입니다. 상대의 말문을 막아버리겠다는 독선이고 오만입니다. 신앙은 나의 고집대로 하기위해 하나님을 이용하는 것이 아니라 반대로 내 고집을 꺾고 온유 겸손 배려의 사람이 되는 것입니다. "모두가 다 나와 같길 바랍니다!" 라는 고백이 여러분의 고백이 되길 바랍니다.

14절 사도바울이 부름 받을 때 다른 곳에서는 없는 독특한 고백이 나옵니다. "가시채를 뒷발질 하기가 네게 고생이니라!" 입니다. 자기 고집을 하나님 뜻이라고 하면 처음엔 뭐가 되는 듯해도 결국에는 "이게 아니었구나!"가 될 것입니다.

39. { 너와 함께하는 자를 다 너와 함께! }

(사도행전 27:9~26)

사도행전 27장은 사도바울이 로마로 압송되는 본문입니다. 오늘도 발음하기 힘든 수많은 지명과 인물들이 서로 얽히고 설키면서 사도바울은 불가피한 상황을 맞이하게 됩니다. 율리오 백부장의 지휘아래 작은 배를 타고 '루기오'로 가서 다시 큰 배인 '알렉산더호'로 갈아타고 힘겹게 맞바람을 맞으며 간신히 '크레타섬 미항'에 도착합니다.

그런데 이 때가 겨울이라 작은 항구인 '미항'보다 같은 크레타섬의 옆 항구인 '뵈닉스' 항구가 겨울을 지내기가 용이할 것 같아 선장과 선주가 이동하려 하자 사도바울이 말립니다. "지금 시기가 이 지역을 여러 차례 다녀 본 바로는 아무래도 움직이면 위험한 시기입니다!" 사실 사도바울은 1~3차 전도여행을 다니며 13차례 이 지역을 항해합니다.

그러나 백부장 율리오는 11절에서 바울의 말보다 선장과 선주의 말을 더 믿고 출항결정을 내립니다. 처음에는 남풍이 순하게 불어온 고로 "거봐라! 떠나길 잘 했잖냐!" 했지만 이내 얼마 되지 않아 '유라굴로'라는 광풍이 불어 닥쳐 15절 "가는 대로 쫓겨가더니...", 17절 "그냥 쫓겨가더니...", 27절 "이리저리 쫓겨가다가..." '유라굴로'는 북풍과 동풍이 부딪쳐 휘몰아치는 말 그대로 미친바람입니다. 17절에 모래톱에 걸릴까봐 돛을 내리고 그냥 미친 광풍에 파도가 일렁이는 대로 떠밀리게 됩니다.

사람이 절체절명의 순간을 맞으면 버려야할 것과 붙잡아야 할 것이 선명하게 보인다는데 이 사람들이 처음으로 버린 것은 짐입니다. 18절에 쓸데없는 짐들을 버리고, 19절에 가서는 사흘이 지나도 광풍이 멈추지를 않자 배의 연장을 버립니다. 배를 최대한 가볍게 해야 모래톱이나 암초에 걸리지 않기 때문입니다.

　20절을 보면 그렇게 여러날 동안을 해도별도 없는 낮밤이 구분 안 되는 광풍에 시달리다보니 사람들의 기력이 다 빠지고 구원의 여망마저 놓아버립니다. 생의 의지를 상실한 것입니다. 그러나 성경은 항상 그렇듯이 마지막이라 했을 때 하나님이 극적으로 역사하십니다.

　사도바울이 가운데 서서 "거봐라! 왜 내 말을 안 들었냐!", "그러나 이제는 걱정마라! 하나님의 사자가 어젯밤 내게 말씀하셨다!", "여기서 생명을 잃을 자는 하나도 없다! 다만 배만 부서질 것이고 우리는 내일 한 섬에 걸릴 것이다!"

　그리고 귀한 말씀이 24절입니다. "바울아 두려워하지 말라! 네가 가이사 앞에 서야할 것이고 또 하나님께서 너와 함께 하는 자를 다 네게 주셨느니라!" 제가 좋아하는 속한자의 구원이 여기서도 주어집니다. 이스라엘이 여리고성 입성할 때 라합이 말하길 "나와 내게 속한 자를 구원하라!" 했고 사도행전 16장에서도 사도바울은 "주 예수를 믿으라! 그리하면 너와 네 집이 구원을 얻으리라!"입니다.

　우리의 구원이 아는 자의 구원 즉 관계적구원이지만 그렇다고 기계적 부분을 전혀 무시할 수 없습니다. 신앙의 깊은 도를 깨닫고서 얻는 구원이 아닙니다. 그냥 거기 있었습니다. 거기서 예수 믿는 자로 있었습니다. 예수 믿는 자리와 위치에 있어서 얻은 구원입니다. 누가 예수 믿냐고 물어봐서 "예수 믿는다!"고 했습니다. 성경에 "마음으로 믿어 의에 이르고 입술로 시인해서 구원에 이른다!"고 했기에 받은 구원입니다.

　그런데 이 믿음이 너무나 연약한 것은 그냥 예수 믿냐고만 물어봐준 게 너무나 감사한 겁니다. 만일 "너 예수믿으면 잡아간다! 때린다! 죽인다!" 했다면 그때 뭐라 말했을지는 나도 모릅니다. 친절과 호의가 아니라 위협과 냉대와 조롱과 적대감으로 물었다면 과연 나는 어찌 대답했을까 입니다. 성경에서 구원은 사람들 앞에 주를 시인하는 것으로의 구원이고 사람들 앞에 주를 부인하는 것으로의 심판입니다.

속한자의 구원은 특별히 가족으로의 속함을 말합니다. 가족은 같이 밥을 먹는 공동체입니다. 특히 유대인에게 있어서 식탁을 같이한다는 것은 가족을 의미합니다. 베드로가 이방인과의 겸상을 외면한 것으로 사도바울이 그 일을 지적할 정도로 유대인들에게 식탁의 교제는 매우 중요한 문제입니다.

또한 가족은 행불행을 같이하는 운명 공동체입니다. 오늘 사도바울과 같은 배를 탄 사람은 선원과 선장, 장사하는 상인, 로마의 군인, 죄수 등등을 모두 합해 276명입니다. 이중에는 사도바울과 일면식도 없는 사람들이 대부분이지만 바울 덕에 살아나게 됩니다. 같은 배는 같은 운명공동체입니다. 그래서 33절 이하에서 사도바울은 먹을 것을 사람들에게 나눠주면서 14일이나 먹지 못했으니 먹고 힘내라고 합니다. 같이 먹을 때 같은 식구가 됩니다.

예수님도 바울도 우리가 지쳤을 때 먹을 것을 챙겨주십니다. 정신적 치유와 심리적 안정뿐만 아니라 실제적이고 현실적인 필요를 채우시는 분들입니다. 예수님도 죽은 '야이로'의 딸을 살려내시고 "먹을 것을 가져다주어라!" 하십니다. 엘리야가 지쳤을 때 까마귀를 통해 먹을 것을 주신 분이 우리 하나님이십니다. 그냥 말로만 "힘내라!"고 하시는 분이 아닙니다.

35절에서 사도바울이 축사하고 떡을 나눠주는 오늘 본문은 예수님이 축사하시고 오병이어를 나눠주신 사건과 오버랩됩니다. 예수님은 성도들에게 '영의 양식'과 더불어 항상 '육의 양식'을 함께 챙기시는 것을 보게 됩니다.

우리말로 하면 한솥밥을 먹을 때 식구가 되고 유대인들은 식탁을 함께 할 때 식구입니다. 그래서 오늘 사도바울과 함께 배를 탔다고 하는 이유만으로 그리고 같이 떡을 떼었다는 이유만으로 사도바울을 제외한 275명이 다 구원을 받습니다. 말 그대로 은혜를 입은 사람들입니다. 42절에 군인들이 백부장에게 이르길 배가 파선하면 죄수들이 다 도망갈 테니 죽이자고 합니다. 그때 백부장 '율리오'는 사도바울을 살리기 위해 안 된다고 합니다. 사도바울도 죄인 신분이었기 때문입니다.

오늘 사도바울과 함께 한 것으로의 구원이듯이 오늘 사도바울의 이 본문과 함께 하며 말씀을 대하는 모든 성도들의 구원이길 축복합니다. 그런데 지금 이 배에서 어쩌다 사도바울 덕에 살아난 사람들 말고 그와는 성격이 좀 다른 승선자들이 나오는데 여길 주목하려합니다. 2절입니다. 여기 보면 마케도니아 사람 데살로니가인 '아리스다고'라고 하는 사람이 사도바울의 로마 압송길에 동행자로 함께 그 길을 간 것입니다. 그리고 또 한 사람은 이 글을 기록하는 누가입니다.

데살로니가인 '아리스다고'라는 사람이 좀 특이한 것은 성경 여기저기서 사도바울의 동행자로 이름이 기록되는데 별다른 내용은 일체 없고 이름만 나옵니다. 그래서 동행자라는 이름의 대명사처럼 불려지게 됩니다. 오늘 바울이 로마로 압송될 때 자신도 그 길을 같이 가고 있으며 사도행전 19장 29절에도 바울이 에베소 사람들에게 잡혀서 연극장으로 끌려 갈 때 그 때도 '아리스다고'와 함께 끌려갑니다. 골로새서 4장 10절에는 "나와 함께 갇힌 '아리스다고'와 바나바의 생질 마가와.." 바울이 잡히고, 갇히고, 압송될 때 옆에 같이 있었습니다.

꼭 무슨 큰 도움이 되는 것이 아니더라도 그냥 옆에 있어주는 것만으로 힘이 되고 위로를 줄 수 있는 우리 모두가 되길 바랍니다. 엄마는 아빠 옆에 아빠는 엄마 옆에 자녀들은 부모 밑에 항상 거기 그 자리에 있는 겁니다. 그리고 고락을 함께 하면 가족입니다. 특별히 고난을 함께 해서 가족입니다.

'아리스다고'는 사도바울이 잘 나가고 인기와 명예와 지위가 있을 때 함께 한 게 아니라 어렵고 힘들고 고난이 있을 때 함께 해준 사람입니다. 그래서 진짭니다. 교회적으로도 마찬가집니다. 교회가 힘들 때 예배시간에 항상 거기서 예배의 자리를 지키는 것으로 같은 교회공동체가 됩니다.

오늘 함께 하는 자의 구원입니다. 이 글을 읽는 모든 성도들에게 사도바울과 함께 한 자들에 임한 구원이 함께 임하시기를 다시 한 번 축복합니다.

40. { 뱀과 짐승 }

(사도행전 28:1~10)

사도바울은 복음전도 사역을 하면서 로마로 가길 원했습니다. 그런데 전도자의 신분이 아니라 이렇게 미결수(죄인)의 신분으로 가게 될 줄은 몰랐습니다. 주님께서 바울에게 나타나서서 "네가 로마에서도 나의 일을 증언해야 하리라!" 하신고로 로마로 가게 되긴 하지만 내 생각 내 방법 내 계산대로는 아니었습니다.

가는 길 역시 고생스럽기가 이루 말할 수 없습니다. 사도바울이 탄 배가 '유라굴로' 광풍을 만나 열나흘을 시달리다가 한 섬의 모래톱에 배가 반파되자 부유물을 타고서 해안으로 올라와 배안에 있던 276명의 사람들이 다 생존하게 됩니다.

그 섬은 '멜리데'라고 하는 섬인데 '시칠리'섬 바로 아래 있는 지금은 휴양지로 이름 높은 '몰타'섬이었습니다. 그 섬에 살고 있던 원주민들이 불을 피워놓고서 친절히 생존자들을 맞이해 주었습니다. 사도바울도 일손을 돕기 위해 나뭇가지들을 모아서 불에 던졌는데 그때 마침 가지사이에 숨어있던 독사가 나와 바울의 손을 물고는 대롱대롱 달려 있었습니다.

미개한 원주민들이었으므로 대번에 하는 말이 "저자는 살인자다! 정의의 여신이 저자를 바다에서는 살렸을지라도 독사에게 물려 죽게 하는구나!" 그리곤 6절처럼 바울이 붓거나 쓰러지거나 해야 하는데 오랜 시간이 지나도 아무 이상이 없는 것을 보고는 또 반대로 "저자는 신이다!" 이렇게 됩니다.

오늘 주목하고 싶은 구절은 5절입니다. "바울이 그 짐승을 불에 떨어 버리매 조금도 상함이 없더라!" 독특한 것은 3절에서는 '뱀'이라 했는데 5절로 가서는 '짐승'이라고 표현하는 데에 영적의미가 담깁니다.

성경에 '뱀'하면 대표적으로 떠오르는 것이 아담과 하와를 유혹해서 죄짓게 만든 인류 타락의 원흉입니다. 그리고 '짐승'은 어디에 기록되냐면 요한계시록에서 하나님과 어린양예수를 대적하는 세력의 우두머리로 나옵니다.

그러니까 '뱀'과 '짐승'은 하나님나라와 그의 백성을 훼방하고 괴롭히고 망하게 하려는 성경의 아이콘 이라는 것입니다. 흥미로운 부분은 뱀은 성경 처음인 창세기에서 그리고 짐승은 마지막성경인 계시록에서입니다. 창세기 3장 5절 "여자의 후손은 네 머리를 상하게 할 것이고 너는 그의 발꿈치를 상하게 할 것이다!" 여자의 후손은 후손이지만 그 놈은 지금도 그 때의 그 놈입니다. 그리고 계시록 19장 20절입니다. "짐승이 잡히고 그 앞에서 표적을 행하던 거짓 선지자도 함께 잡혔으니... 이 둘이 산채로 유황불 불못에 던져지고.."

이렇듯이 '뱀'과 '짐승'으로 이름 한 사탄마귀는 지금도 하나님의 사람들을 물고 늘어집니다. 그 표현이 오늘 본문에 절묘하게 드러납니다. 3절입니다. "사도바울의 손을 물고 있는지라!" 여기서 "물고 있는지라!"를 새번역은 "달라 붙었다!"로 번역했습니다.

뱀이 물었으면 놓아야 하는데 물고서는 딱 달라붙은 겁니다. 악한 세력이 우리를 물고 좀비처럼 붙어서 지옥 같이 가자할 때 우린 그 세력에 맞서서 그 놈을 떨궈 내야 합니다. 5절에 바울이 그 짐승을 불에 떨어버렸다. 계시록에도 그 짐승이 유황불못에 떨어지고 있습니다.

지금 뱀과 짐승이 지니는 메시지가 성경전체에서 말씀하는 흐름과 그 맥을 같이 하고 있습니다. 유황불못은 지옥불이고 이것은 하나님의 심판과 영벌로서의 장소입니다. 그럼 무엇에 대한 심판과 영벌이라는 거죠? 무조건 마귀사탄이니까! 그것은 죄로부터 비롯된 형벌과 심판이라는 것입니다.

그럼 죄는 무엇입니까? 불순종 우상숭배 윤리도덕의 탈선이기도하지만 성경적 원문의 의미는 '하마르티아'로서 좀 더 깊은 뜻을 담고 있습니다. 이것은 과녁으로부터 벗어나려는 경향입니다. 죄는 성향이고 경향입니다. 즉 무엇을 하려고하는 의지입니다. 무엇을 하려고 하냐면 하나님을 인정하지 않으려하고, 하나님을 배제하려며, 하나님과 같이 하려들지 않는 모든 삶의 정황입니다. 우리가 생각하는 죄보다 훨씬 뿌리가 깊습니다.

그런데 사실 하나님 없어도 난 얼마든지 잘 살 수 있고, 돈 벌 수 있고, 성공할 수 있고 얼마든지 자족하고, 만족하고, 행복할 수 있거든요. 아담과 하와가 선악과를 따 먹은 것은 자기들도 하나님처럼 되려는 교만에서입니다. 그러니까 금단의 명령을 주시는 저 하나님 말고 내 세상을 살고 싶은 겁니다. '하나님 없는 내 세상', '하나님을 인정하지 않는 내 세상' 이게 바로 죄의 뿌립니다.
가인의 후예가 성을 쌓고 하나님을 인정하지 않는 자기들만의 세상을 살아갑니다. 하나님의 보호, 인도, 말씀 다 부인합니다. 하나님은 그런 세상을 그냥 내어버려두셨다가 노아홍수를 통해 "죄의 모습은 바로 이 모습이다!" 라고 후세에 보여주셨습니다.

죄의 반대는 하나님을 인정하는 것입니다. "너는 범사에 그를 인정하라 그리하면 네 길을 지도하시리라!"입니다. 그분의 주권과 손길 안에 있는 것 그 안에서 우리의 모든 생각과 결정이 이루어지고 기쁨과 행복도 그 안에서 찾습니다.
죄는 '하나님 없이 내 맘대로'인데 이런 정신과 마음과 가치관은 거머리처럼 우리에게 붙어있어 있으려 합니다. 예수님은 살인과 간음을 해결하려면 근원처방을 어디서 손봐야한다 하셨습니까? 미움과 음욕입니다. 마찬가지로 죄라고 하는 거대한 적을 상대할 때도 '하나님 없이 내 맘대로!'를 먼저 해결해야 합니다. 여기가 뿌리니까요. 여기서 줄기가 뻗고 잎이 나고 꽃을 피워 그 열매인 살인과 간음으로 발전하게끔 미움과 음욕을 내 맘대로 놔뒀기 때문입니다.

"하나님 없이 내 맘대로!"가 그냥 붙어있는 게 아니라 3절처럼 집요하고 악랄하고 끈질기게 "물고 있는지라! 달려 있는지라!"입니다. 오늘 다소 알레고리가 없지 않지만 사도바울처럼 그 놈을 떨쳐버려야 합니다.

그리고 "하나님이 없으면 일만금도 싫습니다!", "하나님 안 계시면 성공도 출세도 싫습니다!" 할 수 있어야 참된 믿음입니다. 이렇게 말하고 오직 그 분만 바라보고 산 사람이 있습니다. 노아입니다. 예수님께서 세상에 다시 오실 때 마치 노아의 때와 같다 하시면서 사람들이 먹고 마시고, 시집가고 장가가고, 밭에 가고 맷돌질 하고 있을 때 지극히 평범한 일상의 삶을 살고 있을 때 오실 거라 말씀하셨음을 기억해야 합니다.

하나님께서 사도바울에게 사도행전 27장 34절에서 말씀 주셨습니다. "너희 중 머리카락 하나라도 잃을 자가 없으리라!" 그리고 오늘 말씀 5절입니다. "그 짐승을 불에 떨어버리매 조금도 상함이 없는지라!" 하나님과 함께하는 것을 기뻐하는 성도들에게 '머리카락 하나라도' 그리고 '조금도 상함이 없는' 보호하심이 있습니다.

흥미로운 부분은 전자는 광풍으로 인한 물로부터의 구원이고 후자는 불에서 나온 뱀이니까 불로부터의 구원입니다. 이사야 43장2절입니다. "네가 물 가운데로 지날 때 물이 너를 범치 못하고 불 가운데 행할 때에 불이 너를 사르지 못하리라!"

"하나님 없이 내 맘대로"의 이 독사를 불 가운데 내치고 떨궈내야 하는 것이 오늘 말씀의 메시집니다. 하나님과 동행하며 말씀의 지도와 인도와 순종가운데 살 때 물 가운데서도 불 가운데서도 항상 지키시고 보호하실 것을 믿습니다. 할렐루야!

사
도
행
전

강
해

185

41. { 하나님의 나라를 전파하며.. }

(사도행전 28:23~31)

사도행전 마지막 시간입니다. 사도행전은 아시는 것처럼 복음전도 자들이 가는 곳마다 교회가 세워지고 성령의 놀라운 기사와 표적이 나타나는 전도폭발과 부흥의 역사가 기록됩니다. 목사님들이 사도행 전을 강해할 때도 주로 교회건축 전후 부흥에 코드를 맞추어 성도들 로 분발케 하고 도전을 주는 설교를 취합니다.

어찌 보면 사실 저 같은 개척교회 목사에게는 매치가 안 되고 어울 리지 않아서 망설였는데 지금까지 일 년 가까이 사도행전을 하면서 느끼는 소회가 있습니다. 그것은 사도행전이 권세 있는 강자의 기록 이 아니라 아무 힘 없는 약자의 기록이라는 것입니다.

사도들과 제자들은 언제든지 위에서 부르면 가야했고, 때리면 맞아 야 했고, 가두면 갇혀야 했습니다. 천사가 베드로와 사도바울을 감옥 에서 꺼내주는 일은 있어도 감옥에 안 가도록 하지는 않았다는 것을 주목합니다. 물론 사도들을 통해서 놀라운 기사와 표적이 나타나지만 그 기사와 표적은 철저하게 "내가 전하는 복음이 진짜다!" 를 증명하 기 위함이지 권세높음의 증명이 아닙니다. "예수부활이 사람이 지어 낸 이야기가 아니라 실제 사건이다!"를 확인시켜주는 도구로서의 기 사와 표적입니다.

예수님하고 똑 같습니다. 예수님도 이 땅에서 일으키신 기사와 표적 이 모두 "나 이런 사람이야!"가 아니라 "내가 진짜야!"를 알리는 말 그 대로 세메이온(표적)입니다. "나 이런 사람이야!"하고 "내가 진짜야!"를 잘 구분할 수 있어야 합니다. 높음, 자랑, 과시가 아니라 "내가 진짜 하 나님의 아들이고 독생자며 메시아다!"입니다.

"예수님이 하나님 아들이든 딸이든, 독생자이든 아니든, 메시아가

맞든 틀리든 그런건 관심 없고 그냥 내 기도만 들어주시면 좋겠습니다!"를 주님이 싫어하십니다.

예수님의 오병이어 기적을 맛 본 사람들이 예수님을 임금으로 높이자고 했을 때 예수님은 "너희가 나를 쫓아 온 것은 먹고 배불렀기 때문이지 표적을 본 까닭이 아니라!" 불쾌해 하시며 그들을 물리셨습니다.
베드로가 앉은뱅이를 일으켰을 때도 사도바울이 앉은뱅이를 고쳤을 때도 사람들이 자신들을 높이려하자 베드로는 "어찌하여 나를 주목하느냐!" 사도바울은 "어찌하여 이런 헛된 일을 하느냐!" 하고 나무라고 있습니다.

기사와 표적과 능력이 이 분들의 높아짐이었다면 결코 모두 그렇게 힘없이 죽지 않으셨습니다. 우리는 다 높아지지 못해서 안달입니다. 첨엔 제자들도 그랬습니다. 예수님 앞에서 서로 누가 높은지를 싸움질합니다. 근데 이젠 알았습니다. 하나님 나라는 세상에서 높아지고 자랑하고 과시하는 나라가 아니라 성육신으로 찾아오시고 십자가로 이루신 나라라는 것을 깨닫습니다.
그는 근본 하나님의 본체시나 하나님과 동등됨을 취할 것으로 여기지 않으시고 자기를 비워 사람의 모양을 입고 죄인들 속으로 오셔서 그들을 자신과 하나로 묶고 당신의 승리를 그들의 승리로, 당신의 의로움을 그들의 의로움으로, 당신의 부활을 그들의 부활로 주시기 위함임을 알게 됩니다. 당신에게 속한 자를 구원하시는 것입니다.

여기서 중요한 것이 죄인들 속에 오셨다는 것입니다. 죄인들 위에 오셔서 그들을 정죄하고 비난하고 군림하는 것이 아닙니다. 죄인들 가운데 나를 구별해서 높이는 것이 아니라 그들 속으로 들어가는 겁니다. 유대교는 분리하는 겁니다. 머리가 될지언정 꼬리가 되지 않고 선민의식 품으며 이방민족을 짐승처럼 여깁니다. 기독교는 나와 너를 분리하는 게 아니라 하나로 묶습니다.

마치 겨자씨 한 알이 땅속으로 들어가듯이, 가루 서말 가운데 누룩 한 수저가 들어가듯이 입니다. 사도행전은 하나님의 나라가 어떻게 이루어지며 또한 그 나라가 어떻게 확장되어 나아가는 것을 보여주는 기록입니다. 마태복음 13장 31절 33절에서 주님은 천국을 비유로 말씀하시며 '겨자씨비유'와 '누룩비유'를 주셨습니다.

"얘들아 천국은 마치 자기 밭에 심은 겨자씨 한 알과 같다. 이는 모든 씨보다 작은 것이로되 나중에는 풀보다 커서 새들이 깃들인다. 얘들아 천국은 여자가 가루 서말 속에 넣은 누룩같다!"

처음에는 초라하고 미미한 것이지만 점진적이고 비약적인 영향력을 이룹니다. 겨자씨와 누룩은 처음에는 존재감 자체가 없습니다. 근데 그게 땅속으로 들어가고 가루 서말 속에 들어가는 겁니다. 땅 위에 있고 가루 서말 위에서 권세를 지니고 "이리 오너라!" 하는 게 아닙니다. 겨자씨는 땅 속으로 들어가 그냥 흙이 되는 것이고 누룩은 가루 서말 속에 들어가 가루가 되는 겁니다. 이게 바로 성육신입니다.

주님은 천상에서 우리를 사랑하신다고 하신 게 아니라 땅속으로 오셨습니다. 초월자가 자연인으로 무한자가 유한자가 되십니다. 아무 힘도 없이 십자가에서 대속의 죽음을 죽으시는 것으로 그것을 믿는 모든 사람들을 그 구원과 그 은혜 아래 깃들게 하십니다. 겨자씨가 자라 새들이 깃드는 것과 같습니다. 누룩이 같이 있는 모든 가루를 부풀게 하는 것처럼 자신의 영향력아래 품으십니다.

겨자씨 비유가 점진적이고 순차적이라면 누룩비유는 급진적이고 비약적입니다. 겨자씨는 뿌리를 내리고, 줄기가 자라고, 가지가 뻗으며, 잎사귀가 나는 시간이 최소한 한 해 동안입니다. 그러나 누룩은 하룻밤 만에 전체를 다 부풀게 합니다. 복음을 듣고 오랜 시간이 걸리는 사람도 있지만 즉각적으로 믿는 사람도 있습니다.

예수님은 죄인이 아니지만 죄인이 되셨고, 겨자씨는 흙이 아니지만 흙이 되었고, 누룩은 가루가 아니지만 가루가 되는 것입니다. 이렇게 이루어지는 천국이며 이렇게 다스려지며 확장되는 하나님나라입니다. 이것을 오늘 사도바울은 로마의 구금된 셋방에서 그를 찾아오는 모든 이들에게 전한 것입니다. 23절 "그가 유숙하는 집에 많이 오니 바울이 아침부터 저녁까지 강론하여 하나님의 나라를 증언하고 모세의 율법과 선지자의 말을 가지고 예수에 대하여 권하더라!", 30절 "바울이 온 이태를 자기 집에 머물며 자기에게 오는 사람을 다 영접하고 하나님 나라를 전파하며~"

하나님 나라 즉 천국을 증언합니다. 하나님 나라가 이 땅에 임하고 확장되기까지 왜 우리 민족이 먼저 있어야 했는지를 왜 하나님은 율법을 먼저 주셔야 했는지를 그리고 선지자들의 메시지가 무엇이었는지를 설명합니다.

우리 민족을 먼저 부르심은 제사장 나라로 세우기 위함이며, 율법을 먼저 주심은 율법으로라야 우리 모두가 죄인 됨을 깨닫기 때문이며, 선지자의 외침은 오직 메시아의 오심에 있다는 것을 성경을 통해 증언한 것입니다.

사도바울은 로마에 도착해서 바로 황제 앞에 나간 것이 아니라 2년 동안이나 구금상태에서 오직 찾아오는 사람들에게 복음을 전합니다. 사람들이 수군대기를 "저 사람 죄인이래! 미결수래! 로마에 재판받으러 왔대!" 했을텐데 사도바울은 자신의 놓인 처지를 비관하거나 창피해 하거나 숨지 않았습니다.

그는 평생을 이곳 저곳을 다니며 복음을 전했습니다. 이제는 다닐 수가 없으니 찾아오는 사람들에게 하나님나라를 증언합니다. 내가 가든 그가 오든 우리 개인 개인의 모든 만남 속에는 하나님의 간섭과 인도하심이 있습니다.

우리 모든 개개인들은 각자의 인생사를 쓸 때 나 혼자만의 역사는 없습니다. 서로가 서로의 개인역사에 겹쳐져있고 엮여진 인생사를 씁니다. 남편은 아내와 아내는 남편과 부모는 자녀와 자녀는 부모와 형제와 이웃과 서로 오버랩 된 인생사를 살아갈 때 하나님은 그와 같은 서로의 관계성 속에서 이루고자 하시는 하나님나라가 있습니다.

거기 그 자리를 참고 인내하고 맞이하는 모든 상황을 거부 외면 체념 포기 절망하지 말고 그가 오든 내가 가든 거기서 "하나님나라는 이와 같다~ 를 증언하라!" 입니다. 그렇게 전해진 하나님 나라가 그 사람 옆에 또 전해지고 해서 마치 누룩이 가루 서 말을 부풀게 하듯이 겨자씨가 자라 새들이 깃들게 하듯이 확장되는 하나님 나라입니다.

실제로 지금 사도바울은 연금 상태로 셋집에서 복음을 전하지만 로마에 교회가 세워지는 역사를 보면 처음엔 노예와 평민들에게 그리고 이어서 귀족과 왕족들에게 그리고 콘스탄티누스황제의 어머니인 헬레나에게 까지 전해지고 마지막에는 황제가 예수 믿게 되는 것으로 로마에 기독교가 공인됩니다. 나라고 하는 작은 인생을 통해 전해지고 확장되는 하나님 나라이기를 축복합니다. 천국은 지극히 작은 문 힘이지만 그것은 마침내 선한 영향력으로 피어납니다.

"읽는 설교"
{ 순종 }

(히브리서5:7~10)

예수믿으면 구원받습니다. 하나님의 진노와 심판과 형벌에서 벗어나 천국에 갑니다. 그러나 여기는 소극적의미의 구원입니다. 적극적 의미의 구원이 있습니다. 하나님의 자녀된 존귀한 신분과 지위를 얻는 것입니다. 그래서 하나님의 성품과 영광과 거룩에 참여한 자가됩니다.

구약의 이스라엘백성이 애굽에서 나오는 것을 '출애굽기'라고 합니다. 그러나 좀 더 적극적 의미에서 보면 '가나안 입성기'입니다. 하나님이 왜 이스라엘을 애굽에서 나오게 했습니까? 가나안에 들여보내기 위함입니다.

이스라엘이 애굽에서 노예생활 한 것은 신약의 의미로 하면 성도들이 죄의 노예로 사는 것과 같습니다. 천국가려면 죄에서 나와야 하는 것처럼 가나안에 들어가려면 애굽을 나와야합니다. 신약의 성도들이 죄에서 구원받고 구약의 이스라엘이 애굽을 나오기까지 자기들이 하는 것이 없습니다. 하나님은 우리가 죄인 되었을 때에 구원을 끝내놓으십니다. 하나님은 10가지 재앙을 애굽에 퍼 붓는 것으로 이스라엘을 출애굽시키십니다.

문제는 이스라엘이 가나안땅에 들어가면 그 자체로 지상낙원이고 별천지가 아니라 거기 살고 있는 무시무시한 가나안 7족속을 쫓아내고서야 자기 땅이 됩니다. 신약의 성도들도 예수 믿고 곧장 천국으로 가는 것이 아니라 현실이라고 하는 만만찮은 시간을 살아내야 한다는 것입니다. 하나님이 신구약 성도들에게 동일하게 말씀하십니다.

"내가 이미 다 이겨 놨으니 너가 한 번 해봐~" 다 이겨놓으셨다고는 하시지만 이스라엘이 보기에 가나안에 살고 있는 족속은 키가 기본이 2미터인 사람들입니다. 정탐 나갔다가 혼비백산 돌아와서 "우리는 그들에 비하면 메뚜기라!" 이게 얼마나 큰 상실이고 낙심이고 절망입니까!

주님은 신약의 성도들에게도 "내가 세상을 이기었다 그럼으로 담대하라!" 하셨지만 지금 내 앞에 있는 현실을 극복하기에 나는 너무 못났고 무능하며 두려운 겁니다. 하나님은 그 어디에도 안 계시는 것 같고 나 홀로 아무렇게나 던져진 인생인 것 같습니다.

바로 여기에서 하나님이 요구하시는 것이 믿음입니다. 아무리 곤고한 상황이라 할지라도 "내가 너와 함께 한다는 것 믿을 수 있겠니?" 하고 물으십니다. 내 아들답게 내 딸답게 주눅들거나 도망가지 말고 문제 앞에 당당히 맞서라는 겁니다. 그리고 거기서 네가 누군지 분명히 알라는 거에요. 하나님의 자녀된 존귀한 신분과 지위를 가지고 명예롭게 책임있게 문제 앞에 서라는 거에요.

노예는 자유가 없는 대신 책임도 없습니다. 그러나 자유인이 되었다는 것은 내가 내린 선택과 내가 가는 길에 대한 책임을 져야 합니다. 가나안 7족속 앞에선 이스라엘과 두려운 현실을 마주한 신약의 성도들이 지금 여기 서 있습니다.

거기서 하나님이 우리를 믿고 계십니다. 믿음이라는 말은 상대적입니다. 하나님과 성도가 같이 하는 겁니다. 우리가 하나님을 믿는 것처럼 하나님이 우릴 믿으십니다. 하나님이 나를 사랑하시고 믿고 계신다는 높은 자의식이 믿음이라는 것입니다.

우리는 생각하길 하나님이 나를 사랑하시는데 왜 이런 조그만 문제 하나 해결 안 해주시나 하지만 하나님은 "나는 너에게 그런 조그만 문제를 해결해주는 정도의 하나님이고 싶지 않다!" 그러시는 거에요. 더 나아가고 더 자라고 더 크자는 겁니다.

키가 크면 담장은 낮아집니다. 우리가 구하는 것은 낮은 담장 안에서 구하는 것입니다. 어른이 되어 초등학교를 다시 가보면 담장이 낮아져있습니다. 담장이 낮아진 게 아니라 내가 큰 겁니다. 작은 담장 안에서 구하는 것이 얼마나 작은 것인지 알게 됩니다.

사춘기 아이들도 또래아이들과 어울릴 때 거기가 전부인 세상을 삽니다. 그래서 성적이 좀 떨어지고 친구관계가 어려우면 그냥 뛰어내리는 겁니다. 그러나 어른이 되어 그 시절을 돌아보면 아무것도 아닌 작은 것들이었다는 것을 깨닫습니다.

하나님은 성도들에게 자라자! 크자! 성숙하자! 하십니다. "예수 믿고 구원받았다!" 여기는 초딩입니다. 그런데 "나는 예수의 제자다! 나는 존귀한 하나님의 아들이며 동시에 영광스런 천국의 시민권자다!" 여기를 살아내고 여기를 기뻐하고 여기를 누린다면 하나님이 원하시는 자리까지 자란 겁니다. 오늘 말씀으로 하면 온전해 진겁니다.

오늘 8절의 말씀처럼 "그가 아들이시면서도 받으신 고난으로 순종함을 배워 온전하게 되셨은즉..." 예수님은 하나님의 아들이시지만 십자가의 고난 앞에 서십니다. 예수님은 십자가를 너끈히 이기신 것이 아닙니다.

구약의 이스라엘 백성이 가나안족속을 보고 넋이 나간 것처럼 지금 우리가 문제 앞에 두려움과 눈물과 한숨으로 그 길을 가는 것처럼 예수님도 힘겹게 한 걸음씩 가십니다. 7절입니다. "심한 통곡과 눈물로 간구와 소원을 올렸고..." 겟세마네의 기도입니다. 땀방울이 핏방울이 되는 기도가 의미하는 것이 무엇입니까! 극도의 두려움입니다. 십자가의 마지막 외마디 비명이 "아버지여 어찌하여 나를 버리시나이까!" 입니다.

오늘도 십자가를 이해합니다. 십자가는 철저한 예수님의 힘없음입니다. 예수님은 힘없이 십자가에 죽는 것으로 죽음을 이기십니다. 죽음으로 죽음을 이긴다는 것은 결코 쉬운 이해가 아닙니다. 그러나 여기에 하나님이 하시는 일의 놀라움과 신비가 있습니다. 예수님이 어떤 다른 걸 가지고 오셔서 죽음을 이기신 게 아닙니다. 권력과 힘과 권세가 아닙니다.

이런 겁니다. 나는 아무 힘이 없고, 내 앞에 있는 문제는 내가 어찌할 수 없고, 이렇게 저렇게 선택의 여지도 없고 여기가 마지막이고 끝이구나 하는 그 자리가 바로 이기는 자리, 부활의 자리, 재창조의 자리라는 것입니다.

"나는 너희가 가장 두려워하고 절망하는 죽음을 역시 나의 가장 연약한 죽음으로도 이겼으니 너희들이 여기가 끝이고 마지막이고 나락의 바닥이다 라고 할 수 있는 자리는 없다"입니다.

예수님은 아들이시지만 받으신 고난으로 순종을 배우시고 온전케 되십니다. 십자가가 하라는 대로 십자가의 요구(고난)를 다 치루시고 죽으셨고 부활하십니다. 그렇게 해서 순종을 배우십니다. 내 뜻과 내 생각이 아니어도 "아버지께서 내게 주시는 잔이니 내가 어찌 받지 않겠습니까!" 입니다.

아프면서 아픔을 이기는 것이고 힘들어하면서 힘든 걸 이깁니다. 그러면서 자랍니다. 담장 너머의 세상이 보입니다. 아이가 아프면서 크듯이 신앙도 마찬가집니다. 순종은 외면 거부하지 않고 받아들이는 것이라 했습니다. 순종이 제사보다 낫습니다. 우리가 기도하고 전도하고 성경보는 것보다 하나님은 순종을 더 원하십니다.

힘과 능력과 권세를 동원해서 문제를 이기는 게 아니라 하나님이 하라는 대로 해서 문제를 이깁니다. 아들, 고난, 순종, 온전함의 순서를 기억하는 은혜가 있기를 축복합니다.

"자기에게 순종하는 모든 자에게 영원한 구원의 근원이 되셨다!" (히 5:9).

{ 순종함 }

(민수기14:39~45)

성경에서 불순종과 관련해서 대표적인 사건은 사무엘상 16장의 사울왕의 불순종입니다. 하나님은 아말렉을 진멸하라는 명령을 주셨는데 진멸하는 중에 포동포동 살찐 양과 소를 남긴겁니다. 그리고 그 명분은 하나님께 제사하려고 였습니다. 이 때 그 유명한 "순종이 제사보다 낫다!"고 하는 사무엘선지자의 책망이 주어집니다.

물론 사울왕의 탐욕이 내제된 명분만을 위한 제사핑계이지만 얼핏 보기에는 하나님을 향한 사울왕의 진심이 묻힌 것 같이 보이기도 합니다. 이러한 순종은 임의로 자기 맘대로의 순종이며 오버된 순종으로의 불순종입니다.

또 다른 불순종이 있습니다. 레위기 10장에 기록된 아론의 아들들인 '나답과 아비후'가 하나님이 명하지 않은 다른 불로 분향하다가 여호와의 불이 내려와 죽은 사건입니다. 이 경우는 하나님의 말씀을 가벼이 대수롭잖게 여긴 경우입니다. "불이면 아무 불이나 그 불이 그 불이지 뭐 그런 걸 따지시는지... 라이터 불이든 성냥불이든 화롯불이든 분향단에 불만 붙이면 되지!" 라고 생각한 것입니다.

하나님의 말씀은 무거움으로 두려움으로 진중함으로 그것을 받아야지 하나님의 말씀이 가볍지 않기를 바랍니다. 야곱의 쌍둥이 형 에서 또한 장자의 직분을 경홀히 여겼다고 하는데 하나님께서 우리에게 주신 말씀과 신분과 지위를 귀히 여기는 은혜가 있길 소망합니다.

또 하나 불순종에 대해서 말씀드리고 싶은 것은 민수기 14장에 기록된 호르마 사건에서의 불순종입니다. 이스라엘이 애굽을 나온 이후 약 2년 간 시내산에서 율법을 받습니다. 이후 가나안의 입구인 가데스바네아에서 12명의 정탐꾼을 들여보내 40일간을 탐지하라고 합니다.

이 때 부정적이 보고를 한 10명의 사람들의 말을 듣고는 이스라엘이 모세와 하나님을 향해 불평불만을 쏟아놓습니다.

하나님이 무서운 진노가운데 임재하셔서 너희들이 탐지한 40일을 1년으로 계산해서 40년간 광야에서 벌 받게 될 것이라고 하셨습니다. 바로 그때 민수기 14장 40절에서 이들이 무슨 말을 하냐면 뒷북을 치는 것입니다.

"아침에 일찍이 일어나 …우리가 여기 있나이다. 우리가 여호와께서 허락하신 곳으로 올라가리니 우리가 범죄하였나이다!" 모세는 말하기를 "하나님이 이미 너희를 떠나셨다. 거기 올라가면 아말렉과 가나안인들 손에 죽는다 가면 안된다!" 하고 말립니다. 44절을 보면 "그래도 그들이 산 꼭대기로 올라갔고 ..아말렉과 가나안인이 그들을 무찌르고 호르마까지 이르렀더라!"

유명한 호르마 사건입니다. 하랄 땐 안하고 온갖 불평과 욕을 뱉어내고 난 다음 하나님이 징계하시고 떠나시니까 "아…하라는 대로 하면 될 거 아닙니까!" 이러고 있는 겁니다. 반항조의 건들건들 순종입니다. 하나님의 말씀은 기분과 성질로 지키는 것이 아니라 진심과 경외감으로 순종하는 것입니다.

지금까지 이상한 순종들을 말씀드렸습니다. 사울왕의 오버된 순종으로의 불순종, 나답과 아비후의 말씀을 가벼이 여기는 것으로의 불순종, 그리고 기분 따라 성질 따라 순종하는 반항의 불순종입니다.

하나님의 말씀은 우리에게 들려질 때 항상 우리안의 자아와 충돌됩니다. 우리의 기질과 성향과 지식과 경험에 의해 임의로, 의심으로, 반항과 거부로 반응합니다. 왜 저것만 먹지 말라고 하시는지? 의심입니다. 왜 더 좋은 것 드린다는 대도 역정을 내시는지? 임의로입니다. 무서운 사람보고 불평 좀 했기로서니 왜 저렇게 까지 화를 내시는지? 반항입니다.

순종은 단순히 하나님께서 "하라!", "하지 말라!"를 그대로 준행하는 것이기도 하지만 그보다 훨씬 깊은 신앙적 의미를 담고 있습니다. 순종을 좀 깊이 들어가면 이 모든 것을 받아들이는 것이고 불순종은 이 모든 상황을 외면 거부하는 것입니다.

히브리서 5장 8절을 보면 "그가 아들이시면서도 받으신 고난으로 순종함을 배워 온전케 되셨은즉 자기에게 순종하는 모든 자에게 영원한 구원의 근원이 되셨느니라!"

그럼 사랑하는 아버지가 아들에게 왜 십자가라는 고난을 주시는 것이지요? 고난이 하는 일이 있습니다. 위의 말씀처럼 순종함을 배우게 합니다. 순종은 개념이나 이상이 아니라 '함'입니다. 순종함을 배우고 습득했을 때 비로소 하나님 앞에 온전한 사람이 됩니다.

순종은 이 모든 것을 내 안에 들이는 일입니다. 내 안에 담기지가 않아서 힘든 겁니다. 그러나 결국 받아드리는 사람은 감사하게 되는 것이고 받아드리지 않으면 불평불만이 나오게 됩니다. 순종과 감사도 같이 가고 불순종과 불평도 같은 선상에 있습니다.

또한 순종한다는 것은 무책임한 운명론에 나를 던진다는 것이 아니라 하나님이 이 모든 것을 돌보시고 선하신 뜻과 계획에 따라 모든 것이 협력해서 선을 이루신다는 믿음에서 비롯됩니다.

우리가 불평하는 것은 하나님이 나를 방임 방치하고 나의 기도를 듣지 않으시고 침묵하고 외면했다는 생각에서 즉 나와 함께하지 않으셨다는 생각에서입니다. 하나님이 떨기나무 불꽃가운데 모세에게 나타나셔서 애굽으로 가서 내 백성을 구해내라 하니까 모세는 거절합니다. 이 거절이 일종의 반항입니다. "40년 전 내가 지식도 ,힘도, 사람도, 지위도 있을 때는 외면하시더니 왜 이제 사 아무것도 없을 때 보내시는 겁니까!"입니다. 하나님은 모세에게 당신의 이름을 말씀하시면서 "나는 항상 나로 있다!" 하십니다. 이 말씀은 모세 곁에 하나님이 항상 함께하셨다는 말씀입니다.

모세도 40년 고난으로 순종함을 배워 온전하게 됩니다. 순종함은 고난으로 배우는 것이지 평탄으로 배우는 것이 아닙니다. 어려운 일이 있을 때에 "하나님이 나로 순종함을 배우게 하시는 것이구나~" 깨달아야 합니다. 하나님이 우리에게 최종적으로 목적하시는 일은 온전함입니다. 하나님아버지는 우리가 원하는 것을 하나 주시고 갈길 가시는 분이 아니라 우리를 어떠한 사람으로 만드시는 일을 하십니다.

"읽는 설교"
{ 믿음1 }
(히브리서1:1~16)

많은 사람들이 믿음을 이해하기를 내가 믿음을 내고 구원을 받고, 믿음을 내고 병 고침도 받고, 믿음을 내고 기도 응답받는 것으로 이해합니다. 그러나 이것은 너무 얕고 가볍고 기복적인 이해입니다.

성경에서 말하는 믿음은 오늘 말씀처럼 하나님이 계시는 것을 믿으며, 세상을 하나님이 지으셨음을 믿으며, 그분의 통치와 다스리심을 믿는 것입니다. 내 처지와 상황과 모습에 상관없이 그분의 선하심과 의로우심 인도하심 약속을 믿는 것입니다.

믿음은 어떤 자격을 갖추고 조건을 만족시키는 일이 아닙니다. 위에서 말씀드린 대로 내가 믿음을 드렸으니까 구원받고, 십일조를 드렸으니까 축복받고, 기도했으니까 응답받는 것으로의 믿음을 기독교 믿음의 전부로 안다면 참으로 곤란합니다.

기독교의 믿음은 보상관계, 이해관계, 법적관계로 하나씩 주고받는 관계가 아니라 가족관계입니다. 아버지와 아들의 관계이며 사랑과 믿음과 은혜의 관계입니다. 그래서 "법은 문지방을 넘지 않는다!" 는 말이 존재합니다.

법은 가차없고, 알짤없고, 차갑고 빠져나갈 여지가 없습니다. 법과 대비되는 것이 아버지입니다. 아버지는 자비하시고 은혜로우시며 노하기를 더디하시고 사랑과 긍휼이 풍성하십니다. 물론 성경에는 추상처럼 내리 꽂히는 무서운 아버지의 진노가 기록됩니다.

그러나 사무엘하 7장 14절에는 "나는 그에게 아버지가 되며 그는 내 아들이 되리니 그가 만일 죄를 범하였으면 사람매와 인생채찍으로 돌아오게 하리니"입니다. 진노하시는 아버지의 마음을 헤아리는 것이 관건입니다.

우리 모두는 '인과율'이라고 하는 자연법칙에 익숙합니다. 원인 없는 결과가 없다는 거죠. 아니 땐 굴뚝에 어찌 연기가 나겠습니까! 물론 이와 같은 자연법칙의 세상을 이 땅에 두신 분도 하나님이십니다. 그런데 하나님을 믿는 사람들은 자연법칙을 넘어서는 은혜와 사랑과 믿음의 세상이 있다는 것을 압니다.

자꾸 내가 하나님께 예배와 십일조와 기도드린 결과로서 주어진 축복이고 응답이다. 너무 이쪽으로 가지 말라는 것입니다. 우리는 다 원인 찾기를 잘하는 사람들입니다. 내가 하나님께 드린 것이 원인이 돼서 그 결과로 구원과 축복이 주어졌다! 내가 하나님께 드린 것이 없으니까 그게 원인이 돼서 내 인생이 지금 요모양인 결과가 주어졌다! 식의 해석입니다.

원인이 없는데 결과가 주어집니다. 우리가 받은 구원은 로마서 5장 8절의 말씀처럼 우리가 죄인되었을 때 받은 구원입니다. 우리가 죄인되었을 때에 그리스도께서 우리를 위하여 죽으심으로 하나님께서 우리에 대한 자기의 사랑을 확증하셨다고 하셨습니다.

구원의 시점이 분명히 의인되었을 때가 아니라 죄인 되었을 때입니다. 아이러니한 거는 죄인이 자신이 죄인 것을 모르며 구원자의 필요성마저 전혀 인지하지 못하고 있을 때의 구원이라는 것입니다.

구원이라는 결과가 오늘 내게 주어지기까지 그 원인이 일말의 것이라도 내게 없다는 것 이게 오직 믿음으로의 구원 이신칭의 신앙의 기초입니다. 내가 좀 괜찮은 사람이라서 혹은 내가 선한 일을 많이 해서 또는 내가 의로운 사람이어서 받은 구원이 아닙니다. 그럼 도대체 오늘 나는 어찌 구원을 받은 것이죠? 그 원인은 바로 하나님 그분에게 있습니다. 그분의 사랑이 우리가 측량할 수 없을 만큼 크고 높고 깊어서입니다.

믿음이 구원의 조건이 아니라는 데에 주목합니다. 내가 믿은 게 근거와 원인이 돼서 받은 구원이 아니라 하나님이 내 속에서 아버지를 믿는 믿음을 주셨습니다. "바요나 시몬아 이를 네게 알게 한 이는 혈육이 아니요 하늘에 계신 내 아버지다!" 하신 것과 같습니다.

제가 지금 말씀드리는 것은 인과율 즉 원인이 있어야 결과가 주어진다는 자연법칙의 세상에 너무 매어있지 말고 그 위를 상회하는 은혜와 사랑과 믿음의 세상이 있다는 것을 보라는 것입니다. 물론 먼저 있는 것은 자연법칙의 세상이죠. 어찌 헤치지 않았는데 모을 수 있으며 심지 않았는데 어찌 거둘 수 있겠습니까!

그러나 신명기 6장 10절의 말씀을 기억합니다. "너로 그 땅으로 들어가게 하실 때 네가 파지 아니한 우물을 차지하고, 네가 짓지 아니한 포도나무와 감람나무의 과실을 얻으며, 네가 짓지 아니한 성읍을 차지하며, 네가 채우지 아니한 아름다운 것이 가득한 집을 차지하게 될 것이다!" 하셨습니다.

더불어 사무엘상 16장의 "순종이 제사보다 낫다!"는 말씀에 대한 깊은 이해가 필요합니다. "내가 하나님 앞에 무엇을 한다고 하는 것보다 하나님이 우리에게 주시는 것을 받는 것이 훨씬 우리에게 유익하고 귀한 것이다!" 라는 말씀입니다.

행위주의 율법주의 공로주의에 빠지면 내가 원하는 것을 하나님께 얻어내기 위한 수단과 원인으로의 예배와 헌금과 봉사가 됩니다. 이런 믿음은 자신이 원하는 결과를 얻지 못하게 될 때 맨붕이 옵니다. 하나님은 오늘 아침도 나를 깨우시고 내 코에 호흡을 불어넣어 숨 쉬게 하시며 내 심장을 펌프질 하시는 것으로 온 몸에 피를 돌려 생명을 허락하시는 하나님 이십니다. 그렇게 나의 삶의 모든 자리에 생명을 주시는 일에 분초마다 성실하신 하나님이십니다.

이 부분이 이해되고 나서야 오늘 본문이 해석됩니다. 아벨, 에녹, 노아, 아브라함 등등 믿음의 선진들 이야깁니다. 기록된 당대의 의인들이 하나님께 아벨은 의로운 제사를 드리고, 에녹은 하나님과 동행하고, 노아는 방주를 짓고, 아브라함을 순종해서 복을 받은 것으로 이해하면 안 됩니다.

하나님 앞에 이 분들의 행위와 공로가 인정되어 복을 받은 분들이라면 무리가 따르는 분이 계십니다. 그럼 아벨은 뭡니까! 하나님께 열납된 제사를 드렸음에도 열납되지 않은 자에 의해 죽습니다. 여긴 어찌 해석해야합니까! 에녹은 죽지 않고 올리우고 노아는 물 심판에서 구원받지만 아벨은 그냥 죽습니다. 아브라함도 가나안땅에 들어간 이후 하나님은 그에게 발 붙힐 땅 한 평 주지 않고 나그네로 살게 하십니다. 전체를 봐야지 한 사람만 보면 안 됩니다.

히브리서 기자는 내가 하나님께 행한 것으로의 보상을 이 땅에서 받고 안 받고를 부각시키지 않습니다. 이 세상을 넘어서서 하나님이 다스리시는 천국의 관점에서 이 모든 것을 해석하고 풀어갑니다.

그러니까 "믿음의 선진들이 행한 제사, 동행, 순종이 원인이 되고 근거가 되어 내게 오늘 구원이라는 결과가 주어졌다!"가 아니라는 것입니다. 그럼 무엇 때문에 이 사람들이 순종한 것입니까! 하나님을 믿은 겁니다. 왜 맑은 하늘에 방주를 지으라는지 모릅니다. 왜 가나안땅에 들어가라는지 모릅니다. 왜 아멜렉을 진멸하라 하는지도 모릅니다. 그러나 그분을 믿을 수 있습니다.

물론 성경에는 기도하고 믿고 행하면 하나님이 역사하신다는 말씀으로 가득합니다. 그러나 우리의 믿음은 하나님을 향한 믿음 그 자체가 내용이지 믿음으로 내가 원하는 것을 반드시 결과시키겠다는 것은 아닙니다. 하나님을 믿는 믿음이 저와 여러분에게 있기를 축복합니다.

"읽는 설교"
{ 믿음2 }

(창세기15:16~17)

　우리가 믿는 기독교 신앙에 있어서 믿음이라는 말이 무엇인지 말씀 드립니다. 지난시간 믿음은 순응이라 했습니다. 그러나 이 때의 순응은 운명론이나 체념이 아닙니다. "그럼 내 주제에 받아드리지 않고 어쩌겠어!" 하며 체념하고 비관하는 의미에서 순응이 아니라 지금은 잘 몰라도 내가 순종하고 따르고 받아드리면 하나님은 더 놀랍고 풍성하고 좋은 것으로 이루어 주신다는 믿음에서의 순응입니다.

　하나님의 지혜와 능력은 사람이 측량할 수 없습니다. 우리는 땅의 원리에만 익숙하지만 그보다 더 높은 가치와 원리를 지닌 세상이 있습니다. 사랑과 은혜와 긍휼로 다스려지는 세상입니다. 무에서 유를 창조하시고 없는 것을 있는 것처럼 부르시는 즉 원인이 없는데 결과가 주어지는 세상입니다. 구원의 결과인 천국과 영생이 내게 주어지기까지 그 원인이 내게 없고 하나님에게 있습니다.

　사실 하나님은 이 땅에서도 원인 없는 결과의 세상을 두셨습니다. 부모가 자녀를 기르는 세상입니다. 막 태어난 아이가 부모의 사랑을 받는 것은 원인이 아이에게 있지 않고 아이를 향한 부모의 넘치는 사랑에 있습니다. 자녀가 부모 사랑받는 것을 당연한 것으로 여기지 말고 이해를 위해서 잠깐만 좀 냉정해 집니다. 아이가 나는 작고 귀엽고 이쁘잖아 할 수 있지만 그거는 조금씩 커가면서 얘기고 이제 막 태어난 핏덩이 자녀가 부모에게 주는 것은 이 세상 모든 부모역할 했던 분들을 존경하게 만드는 것 오직 그거 하나입니다.

　마찬가지로 예수 안에서 내가 하나님의 구원과 복을 받게 된 원인이 나에게 있지 않고 나를 향하신 하나님의 사랑이 크고 놀라운 것이기 때문입니다. 이것을 깨닫고 아는 것을 기독교에서 말하는 믿음이라고 합니다. 이 사실을 내가 믿은 것을 내 실력과 공로와 자랑 삼을 수 없음은 아이가 부모의 자녀로 태어나 준 것을 사랑받는 근거와 실력과 공로와 자랑으로 삼을 수 없는 것과 같습니다.

"아브라함이 하나님을 믿을 때 이것을 그의 의로 여기셨다!" 했을 때 '의'는 단순히 "그르지 않고 옳다!"의 의미라기보다는 "지당하다! 합당하다! 마땅하다!"의 의미입니다. 우리가 하나님의 긍휼과 사랑과 은혜로 구원 받았다는 것을 믿을 때 하나님은 "지당하다! 온당하다! 마땅하다!" 하십니다.

참된 신앙은 신앙의 주체인 나보다 신앙의 대상인 하나님께 무게중심을 두는 신앙입니다. 내 쪽에 비중을 두게 되면 사람의 행위가 기초됩니다. "기도하는 나! 헌금하는 나! 전도하는 나!" 여기가 물론 중요한 건 두말할 것도 없지만 이 보다 하나님은 지금 온 우주와 역사를 어디로 이끌고 가시며 오늘 나라고 하는 작은 인생사에 개입하셔서 내게 알리시고 뜻하시고 의도하시고 계획하시는 일은 무엇인지를 아는 일입니다. 바른 신앙은 내 열심에서 비롯된 것이 아니라 즉 하나님을 아는 지식에서 나옵니다.

하나님을 아는 지식이 없이 신앙행위만 있게 되면 자람이 없고 성숙이 없고 나중에는 본인 스스로도 답답함에 힘들어합니다. 그런 의미에서 우리의 믿음은 실용성에 바탕을 둔 기능과 가시적 성과에 있기보다 인격성과 성품의 변화에 있습니다. 하나님은 우리를 불러다가 일만 시키시는 분이 아니라 우리가 어떤 사람이 되기를 바라십니다.

사람 됨됨이의 변화됨과 인격적 성숙입니다. 그래서 아버지를 닮은 사람을 만드십니다. 그리스도를 닮고 하나님의 형상이 회복된 자의 모습입니다. 하나님은 교회건물을 짓는 일보다 사람을 짓는 일을 더 원하십니다. 오래 참고 기다리며 온유 겸손 배려와 아량이 있는 사람이 되게 하십니다.

우리는 그저 당장 내가 원하는 것 들어달라고 떼를 쓰듯이 신앙생활을 합니다. 마치 부모가 자녀를 학교 보내면서 공부 열심히 하면 원하는 것 들어준다 했을 때 자녀는 공부의 가치는 모르고 원하는 것을 얻기 위해 공부합니다. 그러나 부모가 자녀에게 공부 열심히 하라고 하는 것은 훌륭한 사람이 되라고 입니다.

하나님도 우리에게 신앙생활 잘 하면 원하는 것을 들어주신다고 하십니다. 말씀순종하고 기도생활 예배생활 잘하면 복을 주신다고 하십니다. 우리는 원하는 것과 복을 주신다니 열심히 신앙생활 합니다. 그러나 하나님 아버지께서 그 말씀을 하심은 "신앙생활 잘 해서 나를 닮은 사람이 되라!" 입니다.

자녀를 향한 부모의 사랑은 자녀가 당장 원하는 것 들어주는 것 보다 자녀가 어떤 사람이 되어 주길 바라는 것으로 부모의 사랑이 완성됩니다. 그러니까 그 완성을 보기까지 끊임없이 관여하고 개입합니다. 잠시도 가만히 둘 수가 없는 겁니다.

대표적 성경의 인물이 야곱입니다. 어머니 뱃속에서부터 관여하셔서 "큰 자가 어린 자가 섬길거라!"하십니다. 욕심껏 형의 장자권을 뺏겠다고 트릭을 쓰다가 자기 꾀에 넘어갑니다. 삼촌집으로 도망갈 때 "어디로 가든지 너와 함께 할 거다!" 는 하나님의 말씀을 받습니다. 형에서가 400인 이끌고 온다고 할 때도 얍복강에서 하나님을 만나 씨름을 합니다. 계속해서 찾아오시는 하나님을 만나면서 회개할 줄 모르는 사람이 회개하게 되고 자신만 의지하던 자가 하나님을 의지하는 법을 알게 됩니다.

마태복음 17장에는 예수님께서 "좋은 열매를 맺으라!"는 말씀을 하십니다. "그들의 열매로 그들을 알지니 가시나무에서 포도를 엉겅퀴에서 무화과를 따겠느냐 좋은 나무가 좋은 열매를 맺고 나쁜 나무가 나쁜 열매를 맺는다 …" 주님은 우리에게 "열매를 달아라!"고 하지 않으시고 "열매를 맺으라!"고 하십니다. 열매를 다는 일은 쉽습니다. 시장에서 열매를 사다가 달면 됩니다. 그러나 그것은 가짜입니다.

　열매를 맺기까지 뿌리는 부지런히 양분을 흡수하고 땅속 깊이 뿌리를 내립니다. 가지는 무성한 잎을 내어 광합성을 하며 개화시기에 맞춰 꽃을 피웁니다. 열매가 영글기까지 여름 한 철을 보내며 시험과 도전과 난관의 세월을 통과합니다. 그리고 늦은비가 내린 어느 가을아침 탐스럽게 맺힌 열매를 봅니다.

　좋은 열매는 좋은 나무에서 열립니다. 좋은 나무가 되는 싸움을 해야 합니다. 좋은 열매는 좋은 나무가 되는 즉 어떤 사람이 되느냐의 싸움이지 열매의 싸움이 아닙니다. 사랑과 희락과 화평과 오래참음과 자비와 양선과 온유와 충성과 절제의 9가지 성령열매가 성도들의 삶의 자리 곳곳에서 맺혀지는 은혜가 있기를 소망합니다.

{ 믿음3 }

(롬1:16~17)

우리의 신앙이라는 것이 결국은 믿음에 관련됩니다. 나무가 뿌리와 잎의 관계 속에서 열매를 맺듯이 믿음은 하나님과 성도사이의 관계 속에 자리합니다. 관계라는 말을 잘 이해합니다.

믿음은 인격과 인격이 합니다. 인격과 기계가 할 수 없고, 인격과 짐승과도 할 수 없고, 인격과 AI도 할 수 없습니다. 인격은 기계를 조종하고, 짐승을 다스리며, AI를 이용할 뿐 믿음을 주고받지 않습니다.

그래서 믿음이 성사될려면 기본적으로 인격과 인격이 서로 대등한 위치에 있어야 합니다. 서로가 서로에게 거부권을 가지고 있어야 하며 한 쪽이 일방적으로 지배하거나 힘을 행사해도 안 됩니다. 기독교에서 말하는 믿음 소망 사랑이 다 마찬가집니다.

믿고 바라며 사랑하는 것은 자발성에 기초합니다. 자발성이 배제된 믿음 소망 사랑이라면 그것은 억지고 동정이며 굴종입니다. 부부간의 믿음과도 같습니다. 남편과 아내 그사이에 자리한 것이 믿음 소망 사랑입니다.

여기서 이제 중요한 것이 처음으로 돌아가서 누가 먼저 왔는지 입니다. 누가 먼저 말을 걸고 찾아왔는지를 봐야 합니다. 하나님과 우리 사이의 관계에서 우리의 배짱은 하나님이 먼저 오셨다는 것입니다. 먼저 아시고, 먼저 보시고, 먼저 택하시고, 먼저 말 걸어오시고, 먼저 사랑하셨습니다.

요한복음 15장 16절입니다. "너희가 나를 택한 것이 아니요 내가 너희를 택하여 세웠나니 이는 너희로 가서 열매를 맺게 하고 열매가 항상 있어 내 이름으로 아버지께 무엇을 구하든지 다 받게 하려 함이라!".

요한일서 4장 10절입니다. "사랑은 여기 있으니 우리가 하나님을 사랑한 것이 아니요 하나님이 우리를 사랑하사 우리 죄를 대속하기 위하여 화목제물로 자기아들을 보내셨음이라!",

로마서 8장 29절입니다. "하나님이 미리 아신 자들로 그 아들의 형상을 본받게 하기 위해 미리 정하셨으니 이는 많은 형제들의 맏아들이 되게 하려 하심이라 미리 정하신 자들을 부르시고 부르신 그들을 의롭다 하시고 의롭다 하신 그들을 영화롭게 하셨느니라!"

"먼저 오셨잖아요!", "먼저 대쉬하셨잖아요!" 하고 기도해도 됩니다. 먼저 오신 주님은 우리에게 이렇게 말씀하십니다. "내가 너를 구원하기 위해 십자가의 길을 갔다!", "그 모진 수모과 냉대와 조롱과 핍박과 매맞음과 채찍질과 못박힘과 피흘림과 죽음의 길을 널 살리기 위해 갔다!" 천지와 바다와 만물을 지으시고 그 주인이 되신 하나님이 티끌보다 못한 날 살리자고 십자가에서 죽으셨다는 말씀을 들은 자의 반응이 곧 믿음이라는 것입니다.

결코 시큰둥하게 반응할 수 없습니다. 떨떠름한 표정을 짓거나 "뭐 그런가 보다!"로 나올수 없습니다. 베드로처럼 "나는 죄인입니다! 나를 떠나소서!"하며 회개하고 예수를 나의 주 나의 하나님으로 고백하며 믿고 따릅니다. 하나님을 향한 우리의 믿음 그리고 우리를 향한 하나님의 믿음은 서로의 관계 사이에 설정되고 서로가 서로를 전심으로 내어주는 관계로 발전됩니다.

하나님은 우리를 독생자로 구원하시고, 약속으로 구원하시고, 믿음으로 구원하시고, 관계로 구원하셨습니다. 하나님은 우리의 조건과, 자격과, 행위와, 율법과, 윤리와, 인과율로 구원하시지 않았습니다. 하나님이 아무 조건 없이 우릴 사랑하심으로의 구원이듯이 우리 또한 조건 없이 하나님을 사랑하는 것이 참된 믿음입니다.

아무 조건 없는 사랑은 부모의 자녀사랑이고 하나님의 아가페사랑입니다. '조건 없이'가 성경에는 '까닭 없이'로 나옵니다. 욥기입니다.

욥은 당대의 의인으로 온전하고 정직하여 악에서 떠난 자였습니다.

　하나님의 총회에 들어온 사탄에게 하나님은 욥을 자랑삼아 "땅에 욥처럼 의로운 자가 없다!" 하시자 사탄은 "어찌 '까닭 없이' 하나님을 섬기겠습니까!"라고 대꾸합니다. 하나님이 욥에게 복을 주셨으니까 하나님을 잘 섬기는 것이고 뭔가 기브앤테이크가 있기에 즉 이해관계가 있기에 서로 잘 하는 것이라고 합니다.
　사실 사탄의 말이 틀리지 않습니다. 이 세상이라는 곳은 이해관계와 충돌이 서로 얽혀있어서 원인 없는 결과 없고 심지 않았는데 거두는 일 없으며 헤치지 않았는데 모으는 일 없습니다. 모두가 자기가 한 만큼의 댓가요 보상입니다.

　그런데 여기만 알면 너무나 안타깝습니다. 이해관계가 없는 곳이 있습니다. 가정입니다. 아버지와 아들의 관계입니다. 여기는 댓가와 보상의 관계가 아니라 사랑과 은혜의 관계입니다. 하나님은 우리를 여기다 두십니다. 그래서 우리의 구원이 관계의 구원이라 함은 아버지가 아들을 데려오는 겁니다. 여기 무슨 법이 적용되겠습니까! 더욱 확실한 관계는 머리와 몸의 관계입니다. 주님은 내가 머리고 너희는 몸이라 하십니다.

　욥기에서 말하고자 하는 것은 욥의 끈기가 아닙니다. 욥은 하나님께 순종과 섬김과 믿음을 드리고 하나님은 욥에게 복과 보상과 댓가를 주며 원하는 것 하나씩 주고받는 차원이 아니라 인격과 인격이 서로 믿었다는 것입니다. 조건과 상황과 지경과 경우가 어떠하든 간에 욥의 믿음과 하나님의 믿음이 서로 흐트러짐 없이 만나는 것으로의 하나님 영광입니다.
　"복음에는 하나님의 의가 나타나서 믿음에서 믿음으로 이르게 하나니 기록된바 의인은 믿음으로 살리라 함과 같으니라!" 기록된 곳은 하박국 2장 4절입니다.

하박국은 주전 620년경에 이미 북 왕국 이스라엘은 앗시리아에 의해 멸망하고 신흥제국인 바벨론이 일어나 남유다를 위협하고 있을 때 활동했던 선지자입니다. 유다도 이제 곧 망하기 직전입니다. 나라는 정의가 사라지고 위정자들은 부패하고 악인들이 득세하고 활개치고 있습니다. 하나님은 바벨론을 들어 유다를 징계하는 회초리로 삼으셨는데 이 바벨론이 자기 분수를 모르고 교만하여져서 흉포하고 포악하기가 이를데없습니다.

세상에는 악인이 판을 치고 그 악을 징벌하는 자들은 더 큰 악을 행하며 횡포를 부리고 있는 현실을 지켜보면서 "하나님은 어디에 계시는가! 하나님이 계시다면 어찌 이런 일이 일어날 수 있는가!" 하지 않고 조건과 상황과 지경이 어떠하든지 하나님의 선하심과 의로우심과 온전하심을 의심하지 않습니다.

하나님은 당신이 지으신 이 모든 세상과 역사와 우주를 결국 하나님이 목적하신 자리까지 이끌고 가실 것이고 거기서 최종적인 승리와 완성을 이루실 것이라는 믿음입니다. 그래서 주님의 다시 오심도 소극적으로는 심판이지만 적극적으로는 하나님 나라의 완성입니다.

하박국은 2장 4절에 하나님의 응답을 듣습니다. "의인은 믿음으로 산다!" 입니다. 의인은 상황과 조건과 현실을 보며 사는 것이 아니라 오직 믿음으로 살며 그 믿음이 또한 그를 구원합니다. 하나님이 우리를 조건과 지경과 경우에 따라 다루는 것이 아니라 우리도 복과 보상과 댓가에 따라 하나님을 섬기지 않습니다. 하박국이 2장 17절에 기쁨의 노래로 화답합니다.

"무화가 나뭇잎이 마르고 포도 열매가 없으며 감람나무열매 그치고 논밭에 식물이 없어도 우리에 양 떼가 없으며 외양간 송아지 없어도 난 여호와로 인하여 즐거워하며 구원의 하나님을 인하여 기뻐하리라!"

{ 하나님의 은밀성 }

(마태복음 6:5~15)

예수님은 마태복음 5장에서 산상수훈의 말씀을 주시면서 20절에 "너희가 서기관과 바리새인의 의보다 더 나은 의를 갖지 못하면 천국에 못 간다!"는 말씀을 하셨습니다. 서기관과 바리새인들의 의가 사람들 앞에 자기 높음을 증명하기위한 율법이고 신앙이고 종교행위였다면 하나님이 바라시는 율법의 의는 "은밀한 중에 계신 하나님 앞에서 구제하고 기도하고 금식하는 것이다!" 라고 말씀해 주셨습니다.

여기서 은밀은 공간의 은밀이 아니라 주권의 은밀입니다. 오른손이 하는 일을 왼손이 모르게 하고 아무도 없는 골방을 찾아 기도하는 행위는 자칫하면 아무도 모르는 시간과 장소에만 하나님이 계시는 것으로 오해될 수 있습니다.

하나님은 이 모든 자리와 상황과 경우와 시간 속에 계십니다. 하나님의 은밀성은 하나님의 속성 중 하나입니다. 하나님은 은밀히 그리고 내밀히 우리에게 오시고 긴밀히 교제하시고 세밀하게 챙기십니다. 온 우주의 창조주와 통치권자이신 하나님이 우리에게 오실 때 "나 여다!" 하고 공개적으로 당신을 드러내시며 힘과 권세와 강제력으로 오시지 않습니다. 당장 오늘밤 꿈속에서 "네 이놈!" 한 마디만 하시면 교회 안 나올 사람 없습니다.

하나님의 일하심을 보세요. 하나님의 대표적인 일하심은 성육신과 십자가입니다. 자신이 하나님의 아들인 것을 아무도 모르게 오십니다. 저 성육신이 나를 위한 성육신이며 저 십자가가 내 죄를 위한 십자가인지를 당시에는 아무도 눈치채지 못합니다. 성육신과 십자가는 하나님의 하나님 되심을 가장 명료하고 정확하고 충분하게 보여주시는 하나님의 자기계시입니다. 즉 "나 이런 신이야!"입니다. 그러니까 십자가보다 더 잘 하나님을 드러내는 것은 없습니다. 십자가 속에는 적나라한 하나님의 모습이 보입니다.

그는 근본 하나님의 본체이신데 자기를 비워 종의 형체를 지녀 사람의 모양으로 나타나십니다. 이렇게 당신을 나타내심을 원하시며 기뻐하십니다. 이게 다 하나님의 은밀성입니다. 내가 죄인들을 구원하기 위해 이 땅에 올 때 나팔 불면서 온 게 아니라 은밀히 와서 십자가에 죽는 희생과 섬김과 헌신으로 구원을 이루었듯이 너희도 다른 사람 돕는다고 할 때 나팔 불지 말라는 것입니다.

하나님의 은밀성과 반대되는 개념을 찾자면 그것이 공개성이라기보다는 강제력과 권세와 힘을 뜻합니다. 하나님이 왜 통치권자의 권세로 우리에게 오지 않으시고 섬김과 희생으로 오셨냐 하면 바로 우리를 향하신 하나님의 사랑 때문입니다. 사랑은 강제력이 개입되면 그 자체로 사랑을 모욕하는 것이 됩니다. 사랑은 언제나 자발적이고, 기쁨이고, 끌리는 것이며, 매료되는 것입니다. 사랑은 결코 힘으로 조종하거나 강압하는 것이 아닙니다.

하나님은 당신이 은밀히 행하신 일들을 우리가 보고 깨닫고 감사하며 감격하며 하나님께 나오기를 원하십니다. 신앙은 하나님이 누구인지를 아는 것이고 그분이 우리에게 어떻게 오셨는지는 아는 것입니다.

그 가운데 결정적으로 오늘 본문의 주기도문이 있습니다. 어떻게 우리가 주님께 가야하는지 기도 속에 답이 있습니다. 먼저 하지 말아야 할 기도가 7절에 기록됩니다. 먼저 "중언부언하지 말라!"입니다. 이것은 내가 하는 기도가 주문처럼 주술적인 힘을 지니고 있어서 초월자를 자극하는 것으로 내가 원하는 것을 받아내겠다고 하는 발상입니다. 자극한다고 하는 것은 응답하지 않고는 못 배기는 것입니다. 여기서 기도는 관계가 아니라 스킬이나 테크닉이 됩니다.

그래서 "저들은 말을 많이 해야 들으실 줄 생각한다!"에서 말을 많이 한다는 것은 나의 간절함과 진심과 열심이 하나님을 자극해서 즉 하나님을 감화 감동하는 기능을 하는 것으로의 기도응답입니다. 내가 40일 작정기도로 응답이 안 되면 100일 기도로 늘리는 겁니다. 물론 기도는 정성으로 드려야 합니다. 그러나 내 정성과 치성이 부족해서 응답 못 받은 것은 아닙니다. 이렇게 나가면 불교의 삼천배나 티벳의 오채투지나 다를 것이 없습니다.

갈멜산의 바알제사장들의 기도가 딱 이 형태입니다. 오전 내내 주문을 외우며 신을 자극합니다. 그게 안 되니까 이제는 자기들의 몸을 해합니다. 자신들의 진심과 간절함을 그렇게 알립니다. 치성과 정성의 부족이 아닙니다. 하나님은 이미 우리가 말하기 전에 다 알고 계신다고 하십니다.

기도는 하나님과의 관계성 정립입니다. 관계성 속에 응답도 받고 거절도 받습니다. 하나님은 분명히 우리의 기도를 들어주시는 분이시지만 우리의 기도를 들어주시기 위해서만 계시는 분은 아닙니다. 신앙으로도 나의 높음을 드러내지 말듯이 구제라는 이름으로 가난한 사람 이용하지 말듯이 욕심을 이루기위해서 기도를 이용하지 말라는 것입니다.

물론 내가 기도하는 것을 다 내 욕심이라고 말할 수 없습니다. 하나님은 우리의 '원트'와 '니드'를 다 알고계시고 그중에 정말 좋은 것을 주십니다.

예수님은 "오늘 일용할 양식을 구하라!"고 하십니다. 저는 이 말씀이 "오늘을 구하라!"는 말씀으로 들립니다. 많은 사람들에게 오늘은 거부되고 부인된 오늘입니다. 그래서 저는 오늘이 불쌍합니다. 오늘을 인정하지 않는다는 것은 현실을 받아들이지 않겠다는 것입니다.

신앙을 현실도피로 아는 분들이 계십니다. 세상이 싫다고 기도원에 들어가서 내려오지 않습니다. 고달픈 현실을 벗어나는 것이 신앙생활이 아닙니다. "이혼하고 싶어요! 지구를 떠나고 싶어요! 어디론가 멀리 아무도 없는 곳으로 도망가고 싶어요!" 우리가 이따금 들을 수 있는 말입니다.

신앙은 현실을 부정하고 도망가기위해 있는 것이 아니라 그 현실을 담아내기 위해 있습니다. 우리의 현실은 아무렇지도 않게 버려지고 방치되고 내던져진 현실이 아니라 하나님의 계획과 간섭과 주도하심 아래 있는 현실입니다.

위에서도 언급했지만 신앙은 하나님이 누구이신지 아는 것이고 그 하나님이 어떻게 내게 오셨는지 아는 것이며 오늘 내게 어떤 목적과 선한 뜻을 가지고 계신지를 깨닫는 것입니다. 그리고 더 나아가 그 목적과 뜻을 이루기 위해 지금 오늘 어떻게 개입하고 내게 무엇을 요구하고 계시는지를 분별하는 것입니다.

하나님께서 내게 예수를 주셨듯이 그렇게 내게 주신 오늘입니다. 예수를 주신 하나님의 성실과 열심이 오늘에 담겨있습니다. 우리는 우리의 열심만 알아달라 하지 우릴 향한 하나님의 성실과 열심은 모릅니다.

육신이 육신 되기 위해 양식을 먹어야하듯 오늘이 오늘 되기 위해 지혜와 분별로 오늘을 받아드리고 감사해야 합니다. 기독교가 기독교 될 때 항상 계시(하나님의 찾아오심)가 먼저입니다. 그리고 우리의 바램과 요구(우리의 찾아감)입니다. 이것이 뒤바뀌면 기독교는 이방의 종교와 다름없습니다.

"읽는 설교"
{ 하늘에 계신 너희 아버지 }

(마태복음 7:28~29)

산상수훈에서 예수님이 제일 많이 말씀하시는 단어는 '하늘에 계신 너희 아버지'입니다.

"사람이 등불을 켜서 말 아래 두지 않고 등경 위에 둔다 이렇듯 너희 착한 행실로 하늘에 계신 너희 아버지께 영광을 돌려라!"(5:15), "사랑할 사람 사랑하고 미워할 사람 미워하면 어찌 너희가 하늘 아버지의 아들이 되겠니!"(5:45), 하늘에 계신 너희 아버지가 온전하심 같이 너희도 온전해야한다!(5:48), "구제할 때 기도할 때 은밀하게 행하면 너희 하늘 아버지께서 은밀히 다 갚으신다." (6:6), "구하기전에 너희에게 있어야 할 것을 하늘에 계신 너희 아버지께서 이미 아신다!"(6:8), "하늘에 계신 우리 아버지 이름이 거룩히 여김을 받으시옵소서 하고 기도해라!" (6:9)

"너희가 먼저 너희에게 잘못한 사람 용서하고 그리고 나서 나를 용서해 달라고 해야지 너희 하늘 아버지께서 용서해 주실거 아니니!"(6:14), "공중에 새와 들에 백합을 너희 하늘 아버지께서 기르시는데 어찌 너희를 챙기지 않겠니!", "악한자라도 좋은 것을 줄줄 알거든 어찌 너희 하늘아버지께서 좋은 것을 주시지 않겠니!"((7:11) 구구절절 계속해서 예수님은 '하늘에 계신 너희 아버지'께서 그 자녀들인 성도들을 향하여 가지신 애틋하고 간절하며 은혜와 복 주시길 원하는 마음을 이어가십니다.

예수님의 가르침이 성도들에게 명령형으로 임할 때가 있습니다. 그러나 그것은 부모가 자녀에게 "밥 먹어라!" 하는 것입니다. "밥 먹어라!"는 자녀가 고민하고 결단해야 하는 사안이 아닙니다. 그 자체로 복이고 은혜며 사랑입니다. 하나님의 말씀 안에 있고 순종 안에 있고 예수 안에 있는 것은 그 자체로 반석위에 있는 것입니다. 성경은 언제나 "너 뭐하고 있냐!" 묻기 전에 "너 어딨냐!" 를 묻는 책입니다. 사람들은 "뭐 하냐!"에만 집중합니다. 그러나 그것이 예수 밖에서 한 것이라면 사상누각에 불과합니다.

"네 하나님 여호와만을 섬겨라!", "우상숭배하지 말라!", "네 부모를 공경하라!" 이와 같은 성경의 명령형이 성도들에게 일방적인 강압이 아니라 그 자체로 부모의 사랑으로 받을 수 있는 믿음이 있기를 축복합니다.

그리고 또한 성경 말씀이 명령이 아니라 권면의 형태로 주어질 때도 있습니다. "권면한다! 부탁한다! 호소한다!"입니다. 성경이 명령으로만 주어졌다면 그것은 절대자의 강제력입니다. 하나님은 저와 여러분을 강제력으로 힘과 권세로 압제해서 우리의 항복을 받아내시는 분이 아니십니다. 하라는 대로 안하면 당장 덜커덕 불치병에 걸리거나 집안에 큰 우환이 일어날 것 같은 공포심으로 신앙고백하게 하시는 분이 아닙니다. 사랑은 강제력이 아닙니다. 총칼로 꼼짝 못하게 해서 받아내는 고백은 그 자체로 사랑을 모독하는 행위입니다. 여기는 이슬람의 신입니다.

부모가 "밥 먹으라!"는 말에 자녀가 방문을 걸어 잠그고 밥 먹을지 안 먹을지를 심각하게 고민하는 경우가 있습니다. 한 술 더 떠서 지금 잔소리하는 저 부모의 소리가 싫어서 집을 나갈 것을 결심하는 자녀에게 하나님은 "당장 저 놈의 다리몽둥이를 부러뜨려라!", "머리를 밀어버려라!" 하시는 분이 아니라 선택과 결정과 자율을 주시는 하나님이십니다.

하고 싶은 대로 다 하게 하십니다. 로마서 1장에 기록된 완전한 유기와 방치가 아니라 깨닫기를 돌아오길 회개하길 간절히 바라며 기다리십니다. 그것이 돌아온 탕자의 비유에서 잘 나타납니다. 성경의 하나님은 때론 강하게 우리 안에 오시지만 또한 오랜 시간 기다리고 인내하고 참으시는 모습으로도 오십니다. 강약을 조절하시며 우리에게 알리시는 것은 우리를 향한 하나님의 사랑입니다.

사람들이 사랑의 반대를 생각할 때 미움이나 증오를 이야기합니다. 그 보다 좀 더 들어가 보면 사랑의 반대편에는 외면과 무관심 잊혀짐이 있습니다. 그래서 흔히 가장 불행한 사람을 예로 들 때 '잊혀진 사람'이라 합니다. 그러나 오늘 제가 드리는 말씀은 그 보다 깊은 곳에 자리한 사랑의 반대가 있습니다. 그것은 '억지'와 '장악'과 '강압'입니다.

왜 이와 같은 단어가 사랑과 반대 되냐면 사랑은 기본적으로 사랑의 대상이 서로간 자율성의 기반위에 있기 때문입니다. 한 쪽이 한 쪽을 완전히 장악 종속 지배하고 있으면 그것은 '가스라이팅'이지 사랑이 아닙니다. 사랑은 서로 대등한 위치에서 거부권을 가지고 있어야 합니다. 대등하다는 것은 인격적 차원에서 서로 독립적이라는 것입니다.

하나님이 우리를 지으실 때 당신을 거부할 수 있는 존재로 지으셨음에 놀라게 됩니다. 왜 그렇게 지으셨냐면 사랑을 하기 위해서입니다. 하나님은 우리를 친구라 하시고 너는 나의 신부라고도 하시고 넌 나의 아들이라고도 하십니다. 친구간 부부간 부자간은 서로 대등한 인격적 관계입니다. 그래서 티격태격도 하고 갈등이 있고 때론 큰소리도 오고갑니다.

하나님은 우리가 선악과를 따먹을 수 있고, 불순종하고, 거부할 수 있는 존재로 지으셨습니다. 사랑은 억지춘향이나 울며겨자먹기가 아닙니다. 강압이나 종속이나 굴종이 아닙니다. 사랑은 상대를 깊이 아는 지식이며 그를 향한 오랜 인내와 참음입니다.
하나님이 이와 같은 자리에 우리를 두셨다고 하는 그 자체가 얼마나 큰 사랑인지를 깨닫습니다. 하나님은 천지와 바다와 만물을 지으신 분이시지만 나는 티끌보다 작은 없는 자와 방불한 존재입니다.

물론 성경에는 하나님과 성도 사이를 왕과 백성이라고 하기도 합니다. 이는 한 쪽이 한 쪽을 완전히 종속시키는 관계임으로 대등한 관계가 아닙니다. 그러나 성경의 왕은 절대권력을 행사하는 왕이 아니라 오히려 자기를 비워 종의 형체를 지니고 우리에게 오시는 왕이십니다. 그리고 자기백성을 위해서 대신 죽는 왕입니다.

　　오늘 본문은 사실 예수님이 산상수훈의 가르치심을 마치시는 타임에 복음서 저자인 마태의 나래이션입니다. "말씀을 마치시니 무리들이 그의 가르침에 놀라니 이는 그 가르치시는 것이 권세 있는 자와 같고 서기관과 같지 않더라!"입니다. 지금까지 서기관들에게서 들은 말은 하나도 귀에 들어오지 않는 그저 그런 말들이었는데 예수님의 말씀은 힘이 실려있고 감화력을 주고 도전을 주며 뭔가 다르더라 입니다.

　　예수님이 5장 20절에서 서기관과 바리새인보다 '더 나은 의'를 가져야 한다고 하시면서 이어가신 말씀이었습니다. 서기관과 바리새인은 자기들만의 매너리즘에 빠져서 무미건조한 고지서 같은 말을 했다면 예수님의 말씀엔 귀가 열리고 마음이 열리고 생명력으로 부딪쳐 오더라입니다.

　　더 나은 의를 가지려면 말씀의 은혜를 받아야 합니다. 특별히 예수님의 말씀 중심에는 "하늘에 계신 너희 아버지"가 있습니다. 강압적인 명령도 잔소리 같은 권면도 모두가 나를 향한 하늘 아버지의 지극한 사랑입니다. 예수님이 산상수훈을 통해 연속해서 말씀하신 "하늘에 계신 너희 아버지"를 깊이 묵상할 수 있는 은혜가 모두에게 있기를 소망합니다.

"읽는 설교"
{ 진리와 생명 }

(창세기 45:1~9)

우리가 믿는 기독교는 그 중심 내용에 자리하고 있는 것이 있습니다. 그것은 바로 '진리'와 '생명'입니다. 여기가 기본 베이스입니다. 다른 모든 종교들 즉 하나님이 찾아오신 게 아니라 사람이 찾아간 종교는 그 베이스에 고통과 해결이 있습니다.

물론 우리도 고통과 해결이 있습니다. "하나님 이 문제 좀 해결해 주세요!" 하고 하나님께 나아갑니다. 그런데 "이 문제 좀 해결해 주세요!"를 넘어서고 상회하며 아래를 품으면서 더 높은 차원에 속한 것이 바로 '진리'와 '생명'입니다.

'진리'는 '진짜'라는 말입니다. 하나님이 세상을 지으셨습니다. 이게 진짭니다. 이 베이스가 없으면 우리의 조상은 원숭이인가? 외계인이 쳐들어오면 어쩌지? 이런 허망한 생각을 합니다. 좀 비약이긴 하지만 이런 말이 있습니다. "신문을 읽지 않으면 그냥 모른다. 그러나 신문을 읽으면 이상하게 안다!" 참 지식을 거를 수 있는 분별은 모두에게 주어지지 않습니다. 나중에 천국엘 가면 세상을 살면서 얼마나 많은 잘못된 지식에 선동되었는지 알게 될 것입니다.

하나님을 설정하지 않으면 이 세상처럼 허망한 곳이 없습니다. 허망한 것은 목표가 없고, 과녁이 없고, 답이 없는 것입니다. 화살을 쐈는데 과녁이 없다면 맞은 것도 아니고 못 맞춘것도 아닙니다. 진리는 과녁이 있다고 답이 있다고 말해주는 것입니다. 인생이 달음박질을 하는데 아무 목표 없이 달린다고 하면 그것처럼 허무한 것은 없습니다. 진리는 하나님이 나를 지으셨다고 하는데서 부터 시작합니다.

사람들이 답(신)을 찾다 못 찾으면 모든 게 다 답(신)이라는 말을 합니다. 진화론도 맞고, 외계인도 맞고, 알라신도 맞고, 부처님도 맞고, 신령님 용왕님 다 맞다고 합니다. 죄로 타락한 인생이 답을 못 찾을 때 위로받으려고 하는 소리입니다.

하나님이 세상과 나를 지으셨고 지으신 것이 하나도 그 분 없이 된 것이 없으며 지금도 크신 능력으로 지으신 모든 것을 보존 유지 관리하십니다. 예수님은 공중에 나는 새를 보고 들에 핀 백합을 보고 생각해 보라고 하십니다. 무조건 아멘하라는 게 아닙니다. "이와 같은 미물도 하나님이 친히 돌보시는데 하물며 너희일까보냐 믿음이 적은자들아!"입니다.

여기서 돌보신다고 하는 것이 생명에 해당됩니다. 지으신 생명이 생명 되도록 지속적으로 생명을 불어넣으십니다. 사람은 아무리 AI를 지능화 첨단화 시킨다고 해도 거기다 생명을 넣을 수는 없습니다. AI는 생명을 낳을수도 기를수도 없습니다. 자기복제가 불가합니다.

하나님은 우리에게 생명을 주셨고 그 생명을 영원한 생명 되게 하기위해 예수님을 보내주셨습니다. 죄로 인해 사망(죽음)이 왔으니까요. 여기도 이게 진짭(진리)니다. 그러니까 생명을 얻는 것도 진리 안에서만 가능합니다.

자동차가 고장 나면 설계한 곳으로 가야하는 것처럼 생명은 생명을 관장하시는 분에게 가야합니다. 생명의 답은 하나님입니다. 하나님 한 분만이 유일한 생명과 충분한 생명과 완전한 생명을 주십니다. 그분의 능력과 지혜는 부족함이 없습니다. 그분은 무엇이 부족해서 도움을 받지 않으시고 그 능력은 소진 탈진되지 않습니다. "내가 아침부터 새들 돌보고 화초들까지 살피랴 너희들에게까지 신경쓸 겨를이 없다!" 이런 분이 아니십니다.

그분은 당신의 것을 나눠 주실 때도 하나밖에 없어서 자녀들의 수만큼 N등분해서 나눠주시는 분이 아닙니다. 하나를 한 자녀에게 모두

주십니다. 그렇게 모든 자녀에게 주십니다. 하나님은 나 하나를 살리기 위해서라도 예수님을 이 땅에 보내셨을 분이십니다. 그렇게 한 생명을 천하보다 귀하게 여기시며 돌보십니다. 이것도 진짭니다.

우리에게 원천의 생명과 궁극의 생명을 주시는 하나님께서 어찌 우리 인생에서 조금 병들고 문제 있는 것으로부터의 나음과 해결을 주시지 않겠냐는 것입니다. 그러니까 예수믿는 자들에게 병고침과 문제해결은 단순히 그 자체로의 치유과 해결이 아니라 진리 되신 예수 안에서 하나님이 주시는 생명이라는 것입니다.

하나님은 당신이 지으신 세상을 방치하지 않으시고 깊이 관여하십니다. 크게는 별들의 운행을 작게는 꽃 한송이 피는 것 까지 직접 챙기십니다. 상한 갈대를 꺽지 않으시고 꺼져가는 등불을 끄지 않으시는 자비하심으로 생명을 보존하십니다.

여기에서 알게 되는 것이 하나님의 성실하심입니다. 그 중에서도 가장 성실히 임하시는 일이 당신의 자녀를 돌보는 일입니다. 하나님은 우리가 아는 것보다 훨씬 깊게 우리인생사 속에 들어와 계시고 우리가 생각하는 것 보다 가까이 계십니다.

우리가 그것을 느끼지 못하는 것은 내가 원하고 기대하는 쪽으로 오지 않으셔서 그렇고 또 하나는 하나님이 내 인생을 통해 일하시는 시간이 굉장히 길고 은밀하기 때문입니다.

그래서 성경에는 요셉이라는 한 사람을 등장시켜서 너희 인생에 이와 같이 개입하고 있다라고 본을 보여주셨습니다. 요셉은 3번에 걸친 불행을 겪습니다. 먼저는 형들이 죄 없는 자신을 노예상인에게 팔아넘긴 일이고, 다음으론 음탕한 보디발의 아내에게 누명을 쓴 일이며, 마지막은 바로의 술 맡은 관원장이 자신을 잊은 시점입니다.

요셉은 감옥에서 박복하고 모진 인생을 돌아보며 못된 형들만 없었더라면...그때 노예상인이 지나가지만 않았더라면...그 요망한 여인을 만나지만 않았더라면...그 사람이 나를 잊지만 않았더라면...하면서 인생을 비관하며 한탄할 수 있었겠지만 신비롭게도 이 모든 시간과 사건과 사람들이 협력하여 요셉을 총리로 만들게 됩니다.

마찬가지로 오늘 하나님의 자녀들에게도 "그때 그 시간, 그 사람, 그 사건만 없었더라면..." 이라고 말할 수 있는 것은 없습니다. 오늘 본문 5절과 7절에서 요셉은 형들에게 "당신들이 나를 판 게 아니라 생명을 살리려고 하나님이 나를 미리 보내셨겠!"고 합니다. 창세기 50장 20절에서도 요셉은 "당신들은 나를 해하려 하였으나 하나님은 그것을 선으로 바꾸셨다!"고 합니다.

"선으로 악을 이기라!" 하는 성경의 말씀은 절대로 악을 굴복시키거나 회개시키거나 깨닫게 하라는 게 아닙니다. 악은 예수님 오실 때 까지 자기 일을 할 겁니다. 그 가운데 나는 오늘 내게 맡겨진 일을 군말 없이 하는 것이 곧 선으로 악을 이기라는 뜻입니다. 요셉은 단순한 낙심 절망 좌절이 아니라 얼이 빠지고 넋이 나간 패닉상태로 그 혼을 쇠사슬이 꿰고 있었다고 시편 105편에서 기록하고 있습니다.

우리 앞에 힘들게 하는 사람과 시간과 사건이 있다면 그것은 하나님이 나를 훈련시키시는 겁니다. 그 사람 만나고 그 사건 겪어서 그나마 인생을 깊이 알게 되고 하나님을 보게 됩니다. 우리 앞에 힘들게 하는 사람 있다면 그 사람 덕에 내가 크고 성숙해지는구나 하고 생각하면 맞습니다. 요셉이 총리가 되어 백관을 제어하고 장로를 교훈했다고 하는데 이게 다 어디서 나온 겁니까. 고생하던 시절에 터득한 실력입니다.

인생을 알고 하나님을 아는 것이 진리입니다. 진리 되신 예수그리스도 안에서 하나님이 주시는 생명이 이 글을 읽으시는 분들에게 넘치기를 축복합니다.

"읽는 설교"
{ 하나님으로는 다 하실 수 있느니라 }

(마가복음10:17~31)

예수님은 공생애를 시작하시면서 "회개하라 천국이 가까웠느니라!" 를 선포하셨습니다. 그런데 이 말이 감옥에 있는 사람들을 대상으로 하면 쉽게 이해가 가는데 일반인들을 대상으로 하셨습니다. 흔히 우리 중에는 법 없이 산다고 하는 사람도 있고 가정적으로나 사회적으로 옳고 바르고 참되게 살아가는 사람이 얼마든지 있습니다.

물론 교리적으로 "우리는 아담의 원죄를 타고 났고 마음속을 꿰뚫어 보시는 하나님 앞에 스스로의 의를 자신할 사람은 없다!" 에 근거해서 죄를 고백하고 있지만 성경은 죄의 뿌리를 우리 안에 자리한 더 깊은 곳에서 찾고 있습니다.

성경은 "모든 사람이 죄를 지었으매 하나님의 영광에 이르지 못하더니...", "의인은 없나니 하나도 없으며 한가지로 무익하게 되어 하나님을 찾는 사람이 없으니 하나도 없다!" 라고 말씀하고 있습니다. 그러니까 성경은 우리 모두가 죄인임을 말하기에 앞서서 죄를 지을 수밖에 없는 존재인 죄의 종, 죄의 노예, 죄의 꼭두각시라고 합니다. 죄를 안 지을래야 안 지을 수 없고 혹 의를 행하고자 하는 마음이 있다 하더라고 그것을 이룰 수 없다 입니다.

죄는 하나님이 주인이 아니라 내가 주인 되는 것입니다. 죄의 본성은 인간이 스스로가 신이 되어서 자신이 모든지 다 할 수 있다는 데에서부터 출발합니다. 하나님이 도와주지 않고 은혜가 없어도 살아가는데 아무 부족함이 없다는 것입니다. 실지로 우리 주위를 둘러보면 하나님하고 아무 상관없이 그들의 평화와 행복을 누립니다.

그러나 하나님이 인정하시는 의인은 도움을 구하는 사람입니다. 누가 의인인지를 평가할 때 모두가 바리새인이 의인인줄 알았는데 반전입니다. 바리새인이 아니라 세리가 의롭다함을 받고 집에 갔다 했습니다. 세리는 은혜를 구했기 때문입니다.

기독교가 "오직 의인은 믿음으로 말미암아 살리라!"고 했을 때 그 믿음은 은혜와 동의어입니다. 믿음이 왜 은혜인지 그것을 일치시킬 수 있으면 성경을 바로 이해한 겁니다. 은혜와 반대개념이 행위입니다. 은혜가 하나님의 것이면 행위는 내 것입니다. 예수 사람은 은혜로 살지 내 것으로 살지 않습니다. 당연히 은혜로 사는 사람과 행위로 사는 사람의 삶의 원리와 가치와 내용은 서로 상이합니다.

은혜로 사는 사람은 은혜주시는 분의 기쁨과 자랑과 영광을 위해 살고 자기 행위로 사는 사람은 자기 기쁨과 자기 영광과 자기 자랑으로 살아갑니다. 사람이 공짜를 좋아하는 부분도 있지만 내면을 조금만 들어가 보면 의외로 사람은 자기가 하지 않은 것을 받기 싫어합니다. 댓가 없이 무엇인가가 주어지면 그것이 자기영광이 아니기 때문입니다.
그래서 무슨 말을 싫어하냐면 "하나님은 당신을 사랑하십니다!"를 본성상 싫어합니다. "내가 그 분을 꿈에라도 뵌 일이 없고, 말 한 마디 나눈적 없고, 내가 뭘 그분에게 드린 적도 없는데 왜 그 분이 날 사랑하겠어! 이 답답한 사람아!"

인과율의 법칙입니다. 원인 없이 결과 없다는 거죠. 기독교는 원인이 없는데 결과가 있다는 곳입니다. 무에서 유를 창조하시고 없는 것을 있는 것처럼 부르시는 하나님입니다. 신비한 것은 내가 하나님께 한 게 없는데 그럼에도 하나님은 나를 안다 그러십니다. 나를 사랑한다 하시고 죄인인 나를 구원했다 하시고 드린 것도 없는 나와 늘 임마누엘로 함께 하신다 하십니다. 그럼으로 우리는 자격이 없어도 은혜의 보좌 앞에 나아가 당당히 구하는 것입니다. 뭘요 은혜를~

제가 결코 원인을 하위개념에다 놓고 말씀드리는 것이 아님을 강조합니다. 우리는 하나님께 사랑받을 만한 행위를 해야 합니다. 정성과 마음을 다해 그분을 섬깁니다. 문제는 내가 그렇게 섬겼기 때문에만 꼭 그 행위가 원인이 되어 나를 사랑하는 분이 아니라는 것입니다. 반대로 "안 드렸으니까 나를 안 사랑한다!"가 아닙니다. 하나님은 나를 지으시고 예수 안에 나를 낳으시고 나를 안다 하시고 연약한 나를 사랑하십니다. 시편104편14절에서 "이는 저가 우리의 체질을 아시며 우리가 진토임을 기억하심이로다!"

영생과 구원과 천국은 은혜로 가는 거지 내 것으로 가는 것이 아닙니다. 그래서 오늘 본문을 택했습니다. 오늘 본문은 천국가려면 재산 팔아서 가난한 사람에게 나눠주라는 말씀으로 곡해된 말씀이기도합니다. 본문은 영생을 얻으려면 행위를 보이라는 말씀이 아닙니다. 본문의 이해를 위한 키는 17절에 한 사람이 예수님께 나와 "무엇을 하여야 영생을 얻겠습니까?"에 있습니다. 예수님은 이 사람의 발상과 제자들의 생각까지 바로 잡으십니다.

영생과 천국을 구하면서 자기안의 가능성을 깔아놓고 들어옵니다. 자기가 이루고 쌓고 성취할 수 있는 것으로의 "무엇을 하여야~"로 묻는 겁니다. 그렇게 된 이유는 이 사람이 부자인 것이 그 근거였습니다. 나름 부자임으로 돈을 좀 쾌척해서 영생의 길을 확보하려는 이 사람의 속내를 아시고 예수님은 조금 나눠주는 차원이 아닌 몽땅 다 버리라고 하십니다. 그래서 "없던 일로 합시다!"가 되었습니다.

재산을 팔아 가난한자들에게 주라는 것은 재산을 버리라는데 초점이 있지 구제에 초점이 있지 않습니다. 뒤에 베드로가 "저 사람은 안 버렸지만 나는 주를 위해 다 버렸습니다!"가 의미에 있어서 서로 매치되는 부분입니다.

사람은 자기안의 능력과 지식과 배경이 있으면 그것으로 영생을 타진합니다. 이런 발상과 시도가 곧 낙타가 바늘구멍으로 들어가려는 형국임을 말씀하십니다. 접근방법이 틀렸음을 지적하신 겁니다. 제자들이 다 놀라서 그럼 누가 천국에 간답니까? 하자 예수님은 27절에서 "사람으로는 할 수 없으되 하나님으로서는 다 하실 수 있느니라!" 하나님은 그 어떤 경우에도 목적이지 방법이 아닌 분이십니다. 그러나 오늘 성경은 하나님을 방법론으로 제시합니다. 영생을 얻는 방법은 오직 하나님의 은혜로만 가능합니다.

28절에 대번에 베드로가 "저는 다 버렸습니다!" 하자 예수님이 잘했다고 칭찬하시면서 "현세에 복 받되 핍박을 겸하여 받고 내세에 영생을 받을 거다!" 하셨습니다. 그리고 생뚱맞은 31절의 말씀을 하십니다. "그러나 먼저 된 자가 나중 되고 나중 된 자가 먼저 될 자가 많으니라!" 이 말씀이 풀려야 진실로 부자가 영생을 구하며 예수님께 나온 이 본문의 의미가 풀립니다. '그러나'는 앞의 모든 내용을 뒤집는 말입니다.

성경을 읽을 때 주의해야 하는 것은 문장(sentence)보다 문단(paragraph)을 보는 것입니다. 화자의 겉으로 드러난 표현보다 기저에 흐르고 있는 의도와 맥락을 잡아야 합니다.

부자와 예수님의 대화로 이어진 17~31절의 말씀은 사실 두 단락으로 나누어집니다. 부자와 예수님의 대화의 결론격으로 제자들에게 주신 27절의 말씀이 앞 단락의 마름이라면 31절의 말씀은 28절부터 베드로와 예수님 간에 오간 대화의 결론이 뒷 단락의 마름입니다. 27절과 31절이 마주하면서 서로간 의미를 살려내며 메시지를 부각시킵니다.

27절 "사람의 능력(부,지식,배경)으로 될 줄 알았는데 그런 걸로 영생얻는 게 아니더라 오직 하나님으로만 가능하더라!" 31절 "그건 줄 알았는데 그게 아니었고 저건 아닐 줄 알았는데 그게 맞더라!" 입니다. 위에서 언급한 바리새인과 세리의 반전이 여기도 나옵니다. 서로 댓구를 이루면서 '오직 하나님으로만'을 드러냅니다.

어려서부터 율법을 다 지켰다고 하는 부자에게 예수님은 21절에 "그를 눈 여겨 보시고 사랑하사 .."하셨고 주를 위해 모든 것을 다 버렸다고 한 베드로에게도 "현세와 내세에 복을 받을거라!" 하셨지만 예수님은 부자와의 대화를 통해 사람은 율법을 완전히 지킬 수 없는 존재임을 가르치신 것이고 베드로에겐 사람의 행위로 주를 위해 무엇을 버렸다고 해서 그것을 근거로 영생 얻는 것이 아니라는 말씀입니다.

"이는 힘으로도 되지 않고 능으로도 되지 않고 오직 나의 신으로 되느니라!" (스가랴4:6)

"읽는 설교"
{ 죄로부터의 해방 }

(출애굽기3:1~12)

모세는 애굽에서 종살이하던 이스라엘을 구원한 사람입니다. 이스라엘이 애굽에서 종살이한다는 것은 신약의 하나님 백성이 죄악아래 종살이 한다와 같습니다. 죄를 잘 이해해야 합니다. 성경은 모든 사람을 가리켜서 죄를 안 지을래야 안 지을 수 없는 존재라고 합니다. 여기서의 죄는 윤리도덕 탈선만이 아니라 하나님을 상정하지 않은 모든 시간과 자리입니다.

이 부분이 상당히 받기 어려운 부분입니다. 쉽게는 하나님이 날 지으셨고, 그 분이 만든 앞마당에서 그 분이 둔 공기와 물을 마시고, 그 분이 결실하게 한 소산물을 먹으면서 하나님이 없다고 하는 것은 마치 나는 부모 없이 태어나서 기저귀 알아서 갈고, 혼자 밥해먹고, 이만큼 컸다 하는 것과 같다 하겠습니다.

죄는 하나님을 인정하지 않고, 함께 하지 않고, 순종하지 않는 것인데 아담과 하와가 선악과를 먹은 것도 내게 명령하는 저 하나님 말고 자기가 스스로 신이 된 세상을 살고 싶었던 것입니다. 그래서 지금도 보면 하나님과 아무 상관없는 자신들만의 세상을, 자신들만의 가치를, 자신들의 행복을 추구하며 하나님하고는 정말 아무 상관없이 돈 벌고 자녀를 키우며 나름의 자리를 확보하고 살아가고 있습니다. 그러나 이 땅에서 아무리 잘 먹고 잘 살아도 하나님이 없으면 그 결국은 멸망입니다.

성경에서의 구원은 곧 죄로부터의 자유와 해방과 평화를 의미합니다. 자유, 해방, 평화의 참된 의미는 괴롭힘 당하거나 압제당하지 않는 것입니다.

그런데 우리의 삶 속에서도 평화를 깨는 것이 있습니다. 가난입니다. 옹색하고 빈궁한 삶이 평화가 없게 합니다. 질병도 있습니다. 돈이 아무리 많아도 질병의 고통가운데에서는 평화가 있을 수 없습니다. 사람들과의 관계가 힘들어서 평화가 없는 관계의 족쇄도 있습니다. 이와 같은 외부적 요인들로 인한 괴롭힘도 있지만 내부적 요인도 있습니다. 대표적인 것이 무지입니다. 호세아 4장 6절에서 "내 백성이 지식이 없어 망하는 도다!" 하나님을 알지 못하는 영적 지식의 부재로 인한 괴로움입니다. 무지를 다른 말로하면 어둠, 감각없음, 미련과도 같습니다. 무지의 혼돈과 압제에서 해방된 성도들이기를 소망합니다.

하나님은 오늘 모세를 불러 애굽에서 괴롭힘 당하는 이스라엘을 구원하십니다. 타는 떨기나무 불꽃가운데서 "모세야! 모세야!" 부르시는 하나님의 음성을 듣습니다. 떨기나무는 광야의 흔한 잡풀입니다. 처음엔 어쩌다 자연발화 되서 타는 줄 알았는데 한참이 지나도 여전히 타고 있는 것이 좀 이상했습니다. 제가 주목하는 것은 타는 불꽃 속에서 하나님의 음성을 들었다는 것입니다. 영적인 메시지가 의미심장합니다.

불이 타오르려면 연소되는 물질이 있어야 합니다. 나무가 타든 석탄이 타든 연소되는 물질이 지속적으로 공급되어야 하는데 3절처럼 "불이 붙었으나 떨기나무가 사라지지 아니하는지라!"입니다. 하나님의 나타나심 속에는 하나님의 일하심이 있습니다. 불이 타오르는 것은 에너지가 방출되는 것으로 하나님의 일하심을 상징합니다. 하나님은 일하실 때 누군가의 도움을 받거나 지원을 받거나 공급해주어야만 그 일을 하실 수 있는 분이 아닙니다.

그럼 아예 허공중에 불을 붙이시지 왜 떨기나무냐는 것입니다. 모세 "너가 바로 떨기나무다!" 입니다. "모세에게 불을 붙였지만 모세가 하는 게 아니라 다 내가 하는 거다!" 입니다. 출애굽기 14장 13절입니다. "너희는 가만히 서서 여호와께서 오늘날 너희를 위해 행하시는 구원을 보라!"와도 같습니다.

　그렇게 하나님이 다 하시는 거면 왜 모세를 40년 왕실 엘리트교육을 받게 하신 겁니까? 세상의 가장 뛰어난 지식과 능력과 권세라 할지라도 그것을 전혀 사용하지 않으신다는 말씀이 거기에 있습니다. 그래서 모세는 40년 익힌 지식이 고스란히 다 없어지는 광야 40년을 보내고 나서 오늘 부름을 받습니다.

　불이 타는데 발화물질만 있고 연소물질이 없다는 것은 없는 것을 있는 것처럼 부르시는 하나님의 일하심입니다. 신약적으로 하면 하나님은 우리를 구원하시는데 우리에게 원인을 두지 않으시고 그 원인을 하나님 자신이 가지고 계시는 것과 같습니다. 그리스도 안에서 죄인을 구원하실 것이라고 약속하신 약속이 원인이 되어 우리의 구원이 이루어집니다. 그 신실한 약속은 하나님의 사랑에서 비롯된 것이며 그 분의 능력에 붙들려있습니다. 오늘 하나님이 애굽에서 이스라엘을 구원하시는 것도 2장 24절 말씀처럼 언약을 기억하셨기 때문입니다. "하나님이 아브라함과 이삭과 야곱에게 세운 그의 언약을 기억하사…"

　잘 나가는 사람들은 하나님이 불 붙이신 것입니다. 근데 이게 자기가 뭐가 좀 있어서 하나님이 내게 불을 붙이셨다가 아닙니다. 하나님은 아무것도 남아있지 않은 말 그대로 마른 장작이요 떨기나무인 모세에게 가셔서 불을 붙이셨다는 사실을 잊지 말아야 합니다. 모세는 지금 태울 것이 없는 사람입니다. 이게 사람이 하는 일이라면 모세는 40년 전에 불이 붙었어야 합니다. 그때 모세는 젊고 혈기왕성하고 의욕이 넘치며 실력과 배경을 갖추고 있었습니다.

　하나님이 이렇게 하신 이유는 신약의 고린도전서 1장 16절 이하에 그 답이 있습니다. "형제들아 너희의 부르심을 보라 육체를 따라 지혜로운 자가 많지 않고 능한 자가 많지 않고 문벌 좋은 자가 많지 않다.

하나님께서는 세상의 미련한 것들을 택하사 지혜 있는 자들을 부끄럽게 하시고 세상의 약한 것들을 택하사 강한 것들을 부끄럽게 하시며 세상의 천한 것들과 멸시받는 것들과 없는 것들을 택하사 있는 것들을 폐하려 하시나니 이는 아무 육체라도 하나님 앞에서 자랑하지 못하게 하려 하심이라!"

애굽에서 종살이 하는 이스라엘의 구원을 위해 모세가 부름을 받는 본문을 통해서 그게 결국 죄로부터의 구원을 예표 하는 그림자인 것을 알게 됩니다. 죄는 괴롭히는 것입니다. 사망이 있는 곳으로 이끌고 갑니다. 예수 믿고 죄로부터 해방된 성도들인 것을 믿습니다. 죄의 사슬에서 해방될 때 아울러 가난과 질병과 문제들에서 해방되는 은혜가 함께 있기를 기도합니다. 예수님의 메시아 사역일성이 "가난한자에게 복음을! 포로 된 자에게 자유를! 눈먼 자에게 빛을!"입니다.

더불어 내가 오늘 타오르고 있다고 해도 그것은 나를 발화점으로만 삼으신 것이지 실제로는 내가 타는 게 아니라 하나님이 끊임없이 내게 에너지를 공급하신 타오름이라는 것을 기억하고 오직 하나님께 모든 영광을 돌리게 되기를 축복합니다.

"읽는 설교"
{ 성육신 }

(마태복음1:18~25)

예수님이 사람의 몸을 입고 이 땅에 오신 성탄절입니다. 전지전능하시고 무한하신 하나님이 시간의 제약과 공간의 한계 아래 있는 유한한 사람의 자리까지 자신을 낮추신 것은 다만 사람으로 치면 눈 가리고 귀 막고 입을 봉하고 손발이 묶여진 채로 내던져진 것보다 가혹합니다.

예수님은 동정녀 마리아의 몸에 성령으로 잉태되어 사실 아버지 요셉과는 아무 관련이 없습니다. 단지 성경에 유다지파 다윗의 자손으로 태어날 것이 예언되었음으로 마리아는 요셉과 결혼해야 합니다. 요셉으로부터는 족보만 받습니다.

예수님이 죄인을 구원하러 세상에 오실 때에 하늘에서 뚝 떨어져서 오지 않으시고 잉태와 출생의 과정을 격는 아기예수로 오셨다는 부분에 대해서 말씀드리려합니다. 인류역사를 보면 잉태와 출산과 자람의 과정이 없이 어른으로 뚝 떨어져서 살아간 사람이 있습니다. 아담입니다. 아담은 느닷없이 어른, 어쩌다 어른, 문득 어른이 되었습니다.

사도바울은 로마서에서 예수님을 두 번째 아담이라고 합니다. 인류의 대표가 두 명 있었는데 첫째 아담은 타락해서 모든 인류가 죄 아래놓이게 되었지만 두 번째 아담이신 예수님은 십자가로 승리하시고 모든 인류에게 구원의 소망을 주셨다고 합니다.

십자가가 왜 승리일까요? 힘없이 끌려가서 죽는 것이 왜 승리인줄 알 때에 자람이 없고 철이 들지 않은 사람은 지는 게 이기는 것이라는 말을 이해하지 못합니다. 구약성경에서 야곱이 왜 하나님과 겨루어 이겼다는 이스라엘이 되었습니까? 엉덩이뼈 부러지고 나서 하나님께

두 손 들고 항복합니다. 하나님께 항복해서 두 손을 든 것인데 하나님은 그 두 손을 승리의 두 손으로 바꿔주십니다. "네가 이겼다!" 하면서 이스라엘이 됩니다.

예수님의 십자가는 스스로 당신을 연약함에 묶으시고 가두시고 내려놓으신 사건입니다. 예수님이 오늘 마리아의 몸에 잉태되었다는 것은 하나님이신 그 분이 저와 여러분이 살아가는 현실이라는 시간을 실제로 살아가겠다는 그 자체로의 말씀입니다. 성육신은 단순히 하나님이 "인간이 되셨다!"를 넘어서서 하나님이 "인생을 사셨다!"입니다.

인생이 뭡니까? 인생은 고달픈 겁니다. 여기서 치이고 저기서 시달리면서 하루하루 견디는 게 인생입니다. 밖에서 보기에는 아무리 저만큼 가지고 저 정도 위치에 있으면 행복하기만 하겠다 하겠지만 천석꾼 천 가지 걱정 만석꾼 만 가지 걱정입니다. 만수르라고 하루 만 끼를 먹는 것이 아닙니다. 행복을 느끼는 사이즈는 다 같습니다. 많이 가졌다 해서 위가 늘어나듯 행복사이즈가 늘어나지 않습니다. 도리어 그 마음이 허망하여져서 재벌가의 자녀들 가운데 상당수가 곁길로 나아가는 것을 봅니다.

예수님께서 인생을 사시기로 작정하는 순간 예수님은 만만찮은 현실과 마주하게 됩니다. 예수님의 집안은 가난하셨습니다. 누가복음 2장 24절에 예수님 탄생 후 정결예식을 위해 제사하러 예루살렘에 올라갈 때 비둘기 한 쌍을 제물로 드렸다고 하는데 이는 가난한 사람들을 위한 율법의 배려입니다. 예수님은 피난길에서 태어나서는 당장 목숨이 위태로워 애굽으로 피신하십니다. 7남매의 장남으로 가사 일을 돌보시며 돈 들어갈 곳은 많은데 나올 곳은 없는 궁핍함과 핍절함을 몸으로 겪으십니다.

예수님은 나사렛에서 무슨 선한 것이 나겠냐고 하는 조롱을 받으셨고, 귀신을 쫓아주셨는데도 불구하고 도리어 바알세불의 힘을 빌어 귀신을 쫓는다는 비난을 들으십니다. 칭찬을 들어도 시원찮은데 황당하게 비난의 소리를 듣습니다. 조롱와 비아냥입니다.

성전을 헐라는 것은 예수님의 몸을 빌어 하신 말씀인데 성전을 모독했다는 죄명을 뒤집어 씌웠습니다. 그런 뜻으로 한 말이 아닌데 자기 맘대로 해석하고 공격하는 겁니다. 왜곡과 음해입니다.

가족들도 예수님을 등지고 믿었던 제자들도 배신했습니다. 예수님은 여우도 굴이 있고 새들도 자기 집이 있지만 인자는 머리 둘 곳도 없다 하셨습니다. 아무도 없는 곳에 홀로 내 던져진 외로움과 고독입니다.

예수님은 우리가 살아가는 현실을 비껴가지 않으셨습니다. 이와 같은 시간을 겪으며 예수님은 자라나시고, 만들어지시고, 빚어지십니다. 나를 힘들게 하는 인간들 나를 괴롭히는 문제들 이런 건 다 내가 쳐부수고 없애버려야 할 대상이 아니라 내 믿음의 실력을 키우기 위해 하나님이 내 앞에 두신 유격장의 장애물이더라는 것입니다.

아담은 어느날 하늘에서 뚝 떨어져서 자람이 없고 훈련이 없고 교육이 없습니다. 그러니 쉽게 죄에 미혹됩니다. 그러나 예수님은 우리가 살아가는 질곡의 시간을 살아내십니다. 하나님은 "내 아들도 너희들이 사는 인생을 살게 했다! 그럼으로 너희가 사는 인생은 소중한 거다!" 말씀하십니다.

예수님은 아기 예수로 오셔서 30년을 사셨습니다. 뭘 다 가지고 사신 게 아닙니다. 돌로 떡 해 먹고 오병이어의 기적으로 사시지 않았습니다. 그 애매하고 다채롭고 답이 없는 현실을 사시고 십자가의 수난 가운데 내어 몰리셨습니다.

사람들은 다 위에서 뚝 떨어진 아담처럼 살고 싶지 예수님처럼 인생 유격장에 살고 싶지 않습니다. 뚝 떨어졌다는 것을 조금 다른 표현으로 하면 인생에 실패를 모르고 모든 일에 승승장구하는 것입니다. 그러나 사람은 성공보다 실패에서 배웁니다. 성공하면 아무 생각이 없습니다. 세상에서의 성공은 오직 성공 외에는 남는 게 없고 내용이 없습니다. 방법론으로의 자기 자랑 밖에 없습니다. 심한 경우 그 성공에 맞추어서 모든 과거의 시간이 짜깁기되고 합리화됩니다.

　기독교는 성공과 실패를 넘어서는 더 높은 고급한 내용으로 들어가는 것입니다. 도덕적으로 훌륭한 인격만이 아니라 예수를 닮고 하나님의 성품에 참여한 자로 우리의 인격과 삶과 영혼에 무엇인가를 남기는 것입니다.

　인생을 승부에 비유해서 인생에서 이겼냐? 졌냐? 를 말하는데 이겼다고 해도 인성과 신앙을 내어준 비열한 이김이 있고 패배를 했다고 해도 뭔가 보는 이들에 삶과 영혼을 울리는 멋있는 패배가 있습니다. 뭔가 이기고 지고를 뛰어넘는 세상이 있다는 것에 대해서 눈을 뜨게 됩니다.

　그러니까 기독교의 승부는 내 앞에 있는 적을 때려눕히는 그런 승부가 아닙니다. 어떤 목적을 가지고 이기는 싸움입니다. 결국 마지막 최종승부는 내 앞의 적이 아니라 나와의 싸움이었다는 것을 발견합니다.

　사람들이 스포츠에 매료되는 것은 단순히 상대를 눕혔기 때문이라기보다는 그것을 넘어서는 감동이 있어서 입니다. 그래서 진정한 스포츠맨쉽은 상대를 적으로 여기기보다는 저 상대를 상대하는 나를 단련하고 연단시키는데 더 중점을 둡니다. 그래서 저급한 스포츠일수록 이기는 것만 중요합니다. 어떻게 이기냐는 아무 상관이 없습니다. 그들이 주로 사용하는 방법은 상대의 실수를 유발하는 것입니다. 자기 실력을 발휘하지 못하도록 심판 몰래 깐죽거리는 겁니다.

스포츠뿐만 아니라 인생도 그렇습니다. 나는 페어플레이 하고 싶은데 자꾸 깐죽거리는 것들이 등장합니다. 예수님 앞에서 예수님을 조롱, 비난, 왜곡, 음해, 공격하는 것들은 다 같잖은 깐죽거림입니다. 신앙의 실력은 세상의 깐죽거림에 흔들리거나 휩쓸리지 않고 가던 길 가는 것입니다. 예수님의 성육신은 무지하고 몰인정한 인간들의 깐죽거림을 이겨낸 시간들입니다. 저와 여러분이 사는 인생을 똑같이 살기 위해 이 땅에 오신 하나님이신 아기 예수님을 이 시간 모두 함께 경배하기를 축복합니다.

{ 찾아오시는 하나님 }

(신명기28:1~14)

신명기 28장은 그 유명한 축복과 저주의 장입니다. 하나님 말씀을 잘 청종하여 순종하면 들어가도 복을 받고 나가도 복을 받고 떡반죽 그릇이 복을 받고 대적이 일어나 한 길로 쳐들어와도 일곱 길로 도망 갈 것이지만 순종 안하고 네 맘대로 살면 반대로 들어가도 저주받고 나가도 저주받고 모든 것이 저주 받을 것이다 입니다.

여기서 하나 짚고 가야 합니다. 이들이 지금 가나안 땅에 들어가게 되는데 뭘 잘한 게 있어서 그 보상과 댓가로 주어지는 가나안땅이 아니라는 것입니다. 이들의 조상 아브라함과 이삭과 야곱에게 하나님이 이 땅에 네 후손으로 하늘의 별처럼 땅의 모래처럼 될거다 약속하셨기 때문입니다.

창세기 12장 1절입니다. "너는 본토친척 아비집을 떠나 내가 네게 지시할 땅으로 가라 내가 너로 큰 민족을 이루고 네 이름을 창대하게 하리니 너는 복이 될지라 .. 땅의 모든 족속이 너로 인해 복을 받으리라!"입니다. 하나님의 일방적인 선언이고 무조건적인 약속이며 긍휼히 여기시는 찾아오심입니다. 우리의 구원이 이와 같습니다. 하나님이 예수 안에서 이루어놓으신 구원을 우리가 인정하는 것이 곧 믿음입니다.

즉 하나님의 찾아오심은 하나님의 뜻과 일하심을 알리기 위함입니다. 그런데 이사야 6장을 보면 좀 신비한 말씀이 있습니다. 이사야 6장은 이사야가 하나님께 소명을 받는 내용입니다. 하나님이 말씀하시길 "내가 누굴 보내며 누가 우리를 위해 갈꼬!", 하시니까 이사야가 "내가 여기있나이다! 나를 보내소서!" 합니다. 그때 하나님이 뭐라 하시냐면 "너가 가서 전해도 듣기는 들어도 깨닫지 못하며 보기는 보아도 알지 못하게 하여 내가 그들로 구원 받지 못하게 하라!"고 하십니다.

이 본문을 예수님이 그대로 인용하십니다. 예수님이 비유로 말씀하시니까 제자들이 묻기를 "왜 비유로 하십니까?", "이사야가 일렀으되 저들로 듣기는 들어도 깨닫지 못하며 보기는 보아도 알지 못하게 하여 돌이켜 구원 받지 못하게 함이라!" 하십니다. 논리의 모순입니다. 그러나 이 가운데는 하나님의 깊은 뜻이 숨겨져 있습니다.

어떤 사람이 누구한테 가서 무슨 말을 전하라고 했는데 그 사람이 무슨 말을 하냐면 못 알아 듣게 하랍니다. 못 알아듣게 할려면 왜 가라하는 거죠? 정말로 못 알아듣게 하려면 안 보내면 됩니다.

복음을 전하기 위해 예수님이 오셨어요. 근데 아무도 못 알아듣게 해서 구원을 못 받게 한대요 이걸 어떻게 해석하죠? 이사야와 예수님은 보냄을 받았는데 사명이 못 알아듣게 하는 사명이라는 거에요. 이건 성경의 역설이고 무시무시한 하나님의 반어법입니다. 어떻게 해서든지 알아듣게 하겠다는 하나님의 강한 의지의 표현입니다.

실제로는 이대로 됩니다. 이사야 때 이스라엘백성은 못 알아듣고 나라가 바벨론에게 패망하게 됩니다. 예수님도 사람들이 못 알아보고 십자가에 죽입니다. 이사야 53장 1절처럼 "우리가 전한 것을 누가 믿었느뇨 여호와의 팔이 뉘게 나타났느뇨 그는 주 앞에서 자라나길 연한 순 같고 마른땅에 나온 줄기 같아서 .."

그런데 놀라운 것은 복음은 전해졌고 결국은 깨달아졌으며 예수가 누군지 복음이 무엇인지 하나님의 뜻이 무엇인지 알려졌다는 거에요. 그래서 지금 우리가 예수를 믿고 있습니다.
예수님이 십자가에서 운명하시자마자 밑에 있던 백부장이 자기가 죽여 놓고는 저가 참으로 하나님의 아들이었다고 고백하는 겁니다.

이게 얼마나 놀라운 일인지 모릅니다. 다 도망갔던 제자들이 마가의 다락방에 다시 모입니다.

오늘 본문의 말씀을 잘 들으면 14절까지는 축복이지만 15절부터 68절까지 무려 53절을 할애해서 저주를 말씀하고 있습니다. 저주의 본문을 읽고 있으면 지금 이 말씀을 하시는 분이 정말 간절하고 애절한 절규처럼 지금 말씀하고 계신다를 느낄 수 있어야 합니다. 더 나아가서 하나님의 결연한 의지도 읽어내야 합니다.

"너 죄 지으면 이렇게 벌 줄거야!"의 말씀들은 사실상 이대로 저주를 퍼 부을거면 이런 말을 할 필요가 없습니다. 조금 전과 같습니다. 못 알아듣게 할려면 갈 필요가 없는 겁니다. 근대 가라 그러잖아요! 말장난 같은 제 말을 잘 들으시기 바랍니다. 예수님이 오셨습니다. 뭘 하시겠다는 겁니까? 구원을 이루시기 위함입니다. 정말로 벌을 내리실거면 오시지 않았습니다. 오실 필요가 없습니다. 예수님이 오셨다는 것은 오신 그 목적이 반드시 이루어진다는 것이고 말씀이 전해졌다는 것은 그 말씀의 뜻이 기필코 전해진다는 것입니다.

노아시대는 선지자가 없습니다. 보냄 받은 자가 없고 보낸 말씀이 없기에 노아 홀로 구원입니다. 가만히 놔두면 죄의 값은 사망입니다. 노아홍수는 죄진 사람 쫓아가서 혼내준 사건이 아니라 죄의 마지막은 이 모습이라고 보여주신 사건입니다.
저와 여러분에게 보내주신 예수 그리스도와 그 분의 말씀이 우리 모두에게 있기를 축복합니다!

"읽는 설교"
{ 영과 육 }
(로마서8:5~11)

하나님이 흙으로 사람을 지으시고 그 코에 생기를 불어넣으심으로 생영이 되었습니다. 생영이 곧 영혼입니다. 이것은 동물의 각혼과 비교됩니다. 동물의 각혼은 죽음과 함께 소멸되지만 사람의 영혼은 그렇지 않습니다. 가끔 어떤 분이 하나님은 사랑이심으로 지옥에 가는 영혼은 소멸시킨다는 '영혼멸절설'을 말하는데 이는 성경적이지 않습니다.

오늘 영과 육을 말씀드리면서 먼저 드리고 싶은 말씀은 영과 육, 목사와 평신도, 주일과 평일, 교회와 가정 이런 식으로 자꾸 나누지 말것을 당부드립니다. 이것들은 다 동전의 앞 뒷면처럼 하나이면서 두개의 차원입니다. 영은 선하고 육은 악하며, 목사는 주의 종이고 평신도는 아니고, 주일은 거룩하고 평일은 속되며, 교회는 하나님이 계시고 가정에는 계시는지 잘 모르겠고 하는 식의 가르침이 성도를 미혹할 때 사용하는 이단의 기본 베이스입니다.

특별히 성경에서 영과 육을 말할 때 육은 피지컬인 몸을 말하는 것이 아니라 하나님과의 관계가 끊어져있는 지경을 가리켜서 "육적이다!" 라고 말하는 것이고 반대로 하나님과의 관계가 회복된 상태를 "영적이다!"라고 합니다.

요한복음 6장 63절에서 예수님이 말씀하시길 "살리는 것은 영이요 육은 무익하다!" 했을 때 영혼만 귀하고 몸뚱아리는 천한 것이다 라는 의미가 아니라 "하나님과 연결되어있을 때 사는 것이고 끊어져 있으면 생명이 없는 것이다!" 입니다. 그래서 뒤에 말씀인 "내가 네게 이르는 말이 곧 영이요 생명이다!"가 그 말씀입니다. 예수님 말씀대로 잘

하나님이 일하시는 방법

따라 행하면 하나님과 연결된 생명을 얻지만 하나님과 단절되어있으면 그 자체로 죽음입니다.

우리는 본래 모두가 다 육적입니다. 본성상 죄인입니다. 연탄공장 한 바퀴 돌고나면 연탄 안 만졌어도 시커먼 가루가 묻는 것처럼 이 세상이 연탄공장입니다. 설령 의롭고 선한 일을 한다고 해도 그것마저 악함의 배경과 죄의 바탕에서 이루어집니다.

이런 겁니다. 깡패들이 서로 사랑하고 위하며 간이라도 빼줄듯이 서로 섬긴다고 해서 그것이 정말 선한 일이냐는 겁니다. 당장 그 현장은 아름다울지 모르지만 깡패의 하나됨과 섬김과 결속은 결국은 악한 일에 도움이 될 뿐이라는 것입니다.

이 세상은 평화를 말하면서 전쟁을 일으키는 모순으로 가득한 곳입니다. "누군가가 자유와 평화를 외치면 조심하라 너의 자유와 평화를 앗아갈 것이다!" 그래서 저는 이런 말에도 동의합니다. "사람은 합리적이지 않다 합리화할 뿐이다!", "사람은 똑똑하거나 의롭지 않다 그런 행세를 할 뿐이다!"

육신에 붙들려서 하나님과 단절되어 세상의 가치와 습성과 원리에 따라 사는 사람의 특징이 있습니다. 그것은 스스로가 지혜 있다고 생각하는 것입니다. 고린도전서 2장 14절입니다. "육에 속한 사람은 하나님의 성령의 일을 받지 아니하나니 저에게는 미련하게 보임이요 그것을 알수도 없나니 이런 것은 영적으로라야 분별하느니라!" 는 말씀이 있습니다. 하나님께 연결이 되어있어야 즉 하나님께 무엇인가 와야지만 내가 의지적으로 받든지 거부하든지 할 수 있는데 끊어져 있으니 당연히 하나님을 알지 못하고 알 수도 없다는 말씀입니다. "이런 일은 영적으로야 분별한다!" 는 것은 곧 "하나님과 연결되어야만 비로소 깨닫는다!"입니다.

죄악세상과 하나님의 나라는 결코 같이 가거나 섞이거나 한자리에 있을 수 없습니다. 오늘본문 5절 이하입니다. "육신을 따르는 자(단절된 자)는 육신의 생각을 영을 따르는 자(연결된 자)는 영의 생각을 하나니 육신의 생각은 사망이지만 영의 생각은 생명과 평안이라!" 7절에도 "육신의 생각은 하나님과 원수가 되나니 하나님의 법에 굴복하지 않을 뿐 아니라 할 수도 없음이라!" 조금 전 말씀과 같습니다. 접근 자체가 안 되니 의지의 문제가 아닙니다.

9절입니다. "만일 너희 속에 하나님의 영이 거하시면 너희가 육신(단절되어)에 있지 아니하고 영(연결되어)에 있나니 누구든지 그리스도의 영이 없으면 그리스도의 사람이 아니니라!" 그러면 내 속에 그리스도의 영이 계신지 어떻게 압니까?

그것은 하나님과 나와의 상태를 돌아보는 것으로 압니다. 육에 속한 사람(단절된 사람)은 하나님과의 관계에 있어서 아무 감각을 느끼지 못합니다. 하나님과의 관계라는 말 자체를 모릅니다. 그러나 영에 속한 사람은(연결된 사람)은 "내가 이래선 안 되는데...", "내가 하나님의 사람인데...", "내가 예수 믿는다고 하면서..." 하는 돌아봄이 있습니다.

요한1서 2장 15절에는 "이 세상이나 세상에 있는 것들을 사랑치 말라! 누구든지 이 세상을 사랑하면 아버지의 사랑이 그에게 있지 않다! 이는 이 세상에 있는 것이 육신의 정욕 안목의 정욕 이생의 자랑이니 이것이 다 아버지를 쫓아온 것이 아니요 세상을 쫓아온 것이라 이 세상도 정욕도 다 지나가지만 아버지의 뜻을 행하는 자들은 영원히 거한다!" 갈라디아 6장에도 "성령을 쫓아 행하라! 그리하면 육체의 소욕을 이루지 아니하리라!"

성령을 쫓지 않으면 자연히 우리는 육신을 쫓게 됩니다. 회색지대는 없습니다. 위에서도 언급했듯이 죄악세상에서는 사람이 무엇을 하는 것은 그 순수한 의도와 상관없이 그 배경이 결국은 하나님을 부인하고 욕되게 하며 대적하는 일입니다. 육신의 생각은 즉 하나님과 단절된 모든 발상과 도모와 자리는 하나님과 원수됩니다. 이 세상이라는 곳은 그 기반이 결국은 하나님을 대적하는 기초위에 있기 때문입니다.

하나님과 단절되어있는 사람들은 끊임없이 푸념을 늘어놓습니다. "왜 하나님은 따 먹을 것 다 알면서 선악과를 만들었는지?", "가룟유다 같은 사람도 있어서 십자가구원이 있는 것 아닌가?" 등등 심사가 뒤틀려있습니다. "영화 속에 악역이 제 역할을 해야 선한 주인공이 부각되는 것 아닌가?", "밤하늘의 어둠이 짙을수록 별들이 빛나는 것 아닌가?" 식의 조롱을 일삼습니다. 그러나 하나님은 누군가의 도움을 받아서 의로우심을 드러내고 무엇인가를 공급받아서 거룩을 유지하시는 분이 아니십니다. 하나님은 그 분의 이름에서 알 수 있듯이 '스스로 있는 자' 입니다.

오늘 우리 같이 '영'과 '육'을 했습니다. 영에 속했다는 것은 하나님과 연결되어 하나님을 알고 말씀을 받고 순종하며 하나님의 생명과 평안 가운데 거하는 것이지만 육에 속했다는 것은 하나님과 단절되어 하나님을 모르고 말씀이 없으니 순종할 수도 없는 상태를 말합니다.

어떤 아이를 전도했습니다. 그 아이는 하나님이 안 계시는 것 같다 했습니다. 하나님은 보고 만지고 느끼는 게 아니라 말씀을 잘 깨닫는 것으로 그 분을 만나는 것이라 했습니다. 성경에서 "영적이다!" 라는 말씀은 꿈에서 환상보고 방언하는 것이 아니라 하나님과의 관계가 말씀 안에서 올바로 세워져 있음을 의미합니다. 육적인 사람이 아니라 영적인 사람이기를 축복합니다.

"읽는 설교" 사사기1
{ 우리 안의 가나안 7족속 }

(사사기2:1~10)

구약의 하나님 백성과 신약의 하나님 백성을 다루시는 하나님의 방법은 같습니다. 구약의 이스라엘을 애굽에서 나오게 하시듯 신약의 성도들을 죄악에서 나오게 하십니다. 이 때 사람들에게 책임을 묻지 않으십니다. 전적인 하나님의 은혜로 나옵니다.

그런데 가나안에 들어가면 그대로가 지상 낙원이 아니라 가나안 7족속을 쫓아내야 비로소 젖과 꿀이 흐르는 가나안이 되고 신약의 성도들도 예수 믿고 죄악세상을 나와 곧바로 죽어서 천국에 가는 것이 아니라 우리 앞에 있는 현실이라고 하는 시간과 싸우면서 우리 안에 죄악의 7족속을 쫓아내고서야 이 땅에 임한 천국을 누릴 수 있다는 것입니다.

구약의 이스라엘을 반면교사 삼고 신약의 성도들이 교훈과 도전과 분발로 삼을 때에 사사기는 가나안에 들어간 이스라엘이 가나안 족속을 쫓아내는 역사입니다. 그런데 사사기 속의 이스라엘은 하나님의 큰 은혜를 받은 백성의 책임과 직무를 다하지 않고 "그냥 되는 대로 막 살아가는 것이 이런 것이다!" 를 보여주는 부끄러운 역사입니다.

사사기는 허구가 아니라 역사이며 잠언과 시편처럼 교훈의 글이 아니라 교훈으로의 삶입니다. 글을 통한 말씀이 아니라 삶을 통한 말씀입니다. 하나님의 백성들이라고 하는 사람들이 왜 이렇게 살았는지를 후대의 사람들은 생각하라는 것입니다. 신앙은 몽롱한 상태가 아니라 생각하는 겁니다.

하나님께서 가나안 7족속을 쫓아내라 하심은 창세기 15장 16절의 아브라함과의 언약에 기인합니다. "네 후손이 이방의 객이 되어 400년 종살이 할 텐데 내가 그들을 다시 돌아오게 하겠다. 그 이유는 이 땅에 아직 아모리 족속의 죄악이 관영치 않았기 때문이다." 아모리 족속은 가나안 7족속을 대표합니다. 이들의 삶이 포악하고 흉포하며 부도덕, 무법, 음란, 퇴폐, 향락이 가득하여 더 이상 심판을 미룰 수 없어 당신의 백성을 입성시키는 것으로 그곳을 정화하고자 하신 것입니다.

사사기 앞에는 여호수아서가 있습니다. 여호수아는 가나안에 들어간 이스라엘 12지파에게 제비뽑아 땅을 분배하는 내용입니다. 땅을 다 분배하고 나서 여호수아 24장 15절에서 이스라엘을 모아놓고 "나와 내 집은 오직 여호와만 섬길 것이다! 너희가 보기에 여호와 섬기는 것이 좋지 않게 보이거든 양단간에 결단을 내리라고 합니다!" 그때 이스라엘이 하나님을 버리지 않겠다고 대답하니까 여호수아가 19절에서 "너희가 능히 여호와를 섬길 수 없음은 그는 질투하는 여호와시기 때문이다!" 라는 말씀을 합니다.

이스라엘은 그들의 역사에서 한 번도 하나님을 버린 적이 없습니다. 하나님을 섬기되 우상과 같이 섬겼습니다. 여호수아의 14절 말씀처럼 '하나님만' 섬기는 것입니다. 예수님이 "하나님과 재물을 함께 섬길 수 없다!" 하신 것과 같습니다. 21절에서 이스라엘이 "아닙니다! 여호수아 사령관님! 우리가 정말 여호와만 섬기겠습니다!" 하자 여호수아는 "그래 좋다! 그러면 성소 곁에 상수리나무 아래 큰 돌을 세워라! 저 돌이 우리가 한 맹약을 들었다! 저 돌이 증거가 될거다!"

그리고 이제 오늘 사사기 1장으로 들어옵니다. 처음에는 유다지파를 필두로 해서 잘 쫓아냅니다. 그런데 1장 19절 부터는 좀 이상합니다. 19절 철병거가 있음으로 쫓아내지 못했고... 21절 여부스(요새)를 쫓아내지 못했고... 27절 므깃도를 쫓아내지 못했고.. 28절 32절 33절 계속해서 쫓아내지 못했고... 가 나옵니다.
겉으로는 철병거가 있고 지형이 요새라서 불가하다는 핑계를 대고 있지만 사실 이스라엘이 가나안에 처음 들어올 때 무너뜨린 난공불락의 여리고성 기억이 엊그제입니다. 강력한 공성무기가 있고 병사들이 용맹해서가 아니라 하나님이 친히 무너뜨리셨습니다. 이스라엘은 하나님이 가라 하시는 곳에 순종해서 가면 거기 그냥 승리가 있는 겁니다.

하나님이 싸우시기 때문입니다. 이미 가나안 사람들은 이스라엘의 하나님 여호와를 알고 있습니다. 여리고성에 들어갈 때 거기 살고 있던 라합이 말하길 당신네 이스라엘의 신은 애굽에 10가지 재앙을 내리고 홍해가 갈라지게 하고 리더가 손만 들고 있으면 전쟁에서 승리하는 족속인 것을 이 동네 사람들은 이미 알고 두려워 떨고 있다.

사랑하는 성도여러분! 우리가 두려워하는 현실이 거꾸로 우리를 두려워한다는 사실을 믿는 이 시간이기를 소망합니다. 악한 마귀는 하나님이 우리를 어떻게 구원하셨는지를 알고 있습니다. 아들을 십자가에 내어주시는 방법으로 구원하셨다는 것을 알기에 얘들을 잘못 건드리면 하나님 눈이 돌아가신다는 것을 압니다.

"너희가 세상에서 환란을 당하나 담대하라! 내가 세상을 이기었노라!" 여기서의 세상이 사단마귑니다. 대장 되신 예수님이 이미 다 이겨 놓으신 싸움에 우리는 지금 국지전만을 치루고 있습니다.

이스라엘이 처음엔 잘 하는 듯 싶더니 이렇게 저렇게 이유를 대며 쫓아내지 않은 근본 원인은 여기 가나안사람들의 사는 모습이 좋아보였기 때문입니다. 우리가 노는 것은 뭔가 고리타분한데 이 동네 애들이 노는 것은 뭔가 세련되게 보인 겁니다. 그래서 안 쫓아내고 아들주고 딸 주고 그들의 우상숭배에 혼합됩니다. 그래서 여호수아 24장 15절에 "여호와 섬기는 것이 좋지 않게 보이거든 (세련미가 없고 매력 없어 보이거든)"이란 말씀이 등장합니다.

세상엔 정말 신박한 것들이 가득한데 교회에는 그렇지 않은 것 같습니다. 그러나 우리가 세상과 연애하고 있으면 하나님은 질투의 불이 타는 불처럼 일어나시는 분이십니다.

우리 안에 쫓아내야 할 가나안이 있습니다. 불순종과 교만, 하나님을 알려하지 않는 마음, 하나님을 마음에 두기 싫어하는 것, 하나님보다 재물을 더 의지하고 섬기는 것, 예배와 기도를 통한 위로보다 세상에서 주는 위로에 만족하는 것 등등입니다.

하나님은 2장 3절의 말씀을 주십니다. "너희가 가나안을 쫓아 내지 않았으니 나도 그들을 너희 곁에 그냥 놔둘거다! 결국 그들이 너희 옆에 가시가 되고 올무가 될거다!" 말씀하십니다.

"하나님보다 재물을 더 의지하면 결국 재물에 발목이 잡히게 되고, 하나님보다 사람을 더 사랑하면 사람에 발등 찍히게 되며, 하나님보다 세상을 더 좋아하면 세상이 널 망하게 할거다!" 입니다. 우리 안에 또아리 틀고 앉아있는 가나안 7족속을 쫓아내고야 진정한 천국을 누릴 수 있습니다. 여기까지 여호와의 사자가 말씀하시니 백성들이 모여서 "우리가 잘못했습니다!" 하고 웁니다. 울었으면 돌이켜야 하는데 우는 것으로 끝입니다. 우는 것으로 자기 할 일 다 했다 한 겁니다. 참된 돌이킴이 있는 회개가 우리 모두에게 있기를 소망합니다.

"읽는 설교" 사사기13
{ 왕 }

(사사기 21:25)

사사기 마지막 시간입니다. 사사기는 이스라엘역사중 대표적인 흑역사입니다. 이스라엘 역사는 항상 하나님의 대리자들이 하나님의 메시지를 전달하는 것으로 하나님의 다스림과 통치를 이어가던 중에 특별히 그들의 활동이 없었던 시대가 사사기 후반기입니다. 이상과 기사와 계시가 희귀했습니다.

그러던 중 마지막 사사이면서 최초의 선지자인 사무엘이 등장하고 사람들은 왕을 요구하고 사무엘은 이를 탐탁하게 여기지 않습니다. 하나님도 섭섭하셔서 사무엘에게 "저들이 너를 버림이 아니요 나를 버려 자기들의 왕이 되지 못하게 함이라!"(삼상8:7)

사사기 내내 왕이 없어서 사람들이 자기 소견대로 행했다고 했는데 이스라엘백성이 왕을 구하는 것이 뭐가 잘못됐냐 할 수 있지만 이스라엘은 하나님이 왕이신 신정국가 즉 하나님이 왕으로서 직접 통치하는 나라였습니다.

사람이 자기사람으로 각료를 세우고 백성에게 납세 국방 근로 교육의 의무를 지우는 게 아니라 하나님이 직접 다스린다는 것입니다. 하나님은 이스라엘에 왕을 세우는 것을 결국 허락하셔서 이스라엘에 왕이 세워지기는 하지만 이스라엘의 왕들은 다른 나라처럼 왕은 곧 국가라는 휘호아래 자기 마음대로 다스리는 나라가 아니라 "하나님의 통치와 다스림은 이런 것이다!"를 땅에서 구현해야 하는 임무를 맡은 자들이었습니다.

그래서 오늘은 이스라엘의 왕을 좀 보겠습니다. 이스라엘은 사무엘에 의해 초대왕인 사울왕이 세워지지만 그는 일찍 폐위됩니다. 우리

하나님이 일하시는 방법

248

가 다 아는 대로 하나님은 아말렉을 진멸하라 하셨는데 포동포동 살찐 양을 남겼습니다. 겉으로 드러난 명분은 하나님께 제사하기 위함이었습니다. 결국 이 사건으로 사울 왕이 폐위되며 그 유명한 순종에 관한 말씀을 듣습니다. "순종이 제사보다 낫고 듣는 것이 수양의 기름보다 나으니라! 이는 거역하는 것이 점치는 죄와 같고 완고한 것이 우상숭배의 죄와 같으니라!"

순종을 깊이 생각합니다. 순종은 하나님의 것을 받는겁니다. 하나님의 말씀과 명령과 지식과 뜻과 더불어 그분이 우리에게 베풀어주시는 긍휼과 자비와 은혜를 받는 것입니다. 보통 "내가 하나님께 순종을 드리겠습니다!" 하는 경우가 있는데 순종은 드리는 게 아니라 받는 것입니다. 물론 우리가 하나님께 드리는 것도 중요하지만 정말로 하나님이 우리에게 원하시는 것은 우리가 당신의 것을 받는 것입니다.

남편이 아내에게 정성스레 선물을 주면 아내는 그것을 감동으로 받는 겁니다. 이것이 성경이 말하는 순종의 개념입니다. 그런데 제 아내가 제 선물을 안 받거나 "돈 아깝게 이런 걸 뭐하러 샀어!" 하며 핀잔을 준다면 이건 주는 남편의 무안이고 민망이며 망신입니다.
하나님이 저와 여러분에게 주시는 구원과 은혜를 감사히 받을 때 그것은 주시는 이의 명예고 기쁨이며 영광입니다. 반대로 그것을 거부하면 하나님의 무안이고 민망입니다.
사랑하는 남녀가 데이트하다 날씨가 추워지면 남자는 코트를 벗어 여인에게 덮어주는 것이 매너입니다. 근데 여인이 "내복 입고 나와서 안 추워요!" 하고 거부하면 이것 역시 남자의 민망입니다. 남자를 싫어하거나 사랑받을 줄 모르거나 둘 중하나입니다.
아내가 남편을 위해 정성스레 아침식사를 차렸는데 일어나자 마자 냉장고에서 바카스부터 마신다면 이것역시 아내의 얼굴에 흑칠을 하는 겁니다. 맛나게 먹을 때 사랑받을줄 아는 남편이 됩니다.

사울 왕이 순종하지 않고 즉 하나님의 것을 받지 않고 도리어 하나님께 드린다고 하다가 폐위되고 2대왕으로 다윗이 등극합니다. 다윗은 "하나님 마음에 합한 자!"라는 말을 들은 왕입니다. 그러니까 다윗처럼만 하면 됩니다. 왕들의 역사를 기록한 역대기와 열왕기를 보면 어떤 왕이든 그 마지막 멘트가 "아무개 왕은 다윗의 길로 행하여 여호와를 기쁘시게 했다!" 아니면 "아무개 왕은 다윗의 길로 행하지 않고 하나님의 진노를 샀다!"로 귀결됩니다. 안타깝게도 남왕국에서는 그나마 아사, 여호사밧, 히스기야, 요시야 정도가 다윗의 길로 행했다면 북왕국의 왕들은 전멸입니다.

그러면 다윗이 뭘 어찌 행했길래 하나님이 이렇듯 기뻐하셨는지 보아야 합니다. 다윗이 소년이었음에도 적장 골리앗을 때려눕히는 대범함과 용기와 배포가 있었기에 하나님이 사랑하셨나요? 아니면 사울 왕의 시기심에 쫓겨다니며 얼마든지 사울 왕을 죽일 기회가 있었지만 하나님이 기름부은 자를 죽일 수 없다는 겸손과 아량 때문일까요?

난공불락의 여부스(예루살렘)성을 공격하면서 아무도 생각지 못한 물길을 따라 올라가는 것으로 함락시킨 지혜와 혜안이 있어서 인가요? 나는 백향목 궁전에 거하면서 하나님은 초라한 장막에 계시는 것이 죄스러워 성전을 지어드리겠다고 한 헌신과 정성 때문이었나요?

사실 이 모든 다윗의 성품과 행적은 후대의 성도들에게 귀감과 모범이 됨에 틀림없습니다. 그래서 목사님들이 설교하시면서 우리도 다윗처럼 용기와 지혜의 사람이 됩시다! 겸손과 헌신의 사람이 됩시다. 그러면 하나님이 축복하십니다. 여기저기서 아멘이 나오고 성도들이 은혜를 받습니다.

보통 성도들이 은혜를 받았다 할 때를 보면 그 근거를 자기에게서 찾을 때입니다. 그런데 성경에서 말하는 은혜는 그것을 주시는 분이 아니라 구하는 자신에게서 찾는다면 그때는 은혜라고 말할 수 없습니다. 기도하는 나, 헌금하는 나, 전도하는 나에게 스스로가 은혜 받은 겁니다.

 사실 저도 설교할 때 3대지 설교하면서 첫째 겸손합니다. 둘째 사랑
합시다. 셋째 헌신합니다. 하면 성도들에게 이해와 적용이 쉽습니다.
의지적 결단과 도전 그리고 신앙의 분발에 확실히 도움이 됩니다.
 저는 강해설교를 하기에 성경이 스스로가 말하도록 돕는 일을 합니
다. 하나님이 누구신지 무슨 계획과 의지를 가지고 계신지를 알립니
다. 간혹 강해설교에 적응이 안 되신 분은 "무슨 설교를 저렇게 하나!"
하는 분도 보았습니다. "그래서 어쩌란 말이냐!"가 제겐 별로 없기 때
문입니다.

 오랜 동안 설교하면서 느낀 점은 사람들이 그다지 하나님을 알고 싶
어하지 않습니다. 그냥 당장 내가 원하는 것을 얻기 위해 하나님은 이
런 것을 기뻐하신다고 하니까 그분이 원하는 조건과 자격을 갖춰서
원하는 것을 받아내는 것을 신앙으로 압니다.
 다윗이 하나님이 사랑하는 자로 하나님 마음에 합한 자가 된 것은
이쁨 받을 만한 것이 그 안에 내재되어 있었기 때문이 아니라 하나님
께 은혜를 구한 사람이었기 때문입니다. 시편 51편이 있어서 비로소
다윗이 하나님 마음에 합한 자가 됩니다.

 시편 51편은 다윗이 밧세바 범죄를 회개하는 내용입니다. 여기서
다윗은 "나는 태어날 때부터 잉태되길 종자가 죗덩어리입니다!" 라고
고백합니다. "내 속엔 선한 것이라곤 일도 없기에 하나님이 새로 창조
해 달라!" 라고 합니다. 그리고 마지막에 "하나님이 구하시는 제사는
상한 심령이라 상하고 통회하는 심령을 주께서 멸시치 않으시리라!"
그는 왕임에도 하나님의 은혜(긍휼)이 없이는 구원의 여지가 없는 무력
하고 무익한 존재임을 밝힙니다.

회개는 하나님의 긍휼을 구하는 것입니다. 그러니까 다윗의 길로 행하지 않은 다른 왕들은 은혜를 구한 게 아니라 자기의 것을 하나님 앞에 늘어놓은 겁니다. 신약에서 바리새인이 자신의 행위를 기도라는 형식으로 하나님 앞에 자랑삼아 널어놓은 것과 같습니다.

다윗의 전체일생을 보면 그가 처음에 간통죄를 짓고 감옥에 갔다가 블레셋이 쳐들어와서 나라가 풍전등화에 놓이자 어찌어찌 구국의 영웅이 된 게 아니라 처음부터 골리앗을 물리치고 국민적 스타가 되었고 마지막에 밧세바 사건으로 그의 인생이 곤두박질칩니다. 사람이 각본한 드라마라면 전자가 맞습니다. 그러나 하나님이 쓰신 각본은 마지막에 그의 실체를 보게 하시는 후자입니다.

이스라엘의 왕은 하나님 앞에 나아가 하나님의 것(은혜, 긍휼, 자비)을 구하는 것이며 그것을 또한 백성들에게도 그대로 가르치며 다스리는 자입니다.

"읽는 설교"
{ 반석과 모래 }

(마태복음7:21~27)

이 세상을 살아가는 사람들은 모두 자기를 증명하기 위해 살아갑니다. 곧 자신의 의로움, 노력, 업적, 인격, 높음을 다른 사람에게 드러내기 위함입니다. 모든 사람들의 삶의 기본원리이자 형태입니다. 그런데 예수를 믿는 사람들은 자기를 드러내고, 자랑하고, 증명하기 위해 살지 않고 예수를 드러내고, 높이고, 증명하기 위한 삶을 살아갑니다.

여기서 주의해야 할 것은 기독교신앙의 행위조차도 나를 증명하는 수단이 되어선 안 된다는 것입니다. 즉 기도하는 나, 헌금하는 나, 전도하는 나 이런 믿음 좋은 내 모습을 사람들앞에 드러내고 증명하기 위해 신앙행위를 해서는 안 된다는 부분입니다. 이것은 신앙심 마져 자기의 높음과 자랑으로 삼으려는 자기증명이 되기 때문입니다.

그러면 예수를 증명하는 삶은 무엇이냐 했을 때 그것은 자기를 부인하고 예수를 닮는 삶을 말합니다. 여기서 자기를 부인한다는 것은 자신의 존재자체를 부정한다는 것이 아니라 예수님의 통치와 다스림 가운데 온전히 순종하는 삶을 말합니다.

하나님의 통치원리는 사랑, 긍휼, 은혜, 자비, 용서입니다. 회개는 하나님의 넓은 품을 구하는 것입니다. 우리의 신앙은 자격을 갖추고 조건을 만족시키는 것이라기보다는 끊임없이 하나님의 은혜와 자비와 긍휼을 구하는 자리로 나가는 것입니다. 기독교 신앙은 내가 하나님 앞에 자격을 갖췄다하는 그 순간이 벌써 잘못된 길 입구입니다.

나는 은혜의 통치를 받는 사람이기에 자격이 있다고 날 자랑할 수 없듯이 반대로 자격이 없더라도 내가 날 포기하고 자폭하는 일을 하지 않습니다. 나라는 존재는 내 의지에 달린 인생이 아니라 하나님의 의지에 붙들린 인생임을 깨닫습니다. 그와 같은 인생이 오늘 어디에서 있는 지 말씀드립니다.

오늘 비유는 우리가 익히 아는 "모래위에 세운 집은 금방 무너지지만 반석위에 세운 집은 바람 불고 창수 나도 끄떡없다!"입니다. 이 비유를 주시는 주님의 말씀은 딱 한가집니다. 집을 지을 때 어떤 건축가가 무슨 재료를 쓰고 어떤 첨단의 공법으로 지었느냐가 아니라 오직 하나 "어디다 지었냐!" 를 물으십니다. 여기서 말하는 '어디다'가 바로 '예수 그리스도'입니다.

우리가 예수 믿는다고 하는 말을 다른 말로 바꾸면 예수 안에 있는 겁니다. 예수 안에 있는 것은 그럼 또 무엇이냐면 위에 언급한대로 예수그리스도 안에 있는 하나님의 통치 아래있는 것입니다. 여기가 바로 흔들림 없는 든든한 반석입니다.

24절 "나의 이 말을 듣고 행하는 자는 그 집을 반석위에 세웠다!" 했을 때 행하는 것은 예수 믿고 예수의 통치를 받는 것입니다. 앞선 21절에서 "주여 주여 하는 자가 천국 가는게 아니라 내 아버지의 뜻대로 행한 자라야 들어가리라!" 하셨을 때 내 아버지의 뜻이 어떤 다른 행위를 가리키는 것이 아니라 요한복은 6장 40절처럼 "내 아버지의 뜻은 아들을 보고 믿는 자마다 영생을 주는 이것이니 마지막 날에 내가 이를 다시 살리리라!"하셨기 때문에 예수 믿는 것이 곧 아버지의 뜻을 행하는 일입니다.

오늘 본문엔 두 가지 종류의 행위가 기록됩니다. 21절 24절 예수님이 말씀하신 천국 가는 행위 즉 예수 믿는 것입니다. 반면에 22절에는 희한한 행위가 나옵니다. "주의 이름으로 많은 권능을 행하지 아니하였나이까 주의 이름으로 선지자 노릇하고 귀신 쫓아내고 많은 권능을 행하지 않았습니까!" 여기서 나오는 행위는 하나님 앞에 인정받지 못하는 가짜입니다.

여기서 우리가 긴장해야 하는 것은 주의 이름을 부르면서도 주님하고는 아무 상관이 없는 사람들이 존재한다는 사실입니다. 이렇게 스스로 속는 사람들의 특징은 자기 의를 드러내기 위해 선지자 노릇과 귀신 쫓음과 권능을 행했다는 것입니다.

이 부분을 깊이 있게 이해하려면 예수님의 오늘 말씀이 어디서부터 온 말씀인지 알아야 합니다. 마태복음 5장부터 이어지는 산상수훈입니다. 예수님은 마태복음 5장 20절에서 "너희 의가 서기관과 바리새인의 의 보다 더 낫지 않으면 천국 못 간다!"는 말씀을 하셨습니다.

그럼 서기관과 바리새인의 의는 무엇입니까? 6장 1절입니다. "사람에게 보이려고 너희 의를 행하지 않도록 주의하라!" 5절 "너희는 기도할 때 외식하는 자와 같이 사람에게 보이려고 회당과 사거리에서 기도하지 말라!" 16절 "금식할 때 사람에게 보이려고 얼굴을 흉하게 하느니라!" 그러니까 서기관과 바리새인의 의는 그 기초가 자기 높음, 자기 자랑, 자시 증명의 바탕위에 세워진 의입니다. 예수도 자기 증명을 위해 불러드린 예수라고 하겠습니다. 여기가 모래위에 세운 신앙이라는 것입니다.

빈대로 반석위에 세운 신앙은 신앙 그 자체가 내용이지 신앙으로 어떤 보상이나 내 소원성취나 내 높아짐으로 가지 않습니다. 참된 믿음은 예수 안에서 예수의 다스림 가운데의 온전한 순종의 삶을 말합니다. 여기가 흔들리지 않는 반석입니다.

오늘 예수님은 "누구든지 내 말을 듣고 행하는 자는 그 집을 반석위에 세운 자와 같고 듣고도 행하지 않는 자는 그 집을 모래위에 세운 자와 같다!" 하셨을 때 "행하라!" 하심은 "예수 믿음 안에 견고히 서 있으라!"는 말씀입니다. 여기서의 행위는 단순한 도덕성과 종교성의 행위를 뛰어 넘습니다.

"주님! 제가 빌딩을 지었습니다! 큰 교회를 대리석으로 지었습니다!", "주님! 제가 높은 자리에 올라 권세자가 되었습니다!", "주님! 제가 학식과 인격으로 사회적으로 존경받는 사람이 되었습니다!" 잘못하면 이와 같은 고백이 21절의 "주여 주여 하는 자!" 될 수 있습니다. 기독교는 "너 뭐 했냐!"를 물어보기 전에 "너 어됐냐!"를 물어 보는 곳임을 잠시도 잊어서는 안 됩니다. 예수 안에서 무엇을 했을 때 그것이 다 반석위에 행한 것이지만 예수 밖에서 행한 것은 그것이 다 모래성입니다.

"얼마나 능력있는 사역을 했냐?", "무슨 업적을 쌓았냐?", "어디까지 올라갔냐?" 이런 건 기독교 신앙의 진위를 점검하는 본질적인 잣대가 되지 않습니다. 예수 안에 있다고 하는 말씀의 의미를 깊이 생각하는 오늘이기를 축복합니다.

"읽는 설교"
{ 명예 }

(에베소서 2:1~10)

하나님은 우리에게 구원을 주시는 분이십니다. 하나님이 우리를 천국백성 삼으신 것은 우리에게 구원받을 만한 근거가 있어서가 아니라 하나님의 자비와 사랑과 긍휼이 너무나 크고 놀라운 것이기에 이루어진 구원입니다.

조금이라도 우리에게 선한 것이 있어서 그래서 이루어진 구원이라고 생각하면 기독교가 아닙니다. 8절입니다. "너희가 그 은혜를 인하여 믿음으로 말미암아 구원을 얻었으니 이는 너희에게 난 것이 아니요 하나님의 선물이라 행위에서 난 것이 아니니 누구든 자랑치 못하게 함이라!"

1절에도 "그는 허물과 죄로 죽었던 너희를 살리셨도다!" 5절 "허물로 죽은 우리를 그리스도와 함께 살리셨고..." 보통 성도들이 기도하실 때 "허물과 죄로 죽을 수밖에 없는 우리를..." 이라고 하시는데 이건 아직 안 죽은 겁니다. 죽은 자는 자신이 다시 살 생각도, 다시 살 의지도, 누구에게 도움을 요청 할 수도 없습니다. 그렇게 죽었던 우리를 살리신 것이지 잠시 실신했던 우리를 깨우신 게 아닙니다.

그런데 성경을 보면 구원이 무조건적인 하나님의 은혜가 아니라 구원받는 우리 측에서 무엇인가를 준비해야 하는 즉 조건이 요구되는 것 같은 본문이 종종 등장합니다. 이를테면 "열매로 그들을 알지니 좋은 나무가 좋은 열매를 맺고 나쁜 나무는 나쁜 열매를 맺나니 좋은 열매를 맺지 않는 나무마다 찍혀 불 가운데 던져진다!" 좋은 열매를 맺어야만 갈수 있는 천국이고 못 맺으면 지옥처럼 들립니다.

지혜로운 5처녀 비유도 그렇습니다. 여분의 기름을 준비한 지혜로운 5처녀는 구원을 받지만 신랑이 더디올 것을 미리 준비하지 않았던 미련한 5처녀는 버림받게 됨으로 내 측에서 미리 준비해야 받는 구원처럼 보입니다.

"좁은 문으로 행하라 멸망으로 인도하는 문은 크고 길이 넓어 많은 사람이 찾지만 생명으로 인도하는 문은 그 문이 작고 길이 좁아 찾는 이가 없음이라!" 좁은 길을 가야지만 들어갈수 있는 천국입니다.

좋은 열매를 맺고, 여분의 기름을 준비하고, 좁은 길로 가는 것이 조건과 근거와 자격이 되어 얻은 구원이 아니라 허물과 죄로 죽었던 우리를 이미 구원하신 하나님은 우리의 삶속에 찾아오셔서 성령의 인도하심으로 좋은 열매를 맺게 하시고, 믿음의 경각심을 갖고 주님 다시 오실 때를 기다리게 하시며, 세상 향락에 젖어 사는 것이 아니라 이름 없이 빛도 없이 맡기신 사명 감당하게 하시는 쪽으로 우리를 떠다 미신다는 것입니다. 그래서 죄 앞에서는 브레이크가 걸리고, 기도 안하면 불안한 것이고, 불순종에 한없이 자책하게 됩니다.

그리고 죄를 인지하는 부분도 그렇습니다. 어떤 사람은 죄인임에도 자신보다 더 악한 이와 비교하며 스스로 의인인줄 알며 저 정도면 의로운 사람 같은데 스스로 죄인임을 자책하며 사는 경우가 있습니다. 공부하는 것에 비유하면 공부 잘하는 경우는 한 문제 틀린 것이 그렇게 억울합니다. 저건 안 틀렸어야 했는데 잠깐 실수 한 게 그렇게 분합니다. 공부 못하는 경우는 항상 이름만 쓰고 나왔는데 어쩌다가 아는 문제가 몇 문제 있는 것이 그렇게 반가운 겁니다. 몇 문제 푼 것이 스스로 기특하고 공부 괜찮게 하는 것으로 느껴집니다.

모든 것이 그렇습니다. 고수로 갈수록 못한 것만 보이는 것이고 하수로 갈수록 잘한 것만 보이는 법입니다. 의로우신 하나님 앞에 가까이 갈수록 우리의 죄가 드러나고 멀어질수록 스스로 괜찮아 보입니다.

주로 오랜 신앙생활하신 분에게 걸리는 말씀이 있습니다. 마태복음 12장의 '성령훼방죄'와 히브리서 6장에 기록된 '하나님의 아들을 다시 못 박는 죄'입니다. 내가 혹시라도 부지중에 이런 죄를 짓지 않았나 하는 마음입니다. 그러나 이와 같은 죄는 성도들이 지을 수 없다는 것이 우리 개혁교회의 신조입니다.

사과나무가 사과열매를 맺듯이 나무가 좋은 나무이기에 좋은 열매를 맺는 것이고 그 나무가 구원나무이기에 구원열매를 맺습니다. "나무가 중간에 병들어 죽을 수도 있잖아요?" 할수 있습니다. 그러나 우리의 믿음은 빌립보서 1장 6절의 말씀처럼 "처음에 착한 일(구원)을 시작하신 이가 그리스도예수의 날(종말)까지 이루실줄 확신하노라!"입니다.

'성령훼방죄'는 하나님이 하시는 일인 것을 알면서도 그 일에 대적하고 가로막는 것입니다. 예수님은 말씀하시길 "너희가 무지하고 편견이 있고 곡해해서 내가 메시아인 것을 몰라볼 수는 있다! 그러나 하나님이 지금 성령으로 하시는 일인 것을 알면서도 정면으로 막아서는 것은 용서받을 수 없는 일이다!"

'하나님의 아들을 다시 못 박는 죄'도 마찬가집니다. "십자가는 죄인을 향한 하나님의 진심이고 진정성이고 전심이다! 사람이 내게 전심을 가지고 올 때 그것을 멸시하고 짓밟아도 죄가 될 찐대 하나님의 전심을 헌신짝처럼 버리는 일은 있을 수 없는 일이다! 그건 처음부터 아닌 것이다!" 예수님이 다시 못 박히실 일이 없기에 용서될 수 없다는 말씀입니다.

우리가 '성령훼방죄'나 '하나님의 아들을 다시 못박는 죄'를 짓지는 않는다 해도 우리는 여전히 죄 가운데 있습니다. 하나님보단 세상이 더 좋고, 말씀의 맛보다는 육신의 맛이 더 맛나고, 하나님 자랑보다는 내 자랑이 항상 앞서니까요. 그저 자존심 하나 지키자고 화도 내고 못난 짓도 하고 사람들 앞에 전전긍긍하고 있는 자신을 봅니다.

저와 여러분은 십자가 대속의 은혜로 구원받은 천국백성임에도 그럼에도 불구하고 여전히 우리 안에 자리한 죄는 무엇인지 좀 보려고 합니다. 구원받은 우리에게 아직도 남아있는 죄는 창피함이고 부끄러움이고 벌거벗고 다니는 수치와도 같습니다.

주님은 우리에게 "너 지옥 못 간다!", "천국이 네 것이다!" 말씀하십니다. 그런데 사실 이런 말씀은 적응이 잘 안됩니다. 사실 우리가 이제껏 들은 말은 "너 그렇게 하면 천국 못 간다!", "지옥 간다!"입니다. 이렇게 제가 반대로 말하는 것이 생소하게 들릴 수 있습니다.
모든 이단들은 두려움과 공포와 폭력으로 옵니다. "너 내 말 안 들으면 지옥가!" 이건 폭력입니다. 예수님은 사랑과 자비와 긍휼로 오십니다.

사도바울도 로마서 6장에서 "은혜를 더하게 하려고 죄 가운데 거하리요 죄에 대하여 죽은 우리가 어찌 그 가운데 살리요!" 구원받은 하나님의 성도들에게 아직도 남아있는 죄는 무엇이냐면 팬티만 입고 있는 겁니다. 하나님이 주신 아들의 옷과 천국시민의 까운을 누릴 수 있어야 합니다.

선악과 따먹고 죄지은 아담과 하와는 수치심을 가리기위해 나뭇잎으로 가리웠지만 금방 해어졌습니다. 하나님이 입혀주신 가죽옷으로야 가리울 수 있었습니다. 이사야 64장 6절에도 "우리는 다 부정한 자 같아서 우리의 의는 다 더러운 옷 같으며 잎사귀같이 시들므로..." 계시록3장 18절에도 라오디게아 교회에게 "내가 너를 권하노니 내게서... 흰 옷을 사서 입어 벌거벗은 수치를 보이지 않게 하라!" 사도바울도 로마서 13장 14절에서 "오직 예수그리스도로 옷 입고 정욕을 위하여 육신의 일을 도모하지 말라!"

무엇을 입고 있느냐에 따라 옷이 그 사람을 만듭니다. 우리 모두는 천국의 상속자로 예수님이 입혀주신 의의 옷이 있습니다. 예수님이 말씀하신 천국잔치의 비유에서 "그대는 어찌 예복을 입고오지 않았는 가?" 해서 쫓겨납니다. 그러니까 구원받을 자는 이 땅에서 살아가며 옷의 명예를 땅에 내어주지 않고 산 사람들입니다.

미국은 식사기도를 안하는데 어떤 분이 식사기도를 했습니다. 옆 사람이 "지금 뭐 한 거냐?"고 묻자 대답하길 "잠시 명예를 누렸습니다!" 라고 답했답니다. 우리의 믿음이 부끄러움이 아니고 명예이길 축복합니다.

"야~ 오늘 목사님이 그러는데 예수 믿으면 지옥 못 간대!", "그럼 이제부터 모든 것은 내 맘대로다!" 절대 이쪽으로 가지 않습니다. "지옥 못 가는 난데 어찌 이렇게 살수있나!", "어찌 죄악된 낙만 누리고 살수 있나!", "어찌 수치심도 모르고 죄를 지을수 있나!"

"보라 내가 도둑같이 오리니 깨어 자기 옷을 지켜 벌거벗고 다니지 아니하며 자기의 부끄러움을 보이지 아니하는 자가 복이 있도다"(계 16:15) 지옥갈까 봐 이러고 사는 게 아니라 천국갈 사람들이라서 이렇게 삽니다!

"읽는 설교"
{ 무화과나무와 성전 }

(마가복음 11:11~25)

갈수록 녹음이 짙어지는 오월입니다. 푸르른 계절에 성도들의 가정
에도 영적인 푸르름이 가득하길 축복합니다. 푸르다는 것은 잎이 푸
르다는 것입니다. 나무마다 잎사귀를 최대한 많이 내어서 태양빛을
받고 광합성을 하고자 함은 결국 가을에 열매를 맺자는 것입니다. 그
래서 오늘은 잎사귀와 열매에 관한 말씀을 드리겠습니다.

예수님께서 나귀타고 예루살렘성에 입성하시고 이튿날이 되었습니
다. 예수님께서 베다니에서 나오시며 시장하셔서 멀리 잎사귀가 푸른
무화과나무를 보시고는 먹을 것이 있나 가 보았습니다. 그런데 잎사
귀 외엔 아무것도 없자 14절에서 "영원토록 사람이 네게서 열매를 맺
지 못하리라!" 심판하십니다. 그리고 건너뛰어 20절을 보니까 그 다음
날이 되었을 때 제자들이 그 무화과나무 앞을 다시 지나게 되었는데
그 나무가 뿌리채 말라있었습니다.

먼저 마가복음11장의 내용을 딴지거는 사람들이 있어 그 부분부터
해명하겠습니다. 예수님이 예루살렘성에 입성하실 때 나귀새끼 타시
는 것은 동물학대가 아닙니다. 나귀는 기본 100키로의 짐을 실을 수
있으며 새끼도 성인 어른을 거뜬히 태울 수 있을 정도로 다리가 튼실
한 동물입니다. 성지순례에서 나귀새끼를 타는 코스도 있다고 합니다.

또 하나는 13절에 마지막에 기록된 "아직 무화과의 때가 아님이라!"
입니다. 아직 열매 맺을 때도 아닌데 열매가 없다고 화를 낸 것은 배고
픈 것을 이기지 못한 예수님의 인성과 참을성 부족이라는 것입니다.
이 본문으로 딴지거는 대표적 인물이 무신론자의 대표인 '버트란트 러
셀' 그리고 자유주의 시조인 '알버트 슈바이쩌'입니다. 인간 예수만을

연구하다가 신성을 다 잃어버립니다.

이는 이스라엘의 무화과나무 생태를 알지 못한 무지의 결과입니다. 이스라엘의 무화과는 매년 유월절 지금 이 시기에 '파계'라는 열매를 맺고 이어서 '타예나'라는 좀 더 튼실한 열매를 맺고 하면서 한해 4~5차례 열매를 맺습니다. 예수님이 찾은 것은 '파계'입니다 그리고 "아직 무화과의 때가 아니라!" 한 마가의 해설은 '타예나'를 말합니다. 이 사건은 예수님이 분노조절을 못한 사건이 아니라 이 심판으로 지금 바로 앞에 있을 성전청결을 미리 암시 하신 것입니다. 시간적으로 가까운 것과 먼 것을 한 평면에 놓는 예언자적 원근축소입니다.

무화과나무 저주 사건은 샌드위치구조입니다. 14절에 예수님의 심판이 있고 20절에 그 심판이 확인되기까지 그 가운데 15~19절의 성전청결사건이 샌드위치로 끼워져 있습니다. 성전청결은 예수님이 성전에 들어가셔서 "만인이 기도하는 집을 강도의 소굴로 바꿔놨다!" 하시면서 노끈으로 채찍을 만들어 장사치들을 내어쫓고 다 뒤집어엎으신 사건입니다.

예수님은 지금 성전을 강도가 차지하고 있으니 강도를 내어쫓고 새롭게 하자는 것이 아니라 강도가 주인이 된 성전은 폐쇄되고 제사제도는 종식되어야 한다는 의미에서의 성전청결입니다.

성전청결은 예수님이 비질하고 걸레질하는 게 아닙니다. 신약시대 바로 앞선 시대인 말라기 선지자도 외치길 제사장들은 하나님을 멸시하고 사람들은 하나님께 예배할 마음은 없고 그저 타성에 젖어 마지못해 병든 것 눈 먼 것 저는 것만 이끌고 오자 "누가 저 성전 문 좀 닫을 자가 있었으면 좋겠다!"(말1:10) 하셨는데 그 분이 실제로 오셔서 문 닫으신 사건입니다.

하나님께서 구약의 제사제도와 율법 그리고 성전을 주심은 이 모든 것들로 오직 오실 메시아를 바라보게 하기위한 일종의 무대장치였음에도 무대장치가 주연을 보좌하기는 커녕 주연을 끌어내리고 자기가 주인행세를 하는 형국이 된 것입니다. 마치 잎사귀가 힘써 광합성을 하여 열매 맺을 생각은 안하고 자기가 열매행세를 하는 것과 같다고 하겠습니다. 바로 여기가 예수님이 잎사귀만 무성한 무화과나무를 저주한 이유입니다.

열매없는 무화과나무의 심판이 암시하는 것은 구약의 성전이 예수를 열매맺지 못하고 도리어 성전을 이용해서 돈벌이에만 혈안이 된 당시의 부패한 종교지도자들을 고발하며 동시에 그들이 주관하는 제사제도의 종식을 의미합니다.

나무는 잎사귀만 내는 것이 그 존재의 이유가 아닌 것처럼 성전은 제사만 드리고 있는 것을 유일한 내용으로 하지 않습니다. 하나님이 율법과 제사와 그것이 이루어지는 성전을 주심은 예수님을 비춰고 가리키며 예수님을 열매 맺게 하는 전단계로 주셨음을 모르는 무지의 소치입니다. "율법으로는 의롭다함을 받을 육체가 없나니 율법으로는 죄를 깨달음이라!"가 맞습니다. 제사를 계속 드려야 한다는 것 자체가 제사제도의 불완전성을 증명합니다.

히브리서 9장을 보면 예수님이 친히 대제사장이 되어 이스라엘의 속죄일에 자기의 피를 들고 지성소로 들어가 단 번에 우리의 죄를 속했다 하십니다. 그로인해 성소의 휘장이 찢어지고 이제 성전의 기능은 다 한 것입니다. 그래서 이스라엘엔 성전이 없습니다. 성전은 예수님이 성전입니다. 오직 예수 안에서만 하나님이 계시고 예수를 통해서만 하나님께 갈 수 있습니다. 또한 우리 몸이 성전입니다. 고린도전서에도 "너희 몸이 하나님의 성전인 것과 성령이 너희 안에 거하시는 것을 알지 못하느냐 값을 주고 산 바 되었으니 …"

더불어 드리는 말씀은 성경에서 열매는 생명과 관련됩니다. 열매가 있다는 것은 생명이 있다는 것이고 열매가 없다는 것은 생명이 없음입니다. 잎사귀만 무성한 나무는 겉보기에는 좋지만 하나님이 보시기에 이미 죽은 나무입니다.

그래서 열매를 맺는다는 말이 신비롭습니다. 뿌리는 부지런히 물과 양분을 올리고 가지는 그것을 받아서 열심히 잎으로 보내며 잎은 최선을 다해 햇빛을 받아 광합성을 해서 꽃을 피우고 열매로 자라기까지의 시간입니다. 그러니까 나무가 열매를 맺는 것은 하나의 유기체로의 합작품입니다. 뿌리, 가지, 잎, 꽃 그리고 시간이 서로 절묘하게 연락해서 이룬 결과물입니다.

나무도, 우리의 몸도, 자연도, 가정도 다 마찬가집니다. 유기적으로 서로 긴밀히 관계하고 있어서 하나라도 문제가 생기면 그것만의 문제가 아닙니다. 하나님이 지으신 피조계는 다 연결됩니다. 생태계의 그 많은 종 가운데 하나라도 없으면 전체에 큰 영향을 미칩니다. "지구를 탈출해서 화성에서 살자!"는 생태를 모르는 발상입니다. 식물 동물 빼곤 다 미생물입니다. 누가 이 모든 걸 분해합니까! 당장 현미경을 켜면 우리가 눈으로 보는 세상은 지극히 작은 세상입니다. 하나님은 나만 잘살면 그만인 세상이 아니라 더불어 살게 만드셨습니다.

열매로 다시 갑니다. 열매가 유기적 관계를 통해 열리는 것처럼 하나님이 우리에게 바라시는 성령의 열매도 하나님과 우리가 서로 긴밀하게 내밀하게 소통하는 시간을 통해서 맺을 수 있습니다. 하나님은 우리로 하여금 이런 사람 저런 사람 만나고, 이런 경우 저런 자리 막막한 시간을 격으며 하나님께 나와 기도하고 말씀을 듣고 은혜 받게 하면서 이 모든 것을 유기적으로 관계하여서 우리 안에 인내라는 열매가 맺히게 하십니다. 인내는 종이위에 씌여진 단어가 아닙니다.

또한 나무가 잎사귀를 많이 달고 있다는 것은 우리로 하면 행위가 많다는 것입니다. 잎이 많으면 당연히 잎이 없는 것보다는 광합성을 많이 해서 열매가 제대로 있어야 하는데 꼭 그런 건 아니라는 겁니다. 예수님은 잎이 많은 무화과나무를 멀리서 보고 기대하고 가셨는데 열매가 없었습니다.

기도하고 예배하고 헌신하는 행위가 많다는 것은 당연히 뭔가 하나님을 만난자의 감각이 있고, 하나님 앞에서 사는 자의 삶이 있고, 하나님과 소통하는 자의 인격이라는 열매들이 주렁주렁 있어야 하는데 이런 열매가 전혀 없이 잎만 무성한 행위로만 치장하고 있다면 그 많은 기도와 예배와 헌신은 잎사귀만 무성한 무화과나무라는 것입니다. 착각하면 안 되는 것은 기도와 예배와 헌신 그 자체가 열매일수 없다는 것입니다.

예수님이 열매 없는 무화과를 심판하심은 예수를 열매 맺지 못하는 성전을 가리키심인데 22절에서 갑자기 생뚱맞게 기도의 응답에 대해서 말씀하십니다. "그 마음에 의심이 없고 하나님께 기도한 것이 그대로 이루어질 것을 믿으면 그대로 된다!"는 말씀입니다. 21절에 "베드로가 보소서 저주하신 무화과가 말랐나이다!"에 대한 답으로 주신 말씀이라는 것입니다.

이 말씀은 너가 믿음으로 저주하면 그가 저주받는다는 것이 아닙니다. 예수 안에서 하나님과 긴밀한 관계를 이루고 산다면 즉 우리의 것이 하나님께 온전히 가고 하나님의 것이 온전히 우리에게 온다면 우리의 모든 바램과 소원을 아시는 주님께서 우리 기도의 열매 또한 맺게 하신다는 말씀입니다.

"너희가 내 안에 거하고 내 말이 너희 안에 거하면 무엇이든지 원하는대로 구하라 그리하면 이루리라!" (요한복음 15:7)

{ 소통과 열매 그리고 시간 }
(막11:20:~25)

"잎사귀만 무성한 나무가 되지 말고 열매를 맺는 나무가 되자!"를 같이 했습니다. 잎사귀라고 할수 있는 것은 우리의 모든 행위들이고 뿌리에 해당하는 것은 하나님의 말씀이라 하겠습니다. 하나님의 말씀과 우리의 행위들이 서로 관계하고 연락하고 소통하여 화학적 변화가 일어나 열매가 맺힙니다. 인내의 열매, 사랑의 열매, 화평의 열매 등등 하나님이 바라시는 열매가 있기까지 말씀이 계속 공급되고 그리고 기도하고 예배하고 헌신하는 행위들이 항상 있기를 소망합니다.

그리고 또한 중요한 것이 시간입니다. 나무는 바람 불고, 비오고, 눈오고, 벌레들이 달려들고 하는 시간들을 견뎌야 합니다. 나무는 환경이 마음에 안 든다고 낚시꾼이 포인트 이동하듯이 이곳저곳을 다닐 수 없습니다. 버티칼하게 처음 심겨진 그 자리에서 모진 시간을 온몸으로 맞이합니다.

마찬가지로 성도들도 처한 그 현실과 조건을 견디며 참으며 인내의 열매를 맺습니다. 인내의 열매는 견디면서 맺습니다. 공부는 하면서 공부의 열매고 수영도 하면서 배웁니다.

열매는 유기체가 이룬 소통과 시간의 결과물입니다. 예수님은 잎이 많은 무화과나무를 보시고 기대하고 가셨는데 열매가 없었습니다. 뭔가 뿌리와 잎이 유기적 관계를 갖지 못했습니다. 그리고 고난의 시간을 견디지 못했습니다.

마찬가지로 예수님이 오셔서 우리가 열심히 사는 것들을 다 보셨습니다. 잎을 보신 겁니다. 그런데 우리 삶에 아무 열매가 없다면 하나님의 말씀과 우리의 행위가 소통을 못 이룬 결과입니다. 역시 시간을 헛되이 했습니다.

물론 열매 없는 무화과를 심판하신 것은 이제 곧 성전에 들어가서서 예수를 열매 맺지 못하는 잎사귀들인 제사와 율법과 성전을 심판하시기 위한 시청각예언이었습니다. 21절에 베드로가 "예수님 어제 저주하신 무화가가 말랐습니다!" 했으면 22절에 예수님이 "너희도 열매 없는 인생 살면 심판이다!" 뭐 이런 말씀이 있어야 흐름이 이어지겠는데 생뚱맞게 기도응답에 관한 말씀을 주십니다.

"하나님을 믿어라! 그 말하는 것이 이루어질 줄 그 마음에 의심하지 않으면 산이 들려 바다에 빠지라 해도 그대로 된다! 무엇이든지 기도하고 구한 것은 받은 줄로 믿어라 그리하면 그대로 된다!" 오늘 말씀의 맥락에 의하면 놀라운 기도의 응답이 있기까지 우리의 믿음은 하나님과의 소통이라는 것입니다. 우리의 것이 하나님께 그리고 하나님의 것이 우리에게 온전히 관계하고 연락해야 합니다. 그 긴밀하고 막힘없는 소통이 잘 이루어질 때 하나님의 마음을 우리가 깊이 헤아리게 되고 우리의 간절한 기도가 또한 하나님께 갑니다.

요한복음 15장 16절에도 "너희가 내 안에 거하고 내 말이 너희 안에 거하면 무엇이든지 원하는 대로 구하라 그리하면 이루리라!" 말씀을 주십니다. 열매가 소통의 산물이 것처럼 기도 응답도 하나님과의 소통의 결과물입니다. 우리 몸의 혈관이 깨끗해야 피가 제대로 돌아서 건강이라는 열매가 있듯이 결국은 소통의 문제입니다. 가정도 부부간에 부모자녀간에 소통이 잘 이루어질 때 그 가정에 화목이라는 열매가 있습니다.

특별히 25절에서 기도할 때 "혐의가 있거든 용서해라!" 그래야 "너희도 사함을 받을 수 있다!" 하나님과의 소통을 이루는데 그것이 먼저 사람간의 소통을 기준으로 본다는 것입니다.

결국 하나님을 잘 섬기고 사람에게 잘 하는 것은 상호 같이 갑니다. 신앙은 좋은데 사람에게 못되게 구는 경우는 없고 사람에게 잘 하는 사람은 하나님도 잘 섬깁니다.

어떤 율법사가 가장 큰 계명을 예수님께 묻자 "하나님을 사랑하고 이웃을 사랑하라!" 하셨습니다. 그러자 "이웃이 누굽니까?" 반문합니다. 하나님사랑은 분명한 대상이 하나님이시지만 이웃이 누군지 알려주시면 그를 사랑하겠다는 겁니다. 유대인은 오직 형제와 같은 민족만이 이웃입니다. 예수님은 "너희가 형제를 사랑하고 원수를 미워하라는 말을 들었으나 나는 너희에게 이르노니 원수를 사랑하고 너희를 핍박하는 자를 위해 기도하라 이렇게 한즉 하늘에 계신 너희 아버지의 아들이 되리니 하나님은 그 해를 의인과 악인에게 비춰시고 그 비를 불의한 자와 의로운 자에게 내리시느니라!" 말씀하셨습니다.

물론 까닭 없이 나를 힘들게 하고 막무가내로 심술을 부리는 사람은 피해야 합니다. 성경에 "원수를 사랑하고 모든 사람과 화평하라!" 했으니 그 사람에게 가서 "당신은 내게 못되게 굴지만 나는 당신을 용서하고 미워하지 않습니다!" 하면 더 못되게 굴 겁니다. 성경에는 미련한 사람은 피하라고 합니다. 미련한 사람은 모든 걸 자기 기준 하에서 판단하고 공격합니다.

오늘 하나님과 소통을 잘 이루어서 우리의 기도가 하나님께 가고 하나님의 것이 우리에게 올 때 그것이 기도응답을 가리킵니다. 세상 어떤 부모가 자녀가 떡을 달라 하는데 돌을, 생선 달라는데 뱀을, 계란 달라는데 전갈을 주겠느냐! 악한자라도 자기 자녀에게는 좋은 것으로 줄줄 알거든 '하물며' 하나님께서 좋은 것으로 너희에게 주시지 않겠느냐!

'하물며' 또 있습니다. 공중 나는 새를 봐라! 들에 핀 꽃을 봐라! 하루 입고 저녁에 땔감이 되는 풀도 하나님이 그 한 날을 저리 아름답게 입히시는데 '하물며' 너희일까 보냐! 믿음이 적은 자들아!

마지막 '하물며' 입니다. 누가복음 18장인데 여기서는 우리가 기도하고 낙심하지 말 것을 비유로 말씀하십니다. 주님은 우리가 기도하고 낙심해있으면 속 상하십니다. "어떤 동네에 하나님 두려운 줄 모르고 사람 무시하는 재판관이 살았다. 어떤 억울한 일을 당한 과부가 밤낮으로 찾아와서 자기 사정 좀 들어달라 해서 처음엔 그냥 무시했는데 기세를 보니 밤낮으로 집으로 사무실로 찾아와서 문 두드릴 것 같고, 전화 문자 카톡 날릴 것 같았다. 아무래도 정신건강에 치명적일 것 같아 빨리 해결해주고 보냈다! '하물며' 하나님께서 택하신 자들의 밤낮 기도하는 바를 들어주시지 않겠냐!"

'하물며'가 이루어지기까지 이젠 시간입니다. 잎이 뿌리와 상호 연락 관계 소통하여 열매를 맺기까지 시간이라는 조건을 만족시켜야 하는 것처럼 우리가 하나님과 상호 긴밀한 연락 관계 소통과 더불어 하나님이 정하신 시간을 채워야 합니다.

요한복음15장 16절입니다. "너희가 나를 택한 것이 아니요 내가 너희를 택하여 세웠나니 이는 너희로 가서 열매를 맺게 하고 또 너희 열매가 항상 있게 하여 내 이름으로 아버지께 무엇을 구하든지 다 받게 함이라!" 열매가 맺히고 그 열매가 항상 있기까지 하나님과의 온전한 소통을 이루고 더 나아가 견디는 시간을 통해서 기도응답 받게 되기를 간절히 축복합니다.

{ 아브라함과 다윗의 자손 예수그리스도의 계보라! }
(마태복음 1:13~17)

신약 성경을 처음 열면 마태복음이 있고 누가 누굴 낳고 하는 족보 이야기가 기록됩니다. 저자인 마태사도가 글을 시작하며 족보를 기록한 이유는 동족인 유대인들을 예수믿게 하기 위해서였습니다. 예수가 자신들의 조상인 아브라함과 다윗의 계보를 이어받아 유대인의 왕으로 오셨고 자신들뿐만 아니라 온 세상을 구원할 메시야가 되심을 증명하기 위함입니다.

그래서 택한 조상이 아브라함과 다윗입니다. 아브라함, 다윗, 바벨론유수, 예수 그리스도를 사이에 두고 3차례에 걸쳐 14대로 이어지는 계보는 유대인에게는 익숙한 그림입니다. 유대인은 히브리어 알파벳을 숫자로도 쓰기에 다윗의 이름은 14를 뜻합니다. 자연스럽게 유대인은 예수 그리스도가 다윗의 왕권을 가지고 오신 분인 것을 연상하게 됩니다.

본래 유대인의 시조는 야곱이기에 야곱부터 시작해야 맞습니다. 그런데 아브라함부터 언급함은 창세기12장 3절에서 "땅의 모든 족속이 너로 인해 복을 받을거다!" 하셨기에 예수는 우리민족만 구원하는 왕이 아니라 모든 족속을 구원하는 왕임을 밝히기 위함입니다. 그 다음 장인 13장으로 가면 "내가 네 자손에게 복을 주어 하늘의 별처럼 땅의 모래처럼 되게 하리라!" 말씀도 마찬가집니다. 사도바울은 갈라디아 3장 16절에서 "여기서 '자손'을 단수로 하심은 곧 '그리스도'를 가리킴이라!" 예수는 유대민족만의 예수가 아니라 온 세상을 구원할 예수가 되셔야 하기에 아브라함부터 시작하는 겁니다.

그리고 다윗입니다. 유다 나라의 왕은 다윗의 후손만이 왕권의 정통성을 이어받을 수 있습니다. 북 왕국 이스라엘은 힘 있는 자가 언제든지 쿠테타를 일으켜 왕조가 계속 바뀝니다. 나라가 남북으로 갈라진 이유가 있습니다. 다윗의 아들인 솔로몬이 왕궁과 성전 짓는 토목공사를 벌여 백성들을 혹사 시킵니다. 그러면 그 아들 르호보암 때 가서는 백성들을 다독이며 유화정책을 폈어야 했는데 르호보암이 왕이 되어 무슨 말을 하냐면 "우리 아버지가 채찍으로 너희를 대했다면 나는 전갈채찍으로 할거다!" 라고 더욱 강경하게 나옵니다.

이에 반기를 든 '여로보암'이라는 신하가 이스라엘 10지파를 이끌고 북쪽으로 가버립니다. 남쪽은 유다와 베냐민지파만 남았는데 베냐민은 작은 지파라 유다에 흡수되서 그냥 유다지파 이름이 나라이름이 되어버립니다. 남 왕국 유다는 사무엘하 7장이 일종의 헌법 같은 역할을 합니다. 다윗이 하나님께 "성전 지어드리겠습니다!" 하다가 하나님께서 "내가 너의 집을 지어줄거다!" 약속하시는 말씀입니다.

7장 11~16절입니다. "네 몸에서 날 네 씨를 네 뒤에 세워 그 나라를 견고하게 할거다... 네 집과 네 위를 영원히 보존할거다!" 여기서 네 몸에서 날 네 씨가 솔로몬을 가리키는 것이지만 그보다 참된 하나님의 왕국 즉 그리스도가 왕이 되어 다스리시는 하나님의 도성을 상징합니다. 왜냐하면 솔로몬의 아들 르호보암 때 나라가 둘로 갈라지고 더 나아가서 두 나라는 모두 멸망하고 없어집니다.

그러니까 사무엘하7장에서 하나님이 약속하신 말씀은 "다윗 너가 아니라 네 몸에서 날 자 곧 그리스도가 메시아로서 이 땅에 와서 그의 나라를 완전하게 할거다!" 입니다. 복음서에서 소경이 예수님을 부를 때 "다윗의 자손 예수여!" 라고 부릅니다. 메시아를 기다린 것입니다.

마태사도가 "아브라함과 다윗의 자손 예수 그리스도의 계보라!" 하고 그의 복음서를 시작할 때 읽는 독자들이 주의해야하는 것이 있습니다. "씨가 어디 다른데 가지 않는 것처럼 그리스도는 이와 같이 훌륭한 인물을 낳은 가문을 배경으로 해서 오신 분이다!"를 말함이 아닙니다.

족보를 중요하게 여기는 것은 우리나라도 마찬가집니다. 뼈대 있는 가문의 긍지를 갖자는 데는 이견이 없습니다. 그런데 우리나라에 족보가 유독 발전한 이유가 있습니다.

조선후기 두 차례의 왜란과 역시 두 차례의 호란으로 온 나라가 쑥대밭이 되자 지배계층을 향한 민심의 반감은 상당한 것이었습니다. 왜란 때 임금은 자기만 살겠다고 의주로 도망치고 자신의 무능을 덮고자 원균 같은 이를 일등공신으로 올립니다. 호란으로 많은 백성이 청나라에 노예로 끌려갔고 또 돌아온 이를 환향년이라 조롱합니다. 이에 소위 권력층에 대한 민심이반이 극에 달했습니다. 영화 남한산성에서 대장장이가 한 말 중에 "나는 벼슬아치들은 믿지 않아!"가 당시의 시대상을 잘 드러냅니다.

물론 전란의 와중에도 너무나 훌륭한 조상들이 많이 계십니다. 그러나 이 때 대부분의 양반들은 뭘 했냐면 자신들의 입지를 더욱 공고히 결속시키기 위해 "우리는 저런 상것이 아니다!", "우리는 뼈대 있는 가문이다!" 해서 '예학'이라고도 하는 '족보학'을 발전시킵니다. 그런데 아무리 우리집안 이야기라 훌륭히 보려고 해도 그 조상들이 결국 그 시대 지배층인 외척세력이 되고 당파싸움에 매몰되어 자기들만의 정치적 안위를 위해 살았지 정말 백성은 안중에도 없었다는 것입니다.

이런 말씀드리기는 뭐하지만 족보 자랑하는 분들이라면 조선시대 지배층인데 그분들이 나라를 잘못 이끌어 나라가 일본에 속국이 되게 한 장본인들입니다. 결코 자랑의 족보일 수 없는 자중과 성찰과 반면교사의 족보라는 것입니다.

지금도 정치하시는 분들 보면 정말 나라의 안위를 위하시는 분들인지 의심스럽습니다. 나라를 빙자하여 자신들만의 팬덤 선동 갈라치기만 일삼고 있습니다. 어쩌다가 법 무서운지 모르는 흉악범이 거리를 활보하고 어떻게 된 세상이 선생님의 그림자가 아니라 실제로 선생님을 밟는 세상을 만들었냐는 것입니다.

"우리 예수님이 아브라함 후손이야!", "우리 예수님이 다윗의 자손이야!" 가 아니라는 겁니다. 그럼 뭐냐? "하나님께서 아브라함과 다윗을 통해 약속하신 내용을 그리스도가 성취했다!" 입니다. 아브라함과 다윗을 기준으로 예수를 보는 것이 아니라 예수에게서 이 분들을 바라보아야 합니다. 아브라함과 다윗은 여러모로 부족하지만 하나님의 긍휼과 신실하심이 당신이 하신 말씀을 그리스도이신 예수를 통해 이루셨다는 것을 말씀하는 것이 마태복음 1장 1절이라는 것입니다.

사람들의 족보는 결국은 부끄러운 족보입니다. 우리나라도 그렇지만 여자들은 족보에 그 이름이 오르지 못하는데 마태가 기록한 오늘 족보에는 네 명의 여인이 등장합니다. 다말. 라합, 룻, 우리아의 아내입니다. 다말은 시아버지에게 씨를 받습니다. 해괴망측하다 아니할 수가 없습니다. 라합은 천한 기생출신 가나안여인이었고 룻은 적대국 모압여인으로서 다윗의 외증조 할머니가 됩니다. 다윗은 순수한 유대 혈통이 아닙니다.

그리고 수치 끝판 왕이 나옵니다. "다윗은 우리야의 아내에게서 솔로몬을 낳았더라!"입니다. 남의 여자를 빼앗아 자식을 낳습니다. 저자 마태는 왕이라고 해서 다 자기 여인이 아님을 밝히며 우리야의 명예를 회복시킵니다.

마태는 왜 이런 감추어야 하는 족보를 일부러 드러내고 있는 것입니까! 사람의 자랑과 혈통과 족보로 이루어진 구원이 아니라는 것입니다. 오직 하나님의 약속인 그리스도 안에서 이루어진 구원이라는 것입니다.

낳고 낳고 낳고의 수동태가 쭉 이어지다가 마지막에 '나시니라!'의 능동태가 이 모든 상황을 뒤집습니다. 마태복음 1장 16절입니다. "야곱은 마리아의 남편인 요셉을 낳았으니 마리아에게서 그리스도라 칭하는 예수가 나시니라!" 예수님은 성령으로 잉태되셨기에 실제로는 요셉과는 아무 상관이 없습니다. 그러나 요셉은 마리아와 결혼을 해야 예수님이 요셉의 족보를 물려 받을 수 있습니다. 그래야 하나님 말씀의 성취가 이루어집니다.

오늘의 메시지는 "사람의 족보를 자랑하지 말고 하나님의 약속과 그 약속을 성취하신 예수를 자랑하라!" 입니다.

"읽는 설교"
{수고하고 무거운 짐 진 자!}

(마태복음 11:20~30)

　세상 사람들은 너나 할 것 없이 다 고달픈 인생길을 살아갑니다. 지위의 높고 낮음 재산의 많고 적음 학식의 유무를 떠나서 대부분의 사람들은 하루 종일 고된 격무에 시달리고 사람들에게 이리저리 치이다가 저녁이면 물먹은 솜이 되어 집으로 향합니다.

　경쟁에 뒤쳐지지 않기 위해 그리고 남들 사는 만큼은 살아야겠기에 몸과 마음을 혹사시키면서 힘든 시간을 견딥니다. 군 생활 처음 보직 받을 때 상관이 했던 말이 기억납니다. 몸이 힘든 곳은 마음이 좀 편하고 몸이 편하면 마음이 힘들다 했습니다. 몸이 힘들든지 마음이 힘들든지 둘 다 힘들든지 인생은 고달픕니다.

　오늘 주님께서 이렇게 힘든 인생 살아가는 사람들에게 오늘 28절에서 "수고하고 무거운 짐 진 자들아 다 내게로 오라 내가 너희를 쉬게 하리라 말씀하십니다!" 그런데 이 말씀을 하시기까지 발단이 되는 말씀이 앞서 기록됩니다. 성경은 한 부분을 따서 적용하기보다는 문맥 속에서 먼저 이해합니다. 20절 이하의 말씀입니다. 예수님의 큰 꾸중과 책망과 탄식입니다.

　예수님이 주로 활동하시며 복음을 전했던 곳은 갈릴리 북서부지역입니다. 고라신, 뱃세다, 가버나움 등입니다. 예수님이 이 곳에서 큰 능력을 행하시며 사람들에게 회개를 촉구했지만 하나같이 시큰둥한 반응만 보이자 "화 있을진저 고라신아 뱃세다야 네게 행한 권능을 두로와 시돈에서 행했다면 그 사람들이 다 재 위에 앉아 회개했을거다!", "가버나움아 네가 어디까지 높아지겠느냐! 네게 행한 권능을 소돔에 행했다면 소돔이 아직까지 있을거다!", "심판날에 너희가 받을 벌이 소돔이 받을 벌보다 클 것이다!"

사람들이 예수님을 직접보고 그분의 능력을 몸으로 체험했습니다. 눈 먼 자가 보게 되고, 앉은뱅이가 일어나고, 말 못하던 자의 혀가 열렸습니다. 메시아 되심의 표적들을 보았음에도 그들이 예수를 믿지 않았던 것은 예수가 당장 그들에게 유익이 되지 않고, 돈벌이가 아니며, 관심거리가 아니었기 때문입니다. 그냥 단순한 볼거리차원의 수준에 불과했습니다.

그 때나 지금이나 사람들은 돈벌이, 건강, 인기 같은 이야기에 귀가 혹하지 복음에는 귀가 열리지 않습니다. 사람들에게 언제나 중요한 것은 지금이고 현실이고 일상입니다. 죄사함, 거듭남, 거룩, 진리, 의 이런 말은 너무 멀리 있는 이야기들입니다.

사람들의 마음이 굳은 마음이어서 그렇습니다. 그러나 그 가운데 하나님께서 그 영을 열어주신 분들이 있습니다. 에스겔 36장 6절 말씀처럼 "또 새 영을 너희에게 주고 새 마음을 너희에게 주되 너희 육신에서 굳은 마음을 제하고 부드러운 마음을 줄 것이며..."

믿음으로 자원으로 기쁨으로 반응하기 위해 먼저 마음을 만져 주셔야 합니다. 이 말씀을 오늘 25절에는 "이것을 지혜로운 자에게는 숨기셨다!" 하시고 "어린아이에게는 나타내셨다!"하시는 말씀으로 표현하셨습니다.

예수님이 재림하실 때 사람들은 너무나 평범한 일상을 살아가고 있다는 것을 다시 한 번 상기합니다. 두 사람이 함께 길을 가다가 두 사람이 함께 맷돌 갈다가 두 사람이 함께 잠을 자다가 한 사람은 가고 한 사람은 남습니다. 예수님의 천국초청에 모두가 하는 말이 밭에 가야하고 장사하러가야 한다고 하며 거부합니다. 이 말씀들이 바로 우리의 마지막이 지극한 일상에서 맞이하는 종말이고 심판이라는 것입니다.

사람들이 왜 복음에는 굳는 마음이고 현실에는 열린 마음이 되었는지 보아야 합니다. 사람이 죄를 짓고 타락하면서 자기가 자기를 책임져야 했기 때문입니다. 아담과 하와가 타락하기 전 모든 것은 하나님께로부터 채워졌습니다. 에덴동산과 먹을 것을 비롯해서 삶에 필요한 모든 기반을 오직 하나님께 조달받아 살았습니다. 그러니까 선악과를 따먹고 타락했다는 것은 나는 하나님이 없어도 나의 필요를 얼마든지 내가 자급자족 할 수 있다는 것입니다.

성경에서 말하는 죄와 타락은 "부어라! 마셔라!"가 아니라 "나는 하나님이 없는 내 세상을 살겠다!" 입니다. 자기가 자기를 책임져야겠으니 얼마나 힘이 들겠습니까! 예수님이 복음을 전하신 갈릴리 북서부 지역 사람들이 왜 예수님이 전하는 복음을 듣는 둥 마는 둥 했는지에 대한 정답은 "먹고 살기 바빠서!"입니다. 현실과 일상과 문제에 찌들어서 말씀이 들리지 않습니다. 오늘 우리시대의 버전으로 하면 "거기 앉아있으면 떡이 나오냐! 밥이 나오냐!" 의 말로 대치할 수 있습니다. 이 말이 타락한 죄인이 마지막에서 하게 되는 말입니다.

몇 주간 계속해서 하나님과 소통하는 것 곧 혈관이 깨끗해야한다는 말씀을 드렸습니다. 열매를 맺기까지 뿌리와 잎의 소통이고 우리의 기도응답과 믿음이 결실하기까지 하나님과 우리의 긴밀한 소통, 연락, 관계입니다. 하나님과 성도의 영적 소통을 막고 있는 게 있습니다. 하나님과 성도 사이를 막고 있는 가장 치명적인 영적 콜레스테롤 덩어리가 있는데 그것은 "누구도 날 책임지지 않고 내 필요는 오직 내가 감당해야 한다!"는 무서운 책임감과 중압감입니다.

책임감이 뭐가 문제냐 하지만 이것이 바로 하나님을 떠난 아담의 후손이 갖게 된 마음입니다. "나는 내가 책임지는 거지 무슨 보이지도 않는 하나님이 있어서 날 책임지냐! 말도 안 되는 소리하지 마라!" 그러나 성도는 하나님이 날 책임지는 거지 내가 날 책임지는 것이 아닙니

다. "그럼 내 책임은 도대체 뭐냐?" 그것은 "하나님의 말씀 안에 있는
지 계속해서 확인하는 것!"입니다.

　사람들에게 예수님의 말씀이 안 들어오는 것은 먹고살기 바쁘고 세
상살이 찌들어서입니다. 마태복음 13장 22절을 보면 가시떨기에 떨어
진 씨가 "세상의 염려와 재리의 유혹에 말씀이 막혔다!"고 정확히 진
단하고 있습니다. 누가복음 21장 34절에도 "그렇지 않으면 방탕함과
술취함과 생활의 염려로 마음이 둔하여지고 뜻밖에 그날에 덫과 같이
임하리라!"로 경고하고 있습니다.

　예수님이 오늘 세상살이 염려에 사로잡혀 회개치 않는 갈릴리 사람
들을 책망하시고 나서 바로 하나님께 기도하십니다. 25~27절입니다.
25절에 천지의 주재이신 아버지께서 '이것을' 숨기셨다 하는데 '이것
은' 예수를 알아보고 회개하고 믿는 것입니다. 그리고 26절에 '이렇게
된 것'이 아버지의 뜻이라 하십니다. '이렇게 된 것'은 그들이 세상살이
에 묻혀 말씀을 받지 않는 것입니다.

　먼저 '이것을' 지혜롭고 슬기 있는 자들에게 숨기셨다 하시고 어린아
이들에게 나타내셨다고 합니다. 여기서의 지혜와 슬기는 부정적 의미
입니다. 혼자 잘나고 똑똑한 자들인데 그들은 또한 누구냐면 "내 인생
내 능력으로 내가 살며 내가 즐기며 책임지는 거지 무슨 하나님이 있
다고 그러냐!" 하는 사람들입니다.

　그리고 어린아이들에 나타내셨는데 어린아이는 맑고 순수하고 깨
끗한 의미가 아니라 의존성입니다. 어린아이는 누가 도와주지 않으면
살수가 없습니다. 부모님입니다. 성경에서 말하는 어린아이는 누구냐
면 "나는 하나님이 도와주지 않으면 살 수 없습니다! 난 기도하지 않
고는 살 수 없습니다!" 하며 자기를 낮추고 모든 것을 하나님께 의지,
의존, 의탁해서 사는 사람입니다.

그리고 나서 27절에서 "계시를 받은 자 외에는 아버지를 알 수 없다!" 하십니다. 위에서 말씀드린대로 하나님께서 그 마음을 부드럽게 만져주신 사람들입니다. 아담과 하와는 타락하기 전에 어린아이로 살았습니다. 모든 것을 하나님께 의지했습니다. 그러나 선악과를 따먹고는 에덴에서 쫓겨나서 이젠 모든 것을 자기가 책임져야 했습니다. 그러니 그 마음에 부담감이 얼마나 컸겠습니까!

오늘 예수님의 큰 권능 앞에 시큰둥한 사람들을 보면서 동시에 우리 자신을 봅니다. 세상 염려와 근심으로 하나님과 소통이 막혀있으니 "거기 앉아있으면 밥이 나오냐! 떡이 나오냐!"를 말 할 수밖에 없는 우리의 실존입니다.

예수님은 바로 그들을 향해서 말씀하십니다. "수고하고 무거운 짐 진 자들아 다 내게로 오라 내가 너희를 쉬게 하리라!" 자애롭고 인자하게 들리는 이 말씀의 배경이 사실은 예수님의 큰 꾸중 뒤에 하신 말씀이란 것을 알았을 때 마치 부모가 자녀를 크게 혼내고 안타까운 마음에 끌어안으며 하시는 말씀과도 같이 들려야 할 것입니다.

"읽는 설교"

{ 멍에 }

(마태복음 11:20~30)

"수고하고 무거운 짐 진 자들아 다 내게로 오라! 내가 너희를 쉬게 하리라!"의 말씀은 허공을 향하여 모든 인류가 들으라고 하신 말씀이 아니라 본문에 분명한 대상을 향하여 하신 말씀이라는 것을 놓치지 말아야 합니다.

그들은 20절 이하에 기록된 고라신, 벳새다, 가버나움 사람들입니다. 이들이 예수를 믿지 않고 회개치 않았던 이유는 현실과 일상에 착념하여 마치 마태복음 13장에 기록된 가시나무에 떨어진 씨앗이 세상의 염려와 재물의 유혹에 말씀이 막혀 결실치 못했던 것처럼 그리고 누가복음 21장에도 깨어서 주님의 오심을 준비해야 함에도 생활의 염려로 마음이 둔하여져서 뜻밖에 그날이 덫과 같이 임한 것과 같습니다.

하나님의 말씀이 들리지 않게 그 길을 막고 둔하게 하는 영적 콜레스테롤이 바로 생활의 염려와 일상의 문제들입니다. 그러면 사람들이 왜 이렇게 되었는지를 살필 때에 그 누구도 내가 세상에서 먹고 사는 필요를 채워주지 않기에 내가 홀로 감당해야 한다는 책임감에 기인합니다. "책임감이 없어서 문제지 책임감이 뭐냐 문제냐!" 하지만 그 책임감이 하나님을 배제하고 거부하고 인정하지 않는 책임감이기에 문제가 됩니다.

아담이 선악과를 따먹고 타락한 것은 하나님이 없어도 나의 필요를 내가 자급자족한다는 것이었기에 가인의 후손은 에녹성을 쌓고 거기서 자신의 필요를 스스로 채우며, 스스로 지키며, 스스로 즐기는 자들이 되었습니다. 그들이 바로 야발, 유발, 두발가인의 후손입니다. 자신의 능력과 지혜와 잘남으로 쌓은 지식이고 재물이며 업적이기에 철저히 자기의 기쁨 자기의 높음 자기의 영광입니다. 그러나 그 마음 한 구석은 알 수 없는 미래에 대한 두려움으에 떨고 있고, 영적 공허함으로 뻥 뚫려있으며, 생활의 중압감으로 짓눌려있습니다.

타락한 인간이 교회를 향하여 마지막으로 외치는 푸념이 어느 나라건 모두 같다고 했습니다. "거기 앉아있으면 떡이 나오냐! 밥이 나오냐!"입니다. 지금 밖에 나가 한 푼이라도 벌어서 생활에 보탬이 되어야지 거기 앉아있는 것은 무용하고 무익하고 쓸모없는 일이라는 것입니다. 그들에게 하나님은 없는 것이고 있어도 자기와는 아무 상관없는 존재입니다. 오직 그들에게 있는 것은 감당해야 하는 현실과 짊어져야하는 삶의 무게만 있습니다.

예수님이 바로 이 사람들에게 하신 말씀이 "수고하고 무거운 짐진 자들아!" 입니다. 자기 잘남과 똑똑함과 능력으로 산다고 하면서 현실에 찌들려 다른 것은 하나도 안 보이고 들리지도 않는 이들을 향해 하신 말씀입니다.

물론 왜 이렇게 되었는지 예수님은 아셨습니다. "하나님 없어도 된다!" 하는 똑똑한 자들에게는 숨기시고 "하나님 없이는 살수 없다!"고 하는 어린아이에게는 나타내셨기 때문입니다. 하나님은 당신을 나타내셔야만 아는 것이지 사람 측에서 먼저 찾아갈 수 없습니다.

예수님께서 나의 멍에를 매라 하셨는데 멍에가 무엇입니까? 소와 나귀의 목덜미에 얹어서 수레를 끌거나 밭을 갈게 하는 도구입니다. 소와 나귀로 하여금 자기들 마음대로 다니는 게 아니라 주인이 이끄는 대로 능률적으로 일을 수행할 수 있게 하는 막대깁니다.

그런데 예수님 당시에는 이 '멍에'가 아이들과 자녀들을 교육할 때 쓰인 말이기도 했습니다. "애들 교육시켜야겠어!", "애들 멍에를 씌워야겠어!"가 같은 말입니다.

아이들이 교육을 받지 않고 자기 멋대로 자라면 모든 것이 자기 멋대로인 세상을 살게 됩니다. 하나님을 교육받지 않은 가인의 후손같이 됩니다. 부모의 터치가 싫어서 집나간 탕자처럼 하나님의 터치가 싫어서 하나님 없이 살았는데 그 삶과 현실에 눌리는 중압감과 책임감은 어마어마한 것이었습니다. 누가복음 11장의 탕자는 왜 집에 돌아온 겁니까. 정답은 "갈 데가 없어서..." 였습니다. 하나님으로부터 나온 인생이기에 하나님께로 돌아갑니다. 만물이 주에게서 나오고 주로 말미암고 주께로 돌아갑니다.

하나님을 옆에 모시고 그분을 의지하고, 도움받고, 순종하고 살면 좋을텐데 하나님을 의지하지 않고 하나님 도움 필요 없다고 하는 것은 하나님의 터치가 싫고 잔소리가 싫고 가르침 받기가 싫고 자존심이 상해서입니다. 축복하기는 하나님이 지어주시는 가르침의 멍에를 기쁨으로 질수 있는 우리 모두이기를 소망합니다. 그것을 걷어치우는 순간 그보다 더한 인생의 짐이 중압감과 두려움과 공허함으로 짓누릅니다.

오늘 예수님이 나의 멍에를 매라 하실 때 그 멍에는 주님의 가르침입니다. 그 가르침은 우리를 어둠과 혼돈의 세상에서 헤매지 않고 진리의 길을 찾게 합니다. 우리를 귀찮고 성가시게 하는 것이 아니라 생명의 길로 인도합니다. 우리를 옥죄고 억압하는 것이 아니라 그 안에서 참된 자유를 찾게 하기 위함입니다. 예수님은 내 멍에는 쉽고 내 짐은 가볍다 하셨습니다. 오직 말씀 안에 있을 때 참된 쉼과 안식이 그 안에 있음을 믿습니다.

예수님은 지금 현실문제와 세상근심으로 하나님과 관계가 단절된 갈릴리 사람들에게 말씀 안으로, 가르침 안으로, 생명과 진리 안으로 들어오라고 손을 내미시며 권면하십니다. 희한한 것은 그때나 지금이나 힘들어하면서도 절망의 늪으로 빠져들고 있으면서도 주님의 손을 잡지 않는다는 거에요.

'로버트 레드포드'가 감독하고 '그레이그 쉐퍼'와 '브레드 피트'가 주연한 〈흐르는 강물처럼〉을 보면 주인공 노먼의 연인인 제시가 친 오빠인 닐이 망나니 같은 인생을 살아가는 것을 보고는 노먼에게 이렇게 말합니다. "분명히 도움을 받아야하는 사람인데 왜 도움을 거부하는지 모르겠어요!" 하고 흐느낍니다.

역시 노먼의 동생인 폴은 노름하다 폭행당해 사망합니다. 모두 사랑하는 가족입니다. 아버지는 마지막 설교에서 "곤경에 처한 사랑하는 사람을 돕고자 하나 도움을 거절당하기도 합니다. 왜 그러는지 이해할 수 없습니다. 그러나 오롯이 이해할 수는 없어도 오롯이 사랑할 수는 있습니다!"(we can love compeletly without compelete understanding) 라는 명대사를 남깁니다.

도무지 왜 저러고 사는지 삶의 무게와 현실의 문제 앞에 힘겨워하며 찔찔 매면서도 하나님의 도움을 뿌리치는 사람들을 이해할 수 없습니다. 그러나 그들을 사랑할 수는 있습니다. 우리도 한 때 그들 중 하나였다는 것을 생각할 때 주님은 지금도 이 시대의 사람들에게 찾아오셔서 계속해서 손을 내미시고 있습니다. 지금도 마음 문을 두드리고 계십니다.

"읽는 설교"
{ 자비와 제사 }

(마태복음 12:1~13)

    안식일에 제자들이 밀밭사이를 지나가다가 밀을 베어 먹은 일과 역시 안식일에 중풍걸려 한 손 마른사람을 고치는 일을 두고서 예수님과 바리새인간의 논쟁이 벌어집니다. 율법에 의하면 안식일에는 일하면 안 되는데 이삭을 잘라 먹는 일은 일종의 타작하는 일이고 병을 고치는 행위도 일이기 때문입니다.

    지금 우리에게 바리새인하면 고정관념이 있어서 겉과 속이 다른 위선자들로만 인식되지만 당시에는 바리새인이란 그 이름자체가 '특별히 열심으로 믿는 자들'이라는 뜻으로 모든 사람이 존경하는 종교지도자들이었습니다.

    모든 게 그렇습니다. 열심, 진심, 성심이 바른 방향을 잃으면 그 자체로 무서운 무기가 됩니다. 기독교는 사람의 열심, 진심, 성심보다 하나님의 뜻과 계획과 작정이 알려지는 곳입니다. 신을 잘 어르고 달래서 내가 원하는 것 받는 곳이 아니라 그분에 손에 내가 잡혀서 그분이 원하는 대로 만들어지는 곳입니다. 전자가 우상숭배라면 후자가 기독교입니다.

    그러니까 하나님을 알아야 합니다. 지난 시간 예수님이 "수고하고 무거운 짐 진 자들아 다 내게로 오라 내가 너희를 쉬게 하리라! 나는 마음이 온유하고 겸손하니 나의 멍에를 매고 내게 배우라!" 하셨을 여기서의 멍에는 교육이고 가르침이고 말씀이라 했습니다. 그 가르침이라는 멍에를 매어야지만 우리는 그 안에서 참 자유와 평안과 안식을 누릴 수 있습니다.

    오늘 우리가 배우는 것은 율법이 뭔지를 배웁니다. 하나님은 모세를 통해 이스라엘을 애굽에서 나오게 하시고 시내산에서 율법을 주셨습니다. 대표적인 율법이 십계명입니다. 그리고 그 밑으로 제사법과 사회법으로 세분화됩니다. 제사법은 말 그대로 제사드릴 때의 규정과 율례이고 사회법은 사람들 사이의 지켜야할 규범입니다.

일단 법이 왜 존재하는지 물을 때에 그것은 사람을 위해서입니다. 절대로 사람이 법을 위해 있지 않고 법이 사람을 위해 있습니다. 하나님께서 우리에게 법을 주실 때 우리의 유익을 위해 우리 좋으라고 주신거지 하나님 좋으라고 주신 것이 아닙니다. 지금 우리가 사는 세상을 봐도 당장 저 도로에 그어진 차선(법)은 교통경찰 좋으라고 있는 게 아니라 운전자들 좋으라고 있는 것과 같습니다. 차선(법)이 없으면 길은 무질서와 혼란 그 자체일 것입니다.

"너희들은 내가 지었기 때문에 너희들이 어떻게 살아야 평안하고 행복하고 안전하게 살수있는지 내가 잘 알거든..." 그래서 오늘 안식일 준수의 율법을 주심도 우리를 처음 지으실 때 우리가 엿새일하고 칠일에는 쉬어야 하는 패턴으로 몸의 생태주기를 지으셨기 때문입니다.

법은 일종의 '난간(휀스)'과도 같습니다. 난간은 주로 어디 설치하냐면 위험한 곳, 낭떨어지, 옥상의 끄트머리입니다. 난간 안은 안전하고 밖은 위험을 알리는 것과 같이 율법 안은 안전하고 밖은 위험을 알립니다. 율법은 날 지키고, 보호하며, 나의 안위와 행복을 위하고자 있는 것이지 나를 옭아매고, 족쇄 채우고, 억누르기 위해 있지 않습니다.

그래서 난간을 넘었다 안 넘었다 보다 즉 율법을 지켰다 안 지켰다 보다 더 중요한 것이 있습니다. "이게 왜 있는지?"를 알고 "이게 지금 뭘 하고 있는지?"를 보는 것입니다. 율법이 우리를 족쇄 채우고, 괴롭히고, 죽이는 일을 하는지 아니면 우리를 보호하고, 평안하게 하며, 살리는 일을 하는지를 보아야 합니다.

오늘의 논쟁 속으로 직접 가겠습니다. 바리새인들이 공격하길 예수님의 제자들이 안식일 날 해서는 안 되는 일을 했다고 즉 율법을 범했다고 나무라자 예수님은 "다윗이 그들과 함께 한 자들과 성전에 들어가서 제사장만 먹을 수 있는 전설병을 먹었다!" 다윗이 사울왕에게 쫓겨서 죽기 직전까지 갔을 때 어찌 성전에 숨어들었는데 굶어죽게 생겼으니 당장 먹을 수 있는 전설병을 먹은 겁니다.

제사장 외에는 성소에서 전설병을 먹지 못하게 법으로 금지한 것은 "이 떡이 이스라엘을 상징하는 신성한 떡이니 일반음식대하듯 아무나 먹어서는 안 된다!" 는 의미에서 제사장만 먹을 수 있게 법으로 정했습니다. 소극적으로는 신앙의 구별과 거룩과 표지를 위해 금지한 법이지만 적극적 의미로 적용했을 때 당장 지금 사람이 굶어 죽게 생겼다면 제사장 아니라도 그것을 먹을 수 있다는 취지의 말씀입니다. 마치 평시에는 도로교통법의 신호법을 지켜야하지만 위급시 엠블란스는 신호법을 무시해도 불법이 아닌 것과 같습니다.

9절 이하에서 안식일에 손 마른 자를 고치시는 일도 마찬가집니다. 안식일에 일하지 말라는 법을 명한 것은 너희가 제 7일에는 쉬어야지 너희 몸과 영혼이 복되게 살수 있기 때문이다. 그러나 안식일이라도 당장 사람이 죽어간다면 그를 살리는 일을 해야 한다. "너희가 안식일이라도 양이 구덩이에 빠지면 그 양을 구하는 일을 하지 않느냐! 하물며 사람이 양보다 얼마나 귀하냐!" 그리고 12절 말씀이 귀합니다. "그러므로 안식일에 선을 행하는 것이 옳으니라!"

단순히 "나는 악을 행하지 않았다! 난간을 넘어가지 않았다! 불의를 행하지 않았다! 안식일에 일하지 않았다! 성소의 전설병을 먹지 않았다!" 보다 중요한 게 있습니다. "안식일에 선을 행하는 것이 옳으니라!"입니다. 그러니까 안식일에 일 하면 안 된다는 명분으로 선을 행하지 않으면 그건 틀린 겁니다. 소극적으로 "나는 법을 어기지 않았다!" 하지 말고 적극적으로 "선을 행하라!"입니다.

율법을 주신 목적과 그 율법이 어디를 지향하고 있는지 이해할 때에 죄를 안 짓는 게 전부가 아니라 의를 행하는 쪽으로 우리를 이끌고 가야 합니다. 그래서 7절의 말씀을 주십니다. "나는 자비를 원하고 제사를 원치 않는다!'라는 뜻을 너희가 이해했다면 무죄한 자를 정죄하지 않았을거다!" 그 때나 지금이나 사람들이 모르고 있습니다.

'제사'는 뭐냐면 "난 예배드렸다! 나는 불의를 행하지 않았다! 나는 말씀을 지켰다!" 입니다. '자비'는 뭐냐면 누가복음 10장에 "자비를 베푼 자니이다!" 할 때 나온 선한 사마리아인입니다. 뭔가 자신의 존재로 누군가를 살리고 있습니다.

하나님은 우리가 믿고, 예배하고, 순종하길 바라시지만 거기가 끝이 아닙니다. 거기서 내 할 일 다 했다가 아니라 최종목적지까지 가야 합니다. 뭔가 나로 인해 옆 사람이 힘을 얻고 위로받고 치유 받고 살아나야 합니다.

나의 신앙과 순종과 율법준수가 나만의 높음과 자랑과 영광이면 그건 기독교가 아닙니다. 학교에서 공부하는 것으로 이해하면 쉽게 이 내용을 담을 수 있습니다. 나의 공부잘함과 똑똑함과 잘남이 오롯이 나만의 높음과 자랑과 영광이라면 그걸 가리켜 뭐라고 하냐면 왕재수라고합니다. 자기 공부 잘하는 거 자랑하고 으스대고 공부 못하는 애들 깔보고 무시하고 조롱하고 다닌다면 그때는 "그래 너 잘 났다!" 소리밖에는 들을 것이 없습니다.

자기가 공부를 잘하면 공부 못하는 애들 좀 가르쳐주고 이끌어주고 착하게 굴어야 하는 것처럼 자기 신앙이 좋으면 남을 판단하고 비난하는 것보다 기도해 주고, 기다려 주고, 품어주어야 합니다. 나의 실력과 신앙이 많은 이들에게 혜택이 돌아가도록 선한 영향력을 끼쳐야 합니다. 오늘 말씀으로 하면 신앙심 좋고 공부 잘하는 건 '제사'입니다. 그러나 하나님이 오늘 원하시는 것은 그보다 더 나아가야 하는 '자비'입니다.

"읽는 설교"
{ 일곱 귀신 이야기 }
(마태복음 12:43~45)

지난주일 말씀과 연결됩니다. 지난시간 "율법을 어기지 않았다!"가 중요한 게 아니라 선을 행하고 자비를 행하고 의를 행하는 것이 중요하다했습니다. 마치 옳은 것을 아는 게 옳은 게 아니라 옳은 것을 행하는 것이 옳은 것과 같습니다.

"나는 율법을 어기지 않았다!", "나는 옳은 것이 무엇인지 안다!" 에만 머물러 있는 것은 불완전한 신앙입니다. 하나님이 원하시는 신앙으로 나아갈 때 거기에는 선을 행하는 자비와 긍휼과 용서와 사랑이 있습니다.

혼자 똑똑하고 높은 것은 "그래 너 잘났다!" 소리밖에는 들을 것이 없습니다. 자신의 똑똑함이 뭔가 옆 사람에게 혜택이 돌아가고 유익을 주는 것이어야 합니다. 만약에 우리가 바리새인처럼 "난 율법을 어기지 않았다!", "난 옳은 것이 무엇인지 안다!"에만 머물러 있으면 결국에는 어떤 사람이 되냐면 〈베니스의 상인〉에 나오는 냉혈인인 '샤일록' 같은 무섭고 차가운 원리주의자(율법주의자)의 모습만 보이게 됩니다.

나는 율법을 지켰는데 "넌 왜 안 지켰냐!"로 손가락질 하고 틀린 것만 지적하고 다닙니다.

기독교는 윤리 도덕이 완전한 무서운 사람을 만드는 곳이 아니라 용서할 줄 아는 따뜻하고 상냥한 사람을 만드는 곳입니다. 윤리 도덕이 완벽한 사람 즉 잘못하는 것이 없는 사람이 무서운 것은 용서를 모르는 사람이 되기 때문입니다. 오히려 세상 때가 조금 묻은 사람이 용서를 압니다. 용서를 받아 봤으니까요. 근데 한 번도 잘못한 적이 없는 사람은 용서와 긍휼과 자비를 모릅니다.

로마서 13장에서 "사랑은 율법의 완성이라!" 했습니다. 율법은 지적하고, 심판하고, 정죄하는 것인데 어찌 율법의 완성이 사랑이겠습니까! 소극적 부정적 기능이라서 그렇습니다. 투박한 돌덩이를 앞에 둔 조각가를 상상하면 됩니다. 조각가는 하나님이십니다. 조각가는 틀린 것, 아닌 것, 나쁜 것을 '정과 끌'로 쳐내고, 깎아내고, 떨어뜨립니다. 그리고 마지막에 아름다운 조각상을 남깁니다.

율법이 바로 '정과 끌'입니다. 아닌 것을 다 떼어내고 그 마지막에 아름다운 사랑을 남기는 것으로의 율법의 완성은 사랑입니다. 율법이 사랑을 남기지 못하고 모조리 다 쳐내고 깎아내기만 한다면 그 마지막엔 아무것도 없는 겁니다. 고전 13장에 천사의 말을 하고, 예언하는 능력이 있고, 큰 믿음이 있어 산을 옮긴다 해도 사랑이 없으면 그냥 아무것도 아닌 것이라 했습니다.

우리가 기억해야 하는 것은 예수님 재림의 날이 부정적 소극적으로는 심판의 날이지만 적극적 의미로는 '완성'(consummation)의 날이라는 사실입니다. 하나님이 지으신 모든 창조를 새롭게 하시는 재창조입니다. 그때는 또한 예언서에 기록된 '남은 자'(remnants)들의 날이기도 합니다. 이 '남은 자'가 하나님이 마지막에 남기신 멋진 '완성' 곧 '사랑'을 상징합니다.

기독교가 윤리 도덕으로만 남는다면 범신론의 이방종교와 다를 것이 없습니다. 내 안에 잠든 신성을 깨어서 신이 되는 것입니다. 불교에선 부처님 이라는 인격신이 있는 게 아니라 내가 8정도 지키고 하안거 동안거 들어가 수행정진해서 부처가 되는 것입니다. 우리는 인격이신 예수님이 계시고 그분이 되겠다가 아니라 그분을 닮고 쫓고 배우는 것입니다.

기독교가 이방종교같이 윤리 도덕과 수행의 종교가 되면 결국 자기 치장이고 자기 높음이며 자기 증명에 불과합니다. 우리 안에 잠들어있는 가능성을 계발하고 고양해서 높고 높은 윤리적 종교적 경지에 올라 자기 의와 자기 높음과 자기 영광 삼자는 게 아닙니다.

그러니까 기독교가 아닌 모든 일반인의 삶의 원리는 뭐냐면 뭘 하든지 결국은 '자기의 높음'입니다. 고급한 종교의 덕목일 수 있는 불교에서 살생을 금하는 것도 보면 이렇게 작은 생명하나를 귀하게 여기는 도덕율을 가지고 사는 자신을 높이는 것입니다. 어떤 사람이 나에게 잘해주는데 내가 좋아서 잘해주는 게 아니라 자신의 높음을 위해 나를 수단으로 사용하는 경우도 있습니다. 자신의 매너, 품위, 지성, 교양을 높이기 위해 나를 이용할 뿐입니다. 불쾌합니다.

모든 이방의 종교는 높은 윤리적 종교적 경지에 이른 자신과 자신 같지 않은 사람을 구별하고 분리하고 나누어서 홀로 높은 영광을 받습니다. 기독교는 홀로 높은 경지에 올라 자신만 못한 사람 비난하는 게 아니라 여러모로 모자라고 안 되는 사람들에게 가서 그들과 하나 되는 것입니다. 요한복음 17장의 말씀처럼 기독교는 나와 너를 나누는 게 아니라 나와 너를 하나 되게 합니다. "내가 너희 안에 너희가 내 안에…", "내가 아버지 안에 아버지가 내 안에…", "그들도 다 하나가 되어 우리 안에…"

성경 속에 보이신 예수님에게서 어떤 '고고한 자태'나 '도도한 위세'나 '홀로 높음'이 느껴지신다면 성경을 잘못 본 것입니다. 예수님은 항상 죄인들과 함께 계셨고, 죄 없는 자가 먼저 돌로 치라 하셨으며, 다시는 가서 죄를 짓지 말라 하셨습니다. 사람들은 항상 자기보다 격이 높은 사람들에게 가서 그것으로 자기의 격을 높이려 하는데 예수님은 자기보다 격이 저 아래에 있는 사람들에게 가서 그들과 격을 같이 하십니다. 이게 성육신입니다.

기독교는 격을 높이고, 도덕을 따지고, 종교얘길 하자는 게 아니라 하나님의 하나님 되심을 알고 나의 전적 무능을 알자는 것입니다. 그분이 보내신 예수를 믿고 그 분처럼 용서하고 사랑하고 베풀며 살자입니다. 혼자 고결하고 혼자 도도하며 혼자 격이 높은 사람들이 오늘 나옵니다. 바리새인들입니다. 이들은 윤리 도덕 종교적으로 완벽합니다. "잘 못하는 게 뭐에요?", "틀리는 게 뭐에요?", "공부 못 하는게 뭐에요?" 하는 사람들입니다.

예수님이 3절 이하에서 귀신 얘길 하시는데 이들을 빗대어 하신 말씀입니다. "더러운 귀신이 사람에게서 나갔는데 특별히 갈 데가 없어서 본래 나왔던 그 사람에게로 다시 가 보니 비고, 청소되고, 수리되어 있거늘 친구 7을 데리고 들어가서 그 사람의 처지가 이전 처지보다 더 악하게 되었다!"입니다.

여기서 비고, 청소되고, 수리되었다는 의미가 바로 윤리 도덕 종교적으로 깨끗해졌다는 것을 의미합니다. 윤리 도덕이 깨끗한 사람에게 더러운 귀신이 들어간다는 것입니다. 더 악한 친구들까지 데리고 들어간다고 하십니다. 그래서 그 사람의 처지와 지경이 이전보다 더 심하게 되었다는 것은 무슨 뜻이냐면 "하나님께 나아가는 길이 더 심하게 막히고 더 어둡고 깜깜해졌다!"입니다.

사람이 아무리 윤리 도덕 종교적으로 흠결이 없다고 해도 그 마음에 자리한 영적인 갈급함을 윤리 도덕이 대신 채울 수 없습니다. 윤리도덕을 채웠다 해서 하나님이 거기 계시고 내 영혼이 만족을 얻는 것이 아니라는 것입니다. 바리새인들에게 윤리도덕은 곧 율법입니다. 율법 준수로 구원을 이룰 수 있다고 굳게 믿는 사람들에게 하나님은 들어갈 자리가 없습니다.

참 희한한 것은 하나님이 주신 율법은 그들에게 있었지만 정작 하나님은 없었다는 겁니다. 하나님이 율법을 왜 주신 겁니까? 이것을 알려면 율법의 두 차원을 이해해야 합니다. 율법은 죽이는 기능과 동시에 살리는 기능을 합니다. 율법은 우리를 정죄하고 심판하며 죽이겠다고 달려듭니다. 그러면 우리는 무서워서 하나님이 보내신 예수님에게로 도망가는 것으로 살아납니다.

마치 인생에 닥친 고난이 세상모르고 날뛰던 사람에게 하나님을 만나는 계기와 통로를 열어 준 것과도 같습니다. 고난이 당장은 죽을 맛이지만 결국은 진리와 생명으로 나가게 했으니까요.

윤리 도덕 종교에 높은 경지를 이루고 그렇게 홀로 잘난 척하고 있는 사람을 오늘 예수님 말씀으로 하면 그냥 귀신이 아니라 7귀신 들려 있는 자가 됩니다. 예수님이 요한복음 5장에서 이런 말씀을 하셨습니다. "너희가 서로 영광을 구하고 하나님께로부터 오는 영광은 구하지 않는다. 너희 마음에 하나님을 사랑하는 마음이 없기 때문이다." 자기들끼리 인격의 높음, 지성의 높음, 도덕율의 높음을 서로 자랑하며 영광을 받기에 하나님의 영광이 들어갈 자리가 없다는 말씀입니다.

오늘 말씀에 의하면 "이 악한 세대가 이렇게 되느니라!"입니다. 비우고 청소하고 수리하는 것입니다. 나를 계발하고 내 안에 신성을 깨우고 높은 도덕율을 이루어서 자기 영광을 받고 자기 구원을 이루겠다는 것이 곧 악한 세대의 표적이라는 말씀입니다.

우리는 오직 하나님이 우리에게 주신 예수그리스도로 말미암아 내 영혼이 만족되고, 내 영혼이 구원을 받으며, 그 분의 말씀을 순종해서 사는 것으로의 윤리 도덕이지 나의 높음과 나의 그럴듯함과 나의 높음과 자랑을 위한 윤리도덕이 아님을 믿습니다.

"읽는 설교"
{ 아버지의 뜻대로 }

(마태복음 12:38~50)

마태복음 12장 말씀을 가지고 영의 양식을 삼습니다. 전체 내용은 예수님과 바리새인간의 논쟁이 심화되고 격화되는 본문입니다. 12장 1절과 22절 38절에 연속해서 "그 때에..."라는 멘트를 통해 이게 다 같은 시간, 같은 상황, 같은 사람임을 알 수 있습니다.

모두가 예수님이 하신 일을 가지고 바리새인들이 공격하며 조롱하는 내용입니다. 먼저는 안식일 논쟁으로 "안식일에 일하면 안 되는데 당신 제자들이 일하는 죄를 범했다!"고 공격하자 이에 대한 답으로 "인자가 안식일의 주인이다!", "사람이 안식일을 위해 있지 않고 안식일이 사람을 위해있다!"로 반격하십니다.

다음으로 바알세불논쟁으로 가면 바리새인들이 넘지 말아야 할 선을 넘습니다. 아무리 뚫린 입이라도 할 말이 있고 못 할 말이 있는데 예수님이 마귀대장(바알세불)힘을 빌어서 귀신을 쫓아낸 것이라고 하자 예수님은 기가 막혀서 "사탄의 나라도 저희들끼리 분쟁한다면 그 나라가 설 수 없다!" 하시고 '성령훼방죄'를 적용하십니다. "누구든지 말로 인자를 거역하면 용서받을 수 있지만 말로 성령을 거역하면 이 시대와 오는 시대에 용서 받을 수 없다!"

더욱 큰 예수님의 진노는 34절에 이하에 기록됩니다. "독사의 자식들아! 너희가 악하니 어찌 선한 것을 말할 수 있냐! 선한 사람은 쌓은 선에서 선을 내고 악한 자는 쌓은 악에서 악을 낸다! 너희가 무슨 무익한 말을 하든지 심판 날에 그 말로 심문받을 거다!" 그러니까 사람이 할 말이 있고 못 할 말이 있다는 것입니다.

그리고 이어서 38절에 세 번째 "그 때에…"가 나옵니다. 악한 바리새인과 서기관이 "우리에게 표적을 보여주십시오!" 하는 겁니다. 일종의 조롱성 발언입니다. 조금 전 귀먹고 어눌한 자에게서 귀신 쫓아내는 표적을 보고는 예수님께 바알세불이라 해 놓고 "다른 볼거리 더 없습니까!"하는 겁니다. "귀신 쫓는 거 봤으니까 더 센걸루 .." 그래서 예수님은 "내가 너희에게 보일 표적은 요나의 표적밖에는 없다!" 요나가 3일을 물고기 뱃속에서 있다가 나온 것처럼 당신이 십자가에 죽으시고 3일 장사되심을 예언하신 말씀입니다.

예수님은 39절 이하에서 무슨 말씀을 하시냐면 "악하고 음란한 세대가 표적을 구한다!"고 하십니다. '표적'은 곧 '능력'입니다. 능력을 보여주면 믿겠다는 겁니다. 요즘시대에 능력을 보이라는 말은 곧 경제능력을 말합니다. 돈으로 형편으로 우위를 점하고 행세하면 당신을 믿겠다는 것과 같습니다. 그러니까 "능력과 힘과 권력을 내게 보이는 것으로 믿겠다!" 하는 것은 예수님의 말씀으로 하면 그건 "악하고 음란한 겁니다!"

이렇게 이해하면 됩니다. 집에 계신 우리 아버지는 분명히 능력 있는 분이십니다. 그런데 그 부인과 자녀들이 입만 열면 "아버지 된 능력을 보여주어야지만 아버지로 인정하고 섬길 수 있다!" 하고 "능력을 안 보여주면 아버지도 아니라!" 하고 있다면 그 아버지가 마음이 어떠하겠습니까! 지금 바리새인이 예수님에게 능력을 보여달라고 하는게 딱 그 형국입니다.

예수님은 "심판날에 늬느웨 사람들이 일어나서 너희를 정죄할거다 이는 요나의 말을 듣고 회개했기 때문이다. 요나보다 더 큰 이가 여기 있다!", "심판날에 남방여왕이 너희를 정죄할거다 이는 솔로몬의 말을 듣고 은혜받았기 때문이다. 솔로몬보다 더 큰 이가 여기 있다!"

"모형과 그림자와 아주 작은 증거로도 저희들은 회개했는데 너희들은 실체와 진짜가 와서 참된 진리를 전하고 수 많은 표적을 보였음에도 믿지 않았다!" 그리고 나서 지난 시간 7귀신 들린 자의 말씀을 하십니다. 왜 이 사람들이 예수님께 능력을 보여 달라고 비아냥대면서 안 믿었냐면 스스로 윤리 도덕 종교적으로 흠이 없었기 때문입니다.

예수님은 당신이 지니신 권세와 지위와 능력을 보여주시기 위해 이 땅에 오신 게 아니라 하나님 아버지의 뜻을 행하기 위해 오셨습니다. 그리고 그 하나님 아버지의 뜻은 십자가입니다. 능력을 보이라는 오늘 바리새인들의 요구는 사실 예수님 공생애 시작하실 때 사단마귀의 시험에서도 나타납니다. "돌을 떡으로 만들라! 높은 곳에서 뛰어내려라! 내게 절하면 세상만국을 네게 준다!" 이 모든 시험이 결국 "능력을 보이고! 능력을 행사하고! 능력을 가져라!"입니다.

베드로가 예수님의 십자가를 말리다가 "사탄아 물러가라! 너는 나를 넘어지게 한다! 네가 하나님의 일을 생각지 않고 사람의 일을 생각한다! 누구든지 나를 따르려거든 자기를 부인하고 자기 십자가를 지고 나를 따라야 한다! 자기 생명을 얻고자 하는 자는 잃을 것이고 나를 위해 생명을 잃고자 하는 자는 얻을 거다!" 예수님의 메시아 되심과 하나님께 받은 소명은 오직 십자가입니다. 그러니까 십자가의 길을 막는 것은 그것이 다 하나님의 뜻과 배치되며 하나님의 길을 막자는 것입니다.

세상은 사단마귀의 시험처럼 "능력을 구하고, 보이고, 가져라!" 인데 하나님은 "능력을 버리고, 십자가의 길을 가고, 목숨을 잃는 것으로 얻어라!" 하십니다. 당연히 하나님나라와 세상 나라는 충돌합니다. "십자가의 도가 멸망하는 자들에게는 미련한 것이지만 구원얻는 우리에게는 하나님의 지혜라!" 했을 때 미련하다는 것은 "말이 안 된다! 기승전결이 없다! 논리가 서지 않는다!"입니다. 다들 능력을 가지지 못해

안달인데 능력을 버리고 죽으라니 이게 어찌 말이 되겠습니까! 그런데 그것이 하나님 아버지의 뜻이고 예수님의 메시아 되심의 표적이랍니다.

예수님은 지금 안식일과 바알세불 논쟁으로 지금 마음이 매우 상하여 계십니다. 그런데 46절에서 "당신의 모친과 동생들이 당신에게 말하려고 섰더니..." 예수님의 가족들마저 바리새인 자신들에게 동조하기 위해 여기 있다. 라고 하자 예수님은 제자들을 가리키며 "내 아버지의 뜻대로 하는 자들이 곧 내 어머니며 형제며 자매이다!" 말씀하십니다.

예수님을 향한 하나님 아버지의 뜻은 십자가입니다. 우리를 향한 예수님의 뜻도 우리 각자에게 지워진 자기 십자가입니다. 이 길을 막는 행위는 다 "사탄아 물러가라!"입니다.

사랑하는 성도여러분! 예수를 믿는 다는 것은 "능력을 얻겠다!"가 아니라 "십자가를 지겠다!" 입니다. 예수를 온전히 믿게 되면 성령의 아홉가지 열매가 맺혀집니다. 성령의 열매는 하나같이 성품에 관련된 것들이지 능력에 관련되지 않습니다. 사랑과 희락과 화평과 오래참음, 자비, 양선, 온유, 충성, 절제 이런 열매들 가운데 그 어느 하나라도 내가 부인되고 깨어지고 죽어지지 않고 이룰 수 있는 게 있습니까! 내 성질, 지식, 경험, 능력, 지위 이런 거 살아있고는 결코 맺을 수 없습니다. 우리의 신앙은 큰 능력을 얻는데 있지 않고 변화된 성품에 있음을 믿습니다.

{ 십자가 }

(마태복음 10:34~39)

기독교는 한 마디로 십자가입니다. 십자가 속에 성경의 모든 핵심교리가 녹아있고 하나님의 일하심과 뜻과 섭리가 담겨있으며 또한 성도가 따라야 할 모든 덕목이 들어있습니다. 그래서 십자가는 기독교를 여는 문과도 같습니다. 이 문을 열고서야 비로소 기독교로 들어온 것입니다. 그런데 십자가 말고 다른 걸로 시작한 기독교가 있습니다. 이를테면 무병장수 만사형통 소원성취로 시작한 기독교는 자연인의 자연종교이지 기독교라 하기 어렵습니다.

오늘 십자가를 깊이 묵상합니다. 오늘 말씀이 좀 무섭고 무거우며 어렵습니다. 그러나 이 말씀을 잘 소화시키는 것으로 우리 믿음이 더 깊어지고 하나님께로 더 가까이 갈수 있게 되길 기도합니다.

예수님은 십자가를 지기 위해 이 땅에 오셨습니다. 그러므로 예수님이 가셔야 하는 십자가의 길을 막는 것은 그것은 다 하나님의 뜻에 배치됩니다. 마태복음 16장에서 예수님의 십자가 길을 막아선 베드로가 들었던 "사탄아 내 뒤로 물러가라! 너는 나를 넘어지게 하는 자로다 네가 하나님의 일을 생각지 않고 사람의 일을 생각한다! 누구든지 나를 따르려거든 자기를 부인하고 자기 십자가를 지고 나를 따를 것이다!"의 책망을 듣게 됩니다.

그러니까 우리도 '자기 십자가'를 지고 예수님을 쫓아야 하는데 우리 앞에 누가 나타나서 그 길을 막는다면 예수님처럼 "사탄아 물러가라!" 할 수 있어야 합니다. 사실 '자기 십자가'라는 말은 성경에서 반복 강조되어 기록된 말씀입니다. 마태복음 10장과 16장입니다.

누가복음 14장 26절로 가면 오늘 본문이 더 강력해집니다. 오늘 본문엔 "내가 화평을 주러 온 줄 생각지 말라! 검을 주러왔다! 내가 온 것은 가족이 서로 원수가 되게 함이라! 누구든지 나보다 그 어미나 아비나 자식을 사랑하는 자는 다 필요없다" 만 있는데 누가복음엔 한 걸음 더 들어가서 "자기 목숨까지 미워하지 않으면 내게 합당치 않다!" 하십니다.

예수님이 지금 설렁설렁 말씀하시는 게 아니라 굉장히 강경하게 말씀하십니다. 왜 이렇게 강경하게 말씀하실 수 밖에 없냐면 생각해 보세요? 우리끼리니까 하는 말입니다. 내가 십자가라는 고난의 길을 가는데 누가 나타나서 그 길을 막아 준다면 그게 사탄이입니까? 천사입니까? 예수님은 하나님이시니까 "사탄아 물러가라!" 하실 수 있지만 우리는 그걸 어찌 사탄이라 하겠습니까! "천사여 어서 오십시오!"입니다. 이 괴리를 어떻게 극복할 수 있습니까! 십자가의 길을 가지 못하도록 막는 일이 하나님나라에서는 '사탄아!'이지만 세상나라에서는 '천사여!'입니다.

하나님 나라를 살아가는 삶의 원리와 방식은 세상나라를 살아가는 그것과 다릅니다. 철저히 십자가 안에서 발견된 나 즉 십자가 대속의 은혜를 입어 하나님의 자녀가 된 내가 이제는 나를 위해 살지 않고 그분을 위해 산다는 것입니다. 하나님을 위해 산다고 하는 것이 병든 아버지를 위해 엉덩이 살 베어다가 다려드리거나 심청이가 아버지를 위해 인당수에 몸 던지는 눈물샘 자극하는 것으로 혹은 새벽기도하고 헌금하고 봉사하는 종교행위를 말하는 것이 아닙니다.

하나님을 위해 산다고 하는 것은 그 분을 내 인생의 목표로 삼는 것입니다. 내 존재와 삶의 모든 내용을 그분의 것으로 채우겠다는 것입니다. 내 기쁨도 그 분의 기쁨으로 내 기쁨삼고 내 슬픔도 그 분의 슬픔으로 내 슬픔입니다. "모든 의미와 가치, 원리와 방식, 존재와 운명을 오직 그 분의 것으로 공급받겠다!" 입니다. 왜 그러냐면 그 분만이 홀로 완전하시며 선하시며 의로우시며 참되시기 때문입니다.

하나님나라의 삶의 원리가 '하나님을 위해 사는 것'이라면 세상 나라의 삶의 원리는 '나를 위해 사는 것'입니다. 죄는 뭐냐면 나를 위해 사는 것입니다. 나의 욕심, 나의 탐욕, 나의 정욕입니다. 내 삶의 모든 기승전결이 이기적이고 죄된 나의 욕심과 탐욕에서 비롯된 것임을 깨닫고 나에 대해서 철저히 죽는 것이 기독교입니다. 이것이 바로 우리가 져야 하는 십자가입니다. 나를 위하고, 나를 높이고, 나를 자랑삼는 죄된 욕심들이 십자가에서 죽고 다시 발견된 내가 바로 하나님의 형상이 회복된 참다운 나라는 것입니다.

십자가 없이 복음을 받으면 신앙마저 자기 높음이 됩니다. 고린도 교인들은 자기들이 잘나서 예수 믿은 줄 알고 자랑삼은 겁니다. 이에 사도바울은 "하나님은 약한 자를 택하사 강한 자를 부끄럽게 하신다! 없는 것을 택하사 있는 것을 폐하신다! 이는 아무 육체라도 하나님 앞에 자랑하지 못하게 함이라!" 우리의 구원이 십자가로 인한 구원이듯이 우리의 믿음은 십자가를 통과한 믿음이 될 때 참된 믿음이 됩니다. 왜 예수님이 오늘 본문에서 이렇듯 무서운 말씀을 하시는 것입니까!

혈연처럼 우리에게 붙어있는 "세상원리와의 단절을 각오하고 결단하라!" 입니다. "내가 온 것은 화평을 주러온 것이 아니라 검을 주러왔다!" 싸우라는 겁니다. 뭐하고 싸우냐면 '죄를 사랑하는 나', '나를 높이는 나'와 싸우라는 겁니다. "내 세상욕심을 미워하고, 내 세상 높아짐을 미워하며, 내 세상자랑을 미워하라!", "오직 나를 자랑삼고 있는 그 나에게 검을 드리대라!", "십자가를 통과하지 않고 영광만 받으려는 너의 가짜 믿음에 철퇴를 가하라!"는 것입니다.

대부분 예수님의 말씀은 마지막에 그 키워드가 있습니다. "자기 목숨을 얻고자 하는 자는 잃을 거지만 나를 위해 자기 목숨을 잃는 자는 얻으리라!" 입니다. 천국원리는 여기서 내려놓고 여기서 잃어버리는 것으로 마지막에 높아지고 영광을 얻겠다는 것이고 세상원리는 여기서 높아지고, 여기서 쌓고, 자랑하고, 영광을 얻다가 결국에는 아무것도 없는겁니다.

　예수님은 단호한 결단을 요구하십니다. 마치 혈연관계를 끊는 것처럼 세상원리를 끊으라는 것입니다. 이 세상에서 혈연보다 더 강력하게 사람을 결속시키는 힘은 없습니다. 그런데 그 끈마저도 이 땅에 두신 분은 하나님입니다. 하나님은 "우리가 순종하면 천대에 걸쳐 복을 주시지만 불순종하면 3대를 못 갈거다!" 하셨는데 우리의 마음이 어디(자녀)에 가 있는지 이미 다 아십니다.

　이 세상을 붙드는 힘이 있습니다. 먼저는 '중력'이 있고 그보다 강한 '전자기력' 그리고 원자핵이 서로 붙들고 있는 '강력'입니다. 강력보다 강한 결속이 있다면 그것은 피로 연결된 '혈력'이라고 하고 싶습니다. 이 세상 아무도 믿을 수 없지만 가족은 믿을 수 있습니다.

　자녀사랑 어머니가 제일인데 그 이유는 자신이 낳고 먹이고 키웠기 때문입니다. 그러나 그 자녀가 결혼하면 그 자녀는 그 배우자편이고 그 배우자의 것입니다. 시대가 많이 달라졌다고는 하지만 아직도 여기서 어머니들이 힘들어합니다.

　에베소서 5장에 "사람이 그 부모를 떠나 아내와 합하여 한 몸을 이룰지니 이 비밀이 크도다! 나는 그리스도와 교회에 대해 말하노라!" 여기서 '한 몸을 이룰지니'가 곧 혈연의 시작인데 정작 혈연이 시작점에선 혈연과 아무 관련이 없습니다. 흔히 부부는 무촌이라고 합니다. 촌수를 따질 수 없을 만큼 가깝다는 의미도 있지만 전혀 상관없는 남남의 의미도 있습니다.

　사도바울이 "이 비밀이 크도다!" 한 것은 예수님과 우리는 본래 아무 상관없는 무촌이었는데 당신의 십자가로 혈연보다 강한 남편과 아내 사이로 당신과 우리를 묶으셨다는 것입니다. 이제 우리가 해야 하는 일은 죄와 싸우는 일입니다. 죄와 화평하고 있으면 안 됩니다. 죄는 내 욕심을 위해 사는 것이고 이 땅만 바라보고 사는 것입니다. 남편 되신 예수의 뒤를 따를 수 있는 거룩한 신부들이 되시길 축복합니다.

{ 방향과 길 }
(마태복음 10:28~39)

    오늘도 주님께서 하나님의 자녀들인 우리 모두에게 주시는 말씀을 받도록 합니다. 지난 시간에 세상을 사는 원리와 하나님 나라를 사는 원리가 서로 상이하고 다르다고 했습니다. 여기서 일어나는 충돌을 해결하기 위해 주시는 말씀이 "내가 세상에 화평을 주러 온 줄 생각지 말라! 내가 검을 주러 왔노라!"입니다. 이 말씀이 극복되면 하나님께 가까이 가는 것이고 그렇지 않으면 시험에 드는 것입니다.

    예수님이 두 가지를 가리켜서 내게 합당치 않다 하셨습니다. 먼저는 "그 가족(혈연)을 나보다 더 사랑하는 자는 내게 합당치 않다!" 입니다. 육신의 혈연을 넘어서서 영적혈연으로 나아가라는 말씀입니다. 육신의 혈연보다 더 강력한 결속으로 주님이 교회를 당신과 하나 되게 하셨습니다. "사람이 그 부모를 떠나 아내와 합하여 한 몸을 이룰지니 이 비밀이 크도다! 나는 그리스도와 교회에 대해 말하노라!" 여기서 '사람'자리에 '예수님'을 넣으면 비밀이 풀립니다. "예수가 하나님을 떠나 그 성도와 합하여 한 몸을 이룰지라!"입니다.

    두 번째로 합당치 않다 하심은 "자기십자가를 지지 않으면 내게 합당치 않다!"입니다. 자기십자가는 뭐냐면 내가 하나님 나라의 원리로 살아가겠다고 각오하고 결단하고 실행할 때 지게 되는 십자가입니다. 죄를 사랑하고 죄와 하나 된 나를 향해서 검을 드리대야 하고 사탄아 물러가라 해야 합니다. 내가 하고 싶은 것을 다 죄된 욕심이라 할 수 없습니다. 죄된 욕심과 하나님이 주신 비전의 경계를 구분해야 합니다.

    하나님나라의 원리는 항상 잃어버리는 것으로 얻는 것이고, 어리석은 자로 지혜로운 자가 부끄럽게 되는 것이고, 좁은 문이 생명의 문이며, 내가 약할 때 곧 강함입니다. 이렇게 다 역설이고 반전입니다. 지혜는 하나님 앞에 "나는 약하고 어리석으며 아무 조건과 자격 없는 죄인입니다!" 가 지혜입니다. 그런데 사실 이 말은 삶을 통한 고백이지 입술의 지식은 아닙니다. 우리는 모두 다 너나 할 것 없이 넓은 길을 가던 사람들입니다. 그러던 어느날 주님이 부르셨습니다.

예수 믿고 싶은 마음을 주셨습니다. 말씀을 자꾸 들으며 깨닫게 되었습니다. "잃어버려서 얻는 거구나! 좁은 길이구나! 약할 때 곧 강함이구나! 나 잘 났다고 나대는 것으로는 결코 하나님의 것을 받을 수 없구나!"입니다. 우리는 뭔가 우리에게 남은 기회와 가능성이 있으면 그것을 의지하지 결코 하나님을 의지하지 않습니다. 그런데 고난의 시간을 격으며 일말의 것도 남지 않았을 때 그때 "하나님! 제겐 하나님 말고는 남은 여지가 없습니다. 저를 긍휼히 여겨주시고 자비를 베풀어 주세요!" 기도합니다.

요셉이 아버지 야곱의 사랑을 독차지하며 색동옷 입고 다닐 때는 상황파악 못하는 철부지 어린아이였습니다. 저만 잘난 독불장군입니다. 하나님이 주신 계시인 곡식 단이 절하고 해와 달이 절하는 꿈은 오직 홀로 간직해야 했습니다. 그러지 않아도 형들에게 미운털이 잔뜩 박혔는데 오죽하면 형들이 죽이려고까지 했겠습니까! 너무 요셉 편에서만 말고 형들 편에서도 좀 이해합니다.

요셉은 죽다 살아나 노예로 팔려가고, 팔려간 곳에서는 간통의 누명을 쓰고, 감옥에서는 믿었던 사람에게 배신당합니다. 그러면서 요셉은 하나님을 깊이 만납니다. 시편 105편 18절에는 "그의 발이 차꼬에 상하며 혼은 쇠사슬에 매었으니 곧 여호와의 말씀이 응할 때 까지라 그 말씀이 저를 단련하였도다!" 그에게 주신 말씀이 이루어지기까지 곧 해와 달이 절하기까지 요셉은 고난의 길을 갑니다. 말씀이 있는 곳으로 가면서 또한 말씀이 그를 강하게 단련시킵니다.

말씀은 일종의 방향이고 나침반이며 이정표입니다. 말씀을 보면서 길을 가는 것이고 말씀은 또한 나를 단련시킵니다. 그런 의미에서 말씀이 길은 아닙니다. 말씀이 "저 곳이다!" 라고 가리키는 것이라면 길은 꼬불꼬불 산 넘고 물 건너 내 발이 가는 겁니다. 요셉이 팔려가고 누명쓰며 배신당하는 시간이 다 길입니다. 이 길을 가면서 그는 하나님을 만나고 단련 받습니다. 말씀은 반드시 길을 동반합니다. 길 없는 말씀은 공허한 약속입니다. 길은 삶이고 인생이며 시간입니다.

요셉이 총리가 되어 곡식 구하러 온 형들이 자기에게 절하는 것을 보고는 말씀이 이루어진 현장을 경험합니다. 그리고 당신들이 날 판게 아니라 이 모든 백성 살리려고 나를 먼저 보냈다고 합니다. 그리고 총리는 시켜준다고 하는 게 아닙니다. 젊은 요셉이 백관을 제어하고 장로를 교육했다 하는데 이는 모두 고난의 길을 가면서 배우고 터득한 것들입니다.

우리는 다 그 시간 그 때라고 하는 그 날을 살아갑니다. 시간과 인생이라고 하는 길을 통해 주님을 만나고 단련 받습니다. 수 많은 도전과 위협과 시험이 있어서 그 가운데 고민하고 갈등하지만 매일의 주어진 길을 가는 겁니다. 여기서의 내 길은 목표 없는 길이 아니라 하나님이 주신 분명한 말씀의 푯대를 보고 가는 길입니다. 예수님은 십자가를 바라보고 조롱 배신 음모 핍박의 길을 가셨습니다. 예수님에게 말씀은 곧 십자가입니다.

다만 사람들에게 박수갈채를 받는 길만이 아니라 말씀의 푯대를 바라보고 가는 길인지가 중요합니다. 그 말씀의 푯대를 바라보고 그 말씀으로 단련받으며 가는 길은 그 길이 비록 고난의 길이라고해도 그 모든 시간과 자리와 지경들을 통해서 하나님이 목적하신 것이 완성되고 하나님께 영광이 됨을 믿는 겁니다.

내가 세상에서 높아지고 성공하는 것으로의 하나님 영광만 안다면 이는 하나님을 내 생각과 경험 안에 제약시키는 것입니다. 요셉이 걸어간 그 모든 고난의 시간들은 그 자체로 하나님이 목적하시는 완성을 향한 길로 들어서는 문들이었습니다.

"원수를 사랑하라!" 하신분이 왜 가장 가까워야할 "집안 식구가 원수다!" 라는 말씀을 하시는 겁니까! 원수라도 네게 선을 행할 수 있고 가장 가깝다고 하는 자가 네 발등을 찍을 수 있다 입니다. 네 생각과 경험에 하나님을 가두지 말라 입니다. 강도만나 거반 죽게 된 유대인을 도운 건 원수같이 여겼던 사마리아인이며 예수님을 판 것은 식구와도 같은 12제자 중 하나였습니다.

고난의 길을 가면 무섭고 두려우며 불안합니다. 그러나 오늘 주님이 28절에서 "몸은 죽여도 영혼은 어쩌지 못하는 자를 두려워 말고 그 몸과 영혼을 지옥 불에 멸하는 분을 두려워하라!"하십니다. 그리고 바로 다음절에서 "참새 두 마리가 그냥 떨어지지 않는다! 너희는 머리카락 까지 세신바 되었다!" 는 말씀을 주십니다. 머리카락 세신다는 의미가 우리의 모든 것을 세심하게 살피신다는 뜻도 있지만 그 어떤 방해나 위협이나 공격에도 차질없이 하나님의 계획과 목적하심대로 완성된다는 의미입니다.

말씀을 목표하고 말씀에 붙들려서 가는 길은 그 길이 다 하나님이 인도하시는 시간들입니다. 천국은 바라보기위해 있는 곳이 아니라 거기 가기 위해 존재하듯이 말씀을 바라만 보는 것이 아니라 말씀의 길을 가는 우리 모두가 되길 축복합니다.

{ 성육신의 연장 }

(마태복음 11:28~39)

방향과 길에 대해서 한 번 더 말씀드립니다. 방향 없는 길은 방황입니다. 목적 없이 가는 길이며 방탕하며 막사는 인생입니다. 반대로 길 없는 방향은 허무한 가리킴이고 공허한 약속입니다. 방향을 가리켰다는 것은 그리로 가기 위함이며 그 길이 우리의 인생이고 삶이고 시간입니다. 우리는 아침에 일어나면 늘 만나는 일상의 사람들을 만나고 또 그날 해야 하는 일과 그 일로 인한 여러 가지 상황과 국면들을 맞이합니다.

물론 피치 못한 경우가 없는 건 아니지만 대부분은 내가 선택한 길이며 사람들이며 일입니다. 사람도 일도 돈도 모든 것을 다 가질 수는 없기에 최상의 선택을 한다고 해서 여차 다른 것을 포기해야 하는 어려움을 격으며 하루를 살아갑니다.

내가 선택한 길이며 내가 만들어 놓은 사람들이며 내가 원해서 하고 있는 일입니다. 지혜와 분별이 있어서 잘한 선택 했을 때도 있지만 그러지 못하고 잘못된 선택을 할 때도 있습니다. 잘된 선택에서는 기뻐하고 행복해하지만 잘못된 선택에서 우리는 후회와 낙심 자책에 시달리며 그날 이라고 하는 시간을 살아갑니다.

인생길이 어찌 꽃길만 있습니까! 산 넘고 물 건너야 하는 꼬부랑길이 있습니다. 내가 못나고 어리석어서 가게 된 꼬부랑길입니다. 그 누구도 원망하거나 비난할 수 없습니다. 그러나 하나님은 우리의 그 연약하고 못난 어리석음까지 다 유익한 반전으로 결과시키십니다. 세상 철부지 요셉의 못남이 노예로 비참하게 팔려가는 꼬부랑길을 가게 하지만 그 현실은 모두를 살리는 일을 위해서 미리 보냄 받는 하나님이 섭리로 결과됩니다.

그렇다고 내가 아무렇게나 살아도 하나님은 결국은 합력하여 선을 이루시니 "이제부터는 내 맘대로 산다!"를 말함이 아닙니다. 나의 무능과 무익함조차도 하나님은 유익하고 유용하게 사용하신다는 것입니다. 요즘 자주 드리는 말씀입니다. 하나님을 우리의 경험으로 제약시키면 안 됩니다. 하나님의 생각은 바다처럼 깊으며 그분의 능력은 무한하며 뜻은 하늘처럼 높습니다.

지극히 보잘 것 없고 지극히 사소하며 지극히 아무것도 아닌 우리의 인생을 통해서 하나님은 당신의 일을 시작하십니다. 편애 받는 요셉이라는 한 아이의 철없음에서 모든 이를 구원하실 하나님의 일이 시작됩니다. 출생으로부터 시대로부터 다 거부당했던 초라한 광야의 노인 모세로부터 이스라엘구원이 시작됩니다. 아이 못 낳는 것이 한이었던 한나의 억울함에서 이스라엘의 건국이 준비됩니다.

많은 사람들이 모이고 화려한 기념식과 세레모니를 행하고 시작되는 하나님의 일은 없습니다. 작은 것들이 모이고 때로는 부족한 것들도 합하여져서 더 큰 것으로 나아가게 하시고 완성을 이루십니다. 우리의 몸이 작은 세포들의 연합과 그것을 연결하는 실핏줄들의 긴밀한 연합과 소통이 우리를 이렇게 살아가게 하는 것처럼 길들이 모이는 것이라는 말씀입니다. 저는 이렇게 오랜 시간 개척이라는 목회의 길을 가고 있고 여러분은 사회생활이라는 길을 가던 중에 페북을 통해 만나 함께 하나님을 바라보게 하십니다.

내가 무엇을 차지하고 내가 목표한 자리에 이르는 것으로 하나님께 영광을 돌리겠다만이 아니라 그냥 지금 내가 가고 있는 길이 모두 하나님 영광의 길로 들어서는 작은 샛강이라 여기는 겁니다. 나 같은 작은 자의 인생을 통해서도 하나님은 당신의 영광을 담으신다를 믿는 겁니다.

구약시대로 가면 하나님의 살아계심이 모든 시대에 걸쳐서 나타났던 시대가 있습니다. 엘리야, 엘리사 시대입니다. 가는 곳마다 놀라운 기적의 연속입니다. 엘리야는 하늘에서 불을 내리고 또 불병거를 타고 하늘로 올라갑니다. 엘리사도 나아만의 문둥병을 고치고 숲에서 곰이 나오게 하며 죽은 수넴여인의 아들을 살립니다.

그런데 반대로 당대에 아무런 기적이나 표적이 없던 선지자들도 있습니다. 예레미야, 이사야 선지자는 아무런 능력이 없습니다. 이 분들은 사람들의 조롱과 핍박 속에 고난을 받다 죽습니다. 엘리야와 엘리사의 메시지는 당대 사람들을 향한 것이었습니다. 그래서 당대에 하나님의 역사가 나타납니다. 그러나 이사야와 예레미야의 예언은 미래에 오는 시대 사람을 향한 것이기에 당대에는 아무 역사가 없습니다. 각자가 맡은 소임이 다를 뿐입니다. 그러나 우리는 다 엘리야와 엘리사가 되고 싶지 이사야나 예레미야는 되고 싶지 않습니다.

현대인이 가장 사랑하는 화가 중 한명이 '고흐'라고 합니다. 그의 그림 한 점이 수백억에 달하지만 정작 그가 살아있을 때는 빵 두개와 바꾼 것이 전부입니다. 원래는 목회자의 길을 가려 했다가 어떻게 길이 틀어져서 늦은 나이라고 할 수 있는 28살에 정식 화가가 됩니다. 사랑하는 동생 태오가 묻기를 "형! 돈도 안 되는 그림은 왜 자꾸 그려!", "그림 그리고 있으면 행복해!" 정신병원에서 상담신부가 묻습니다. "당신의 그림은 흉하고 불쾌하오!", "하나님이 제게 사람을 불쾌하게 하는 재능을 주셨다고 생각지 않습니다! 어쩌면 미래의 사람들을 위해 화가가 되게 하셨을 수도 있습니다!"

마치 이사야나 예레미야 선지자가 당대에 고난 받는 것이 미래의 사람들에게 그 메시지와 예언이 이루어지는 것을 위해 감당해야 하는 고난이었듯이 예수님 또한 오고 오는 모든 시대 사람들에게 구원을 주시기 위해 가시는 십자가의 길이어서 비록 당대의 사람들은 하나같이 몰랐지만 이에 개의치 않고 가신 길입니다.

예수님의 성육신은 공간과 시간의 제약입니다. 육신을 입으셨다는 것은 먼저 공간의 한계입니다. 예수님은 팔레스틴 갈릴리라고 하는 곳에 계셔야 했고 다음으로는 시간입니다. 예수님은 당시의 주류계급인 대제사장과 서기관 바리새인들에 의해서 미움 배척 핍박당하는 시간을 걸어가셔야 했습니다. 예수님은 십자가라는 방향으로 가야하는데 그 길은 다 고난의 길입니다. 예수의 제자들인 우리들도 자기십자가를 지고 예수님의 고난에 동참할 때 그것은 다 성육신의 연장으로서의 고난이 됩니다.

오늘 주님께서 말씀을 다시 주십니다. "하나님 허락 없이는 새 한 마리 안 떨어진다! 너희는 머리카락 까지 다 세신바 되었다! 두려워 말라! 너희는 참새보다 귀하다!"입니다. 한 올 한 올 결을 따라 우리의 머리카락을 세시는 하나님을 상상해 보았습니다. 머리카락은 아무렇게나 있지 않고 단정하게 결을 따라 있습니다. 알레고리가 될 수 있지만 우리의 머리카락을 세시는 하나님 앞에 우리는 결을 보여드려야합니다. '한결같다!' 라고도 하고 '결을 같이 한다!' 라고도 합니다. 헝클어져 있는 머리카락이 아니기를 소망합니다. 주님을 향한 우리의 믿음이 단정하고 곧고 바르며 순결하길 바랍니다.

목회자인 제가 하나님의 말씀과 결을 같이하고 여러분이 제가 전하는 메시지와 역시 결을 같이하고 삶의 자리에서도 그 결이 내용으로 구체화될 때 여전히 부족하지만 우리의 인생 안에 하나님의 하시는 일의 완성이 담길 것을 믿습니다.

"읽는 설교"
{ 회개하라! 천국이 가까이 왔느니라! }

(마태복음 3:1~12)

오늘 말씀의 제목은 세례요한과 예수님이 외친 "회개하라 천국이 가까이 왔느니라!"입니다. 세례요한은 예수님 보다 6개월 먼저 나서서 예수님이 오시는 길을 평탄케 하는 소임을 맡은 사람입니다. 마태복음 바로 앞장이라 할 수 있는 말라기 4장 5절을 보면 "내가 엘리야를 보내리라!"가 예언됩니다. 마태복음 17장에서 예수님의 제자들이 묻기를 "서기관들이 그러는데 엘리야가 와서 나라를 회복한다!"고 합니다. 예수님이 말씀하시길 "사람들이 알아보지 못해서 그렇지 엘리야가 벌써왔느니라!" 하셨습니다. 그제서야 제자들은 엘리야가 세례요한임을 깨닫게 됩니다.

11절 세례요한의 말씀이 중요합니다. "나는 너희를 회개케 하려고 물로 세례를 주지만 내 뒤에 오시는 이는 능력이 많은 분으로 성령과 불로 세례를 주실거다!" 세례요한의 세례가 죄인임을 자각하고 회개를 촉구하는 물세례라면 예수님의 세례는 회개하고 믿는 자에게 부어주시는 성령세례입니다. 우리가 예수 믿어서 받는 세례가 다 성령으로의 세례입니다. 성령의 은사가 동반되기도 하지만 아닐수도 있습니다.

세례요한은 특별히 누구를 지명하여 회개를 촉구하냐면 바리새인들과 사두개인들입니다. 8절입니다. "독사의 자식들아 너희가 어찌 임박한 하나님의 진노를 피하겠느냐 속으로 아브라함이 우리 조상이라 하지 말고 회개하라 도끼가 나무뿌리 옆에 놓였으니 회개치 않는 자는 찍혀 불 가운데 던지우리라!" 조상과 족보와 혈통에 의한 구원이 아니라 죄의 고백과 회개를 통한 하나님의 긍휼과 용서로 얻는 구원임을 강조합니다.

하나님이 일하시는 방법

당시 바리새인 사두개인들은 종교적, 윤리적, 사회적으로 흠잡을 데가 없는 사람들이었습니다. 종교적으로 규율에 어긋남이 없었으며, 윤리적으로 깨끗했고, 사회적으로도 모든 이들의 존경을 받고 있었습니다. 그래서 그들은 생각하길 당연한 구원, 당연한 천국, 당연한 영생입니다. 여기다 대고 세례요한은 "회개하라! 천국이 가까웠다! 천국에 들어가려면 예수 믿어야 한다!"라고 하자 이들은 "무슨 소리냐! 우리가 하나님을 얼마나 잘 섬기고 있는데 천국은 당연히 우리거다!"

복음서 내내 예수님과 바리새인간의 대립입니다. 바리새인들은 "자기들은 하나님을 누구보다 잘 안다!"는 것이고 예수님은 "하나님을 안다고 하면서 어찌 나를 모를 수 있냐!"입니다. 기독교는 오직 예수로만 열리는 하나님의 세상입니다.

마치 우리가 지금 세상을 살아가면서 전기가 들어와야 이 모든 것이 비로소 존재로서의 가치과 기능을 갖는 것과도 같습니다. 도시에 전기가 모두 끊겼다고 가정하면 말 그대로 블랙아웃입니다. 컴퓨터, 전자기기, 가전제품, 가로등, 엘리베이터 등등 이 모든 도시의 인프라와 문명의 이기들은 다 무용지물이고 존재의 가치를 상실합니다. 어둠이고 혼돈이고 무용함입니다.

마찬가집니다. 예수가 들어가지 않은 모든 존재는 블랙아웃 상태입니다. 그 존재로서 기능하지 못하고 마지막에 쓸어담어 버리면 그만인 무익한 존재가 됩니다. 오직 예수로만 하나님의 창조와 이 모든 세상을 볼 때 전기가 들어온 것입니다. 모든 것이 똑바로 보입니다. 예수가 들어가지 않으면 깜깜함과 무지와 혼돈속에 진화론이나 이야기하는 것이고 길과 진리를 찾지 못하다가 결국 스스로 멸망하고 맙니다.

예수생명이 들어와 있는 저와 여러분인 것을 믿습니다. 예수 없는 세상의 마지막은 어둠이고 혼돈이고 사망입니다. 성경에서 생명과 사망을 논할 때는 생물학적 의미가 아닙니다. 하나님과의 올바른 관계를 맺고 있을 때 생명이라 하고 하나님과의 관계가 끊겨있을 때를 사망이라 합니다. 하나님은 아담과 하와에게 "선악과 먹는 날에는 정녕 죽으리라!" 하셨는데 "그들이 정말 선악과 먹고 죽었나요?" 안 죽었습니다. 나뭇잎으로 옷 해 입고 있다가 하나님이 가죽옷으로 바꿔주시고 에덴동산에서 쫓겨났습니다.

오늘 "회개하라! 천국이 가까웠다!" 하심은 "하나님께서 보내신 예수를 믿고 생명을 회복하라!"입니다. 원수되었던 하나님과의 관계를 회복하는 것으로의 생명입니다. 아담과 하와는 타락 전에는 생명이 있었으나 타락 후에는 생명을 상실합니다. 고린도후서 52장 11절 "그런즉 누구든지 예수그리스도 안에 있으며 새로운 피조물이라 이전 것은 지나갔으니 보라 새것이 되었도다!"

그렇다면 이제부터는 하나님과의 관계가 회복된 자로서의 지위와 신분을 누릴 수 있어야 합니다. 하나님과의 관계가 회복되어 그분의 자녀가 된 자가 갖는 특권이 있습니다. 그것은 "기도를 할 수 있다!"는 것입니다. "기도는 누구나 다 하는 것인데 그게 무슨 특권이냐?" 다소 싱겁게 들릴 수 있습니다. 많은 사람들이 기도해서 뭘 받아내는 것만 특권으로 압니다. 여기가 이제 한국 교회의 수준이고 기복주의로 인한 병폐입니다.

혹시 "기도하는 내가 지금 있다는 것!", "언제고 기도할 수 있는 아버지가 계신다는 것!" 이런 사실에 감동되어 감사가 우러나오신적 있나요? 물론 기도는 응답을 구하기 위해 하는 것임을 부인하지 않습니다. 그러나 어린아이가 땡깡부리듯이 응답있으면 하나님이 계신 것이고 없으면 안 계신다는 수준에 있다면 그 신앙은 아직 멀은겁니다. 기능을 이야기하기 전에 존재를 확인하자는 것입니다. 기도를 말할 때 이것저것 다 해봐도 안 되는데 기도나 해보자는 식의 "방법론으로의 유용성으로만 삼으려하지 말고 하나님과의 관계성에서 신뢰를 구축하는 곳으로 가져가라!" 입니다.

로마서 8장 14절입니다. "하나님의 영으로 인도함을 받는 사람은 하나님의 아들이라 다시는 무서워하는 종의 영을 받지 않고 양자의 영을 받았음으로 아빠 아버지가 부르짖느니라 성령이 친히 우리 영으로 더불어 우리가 하나님의 자녀인 것을 증거하나니..."

자녀는 아버지를 부르는 것입니다. 아버지의 영이 없으면 아버지를 부를 수 없습니다. 우리에게 아버지의 영을 주셔서 아버지를 부를 수 있게 하신 우리 하나님께 감사와 영광과 찬송을 드릴 수 있는 우리 모두이기를 축복합니다.

아버지가 계신 곳은 천국입니다. 땅에 있는 그의 자녀들을 최종적으로 부르시는 곳입니다. 회개하고 예수 믿어야만 천국과 구원과 영생이 우리 것이 됩니다. 혹 예수 안 믿으시는 분이 계시면 회개하고 예수 믿어 천국에서 모두 만나기를 간절히 소망합니다.

하나님이 일하시는 방법

초판 1쇄 발행 2024년 1월 23일

지은이 김주한
펴낸이 민상기
편집장 이숙희
펴낸곳 도서출판 드림북
인쇄소 예림인쇄 **제책** 예림바운딩
총판 하늘유통

·**등록번호** 제 65 호 **등록일자** 2002. 11. 25.
·경기도 양주시 광적면 부흥로 847 경기벤처센터 220호
·Tel (031)829-7722, Fax(031)829-7723